Oskar • Tulla • Mahlke...
Śladami gdańskich bohaterów Güntera Grassa
In Gdańsk unterwegs mit Günter Grass

Oskar-Tulla-Mahlke...

Śladami gdańskich bohaterów
Güntera Grassa

In Gdańsk unterwegs mit Günter Grass

Wydawnictwo „Marpress" Gdańsk 1993

Autorzy/Autor/inn/en: Sabine Schmidt
Jan Błaszkowski
Izabela Darecka
Franz Dwertmann
Bogdan Krzykowski
Marcin Milancej
Hanna Olejnik
Danuta Schmidt

Redakcja/Redaktion: Sabine Schmidt, Franz Dwertmann
(wersja niemiecka/deutsche Fassung),
Elżbieta Rusak (wersja polska/polnische Fassung)

Projekt okładki i opracowanie graficzne/Einband und grafische Gestaltung: Władysław Kawecki
Zdjęcie Grassa na okładce/Foto auf dem Einband: Gerhard Steidl

Dziękujemy za pomoc finansową/Wir bedanken uns für großzügige finanzielle Unterstützung durch:
Uniwersytet Gdański/Universität Gdańsk
Fundacja Herdera przy Uniwersytecie Gdańskim/Herderstiftung bei der Universität Gdańsk
Wojewoda Gdański/Wojewodschaft Gdańsk
Urząd Miejski w Gdańsku/Stadtverwaltung von Gdańsk
Konsulat Generalny RFN w Gdańsku/Generalkonsulat der Bundesrepublik Deutschland in Danzig
Senator miasta Bremy do spraw Kultury i Integracji Społecznej/ Senatorin für Kultur und Ausländerintegration der Freien Hansestadt Bremen

Dziękujemy również wszystkim tym, którzy zainteresowani naszą inicjatywą, nie szczędzili cennych wskazówek i krytycznych uwag, i przyczynili się do powstania niniejszej publikacji.
Außerdem danken wir all denen, die durch ihr Interesse, durch wertvolle Hinweise und kritische Lektüre zur Entstehung dieses Buches wesentlich beigetragen haben.

Spis treści

Wstęp   *11*

I. Z podróży w zmienionym mieście   *21*
"...*ach, cóż znaczy Ameryka wobec tramwaju z numerem dziewięć, który jeździł do Brzeźna...*"
1. "*W Gdańsku szukałem dawnego Gdańska...*" (Günter Grass)   21
2. "*Był sobie kiedyś tramwaj...*"   27
3. "*Najlepiej będzie jak weźmiemy wóz...*", *albo autobus, statek lub rikszę*   39

II. Wolne Miasto Gdańsk (1920–1939)   *45*
1. Wolne Miasto Gdańsk – twór oparty na prawie międzynarodowym   45
"*Kiedy urodzony? I powiedz też, gdzie?*"
2. Geografia i okolice Wolnego Miasta   55
"*... bo jak ktoś jest Kaszubą, nie wystarcza to ani Niemcom, ani Polakom.*"
3. Narodowy socjalizm w Wolnym Mieście   63
"*... ja o mały włos byłbym zobaczył führera*".
4. Mieszkańcy Wolnego Miasta i dzisiejszego Gdańska   81
"*Po polsku, po niemiecku: Plupp, pifff, pszcz...*"

III. Spacery   *113*
1. Wrzeszcz/Langfuhr   113
"*... stało się to w pobliżu browaru, nie opodal koszar...*"
2. Pomnik Gutenberga/Gutenbergdenkmal   157
"*Pośrodku białej polany stała bowiem czarna jak sadza żeliwna świątynia.*"
3. Wokół Opery i Filharmonii Bałtyckiej   165
"*... miejsce w parku Steffensa...*"
4. Ze Starego Miasta do stoczni   181
"*... jechaliśmy do śródmieścia...*"
5. Cmentarz na Zaspie   199
"*... za murem opuszczonego, wysłużonego cmentarza na Zaspie...*"

6. Kąpielisko Brzeźno/Brösen "*Cóż mnie ciągnęło w stronę Brzeźna?*"	205
IV. Wycieczki w okolicę	**223**
1. Kaszuby "*... siedziała w sercu Kaszub...*"	223
2. Oliwa i Sopot "*Droga do Sopotu wiodła przez Oliwę*"	231
3. Żuławy i Sztutowo "*Wisła płynie bezustannie*"	245
V. Teksty uzupełniające	**253**
Opinie czytelników	253
Blaszany bębenek	253
Kot i mysz	255
Psie lata	257
Wróżby kumaka	261
Spis ulic	265
Nazwy topograficzne	271

Zestawienie źródeł i ich skrótów

Blaszany bębenek Gdańsk 1991, tł. Sł. Błaut	[Bb]
Kot i mysz Gdańsk 1982, tł. Irena i Egon Naganowscy	[KiM]
Psie lata Gdańsk 1990, tł. Sł. Błaut	[Pl]
Wróżby kumaka Gdańsk 1992, tł. Sł. Błaut	[Wk]
Z dziennika ślimaka Gdańsk 1990, tł. St. Błaut	[Zdś]
Wiersze wybrane Gdańsk 1986	

Inhaltsverzeichnis

Vorwort 10

I. Vom Reisen in eine(r) veränderte(n) Stadt 20
„Amerika – ach, was ist Amerika gegen die Straßenbahnlinie Neun, die nach Brösen fuhr"
1. „In Gdańsk suchte ich Danzig..." 20
2. „Es war einmal eine Straßenbahn..." 26
3. „Am besten, wir nehmen den Wagen..." 38

II. Die Freie Stadt Danzig (1920–1939) 44
1. Das völkerrechtliche Konstrukt „Freie Stadt Danzig" 44
„Geboren wann? Nun sag schon, wo?"
2. Geographie und Umgebung der Freien Stadt 54
„Und wenn man Kaschub is, das reicht weder de Deitschen noch de Pollacken."
3. Der Nationalsozialismus in der Freien Stadt 60
„Ich hätte beinahe den Führer sehen dürfen."
4. Die Bevölkerung in der Freien Stadt und in Gdańsk 80
„Auf deutsch, auf polnisch: Blubb, pifff, pschsch..."

III. Spaziergänge 112
1. Langfuhr/Wrzeszcz 112
„In Strießbachnähe, nah dem Heeresanger ist es passiert"
2. Gutenbergdenkmal/Pomnik Gutenberga 156
„Inmitten weißer Lichtung stand ein rußschwarzer gußeiserner Tempel"
3. Rund um die Filharmonia i Opera Bałtycka 164
„Ein Plätzchen hinter der Maiwiese im Steffenspark"
4. Von der Altstadt zur Werft 180
„Wir fuhren in die Stadt..."
5. Der Friedhof in Zaspa 202
„Hinter der Mauer des verfallenen, ausgedienten Friedhofes Saspe..."
6. Der Badeort Brösen/Brzeźno 206
„Was lockte mich alles gen Brösen?"

IV. Ausflüge in die Umgebung	222
1. Die Kaschubei	222
„Sie saß im Herzen der Kaschubei..."	
2. Oliwa und Sopot	230
„Der Weg nach Zoppot führte über Oliva"	
3. Das Werder und Stutthof	244
„Und die Weichsel fließt immer zu..."	
V. Anhang	254
Leseeindrücke von jungen Leuten aus Gdańsk	254
Die Blechtrommel	254
Katz und Maus	256
Hundejahre	258
Unkenrufe	262
Straßenverzeichnis	266
Orts- und Flurnamenverzeichnis	272

Quellen- und Abkürzungsverzeichnis:

Die Zitate wurden mit freundlicher Genehmigung des Luchterhand Literaturverlags, Hamburg, und des Steidl-Verlags, Göttingen, folgenden Werken entnommen (Alle Rechte vorbehalten):

Günter Grass: *Werkausgabe in zehn Bänden.*
Hrsg. von Volker Neuhaus.
Luchterhand, 1987

Bd. I:	*Gedichte und Kurzprosa*	(WA I)
Bd. II:	*Die Blechtrommel*	(B)
Bd. III:	*Katz und Maus*	(KuM)
	Hundejahre	(H)
Bd. V:	*Der Butt*	(Butt)
Bd. VI:	*Örtlich betäubt*	
	Aus dem Tagebuch einer Schnecke	(TeS)
Bd. IX:	*Essays, Reden, Briefe, Kommentare*	(WA IX)
Bd. X:	*Gespräche*	(WA X)

Günter Grass: *Unkenrufe.*
Göttingen (Steidl) 1992 (U)

1. Grass odwiedza swoją starą szkołę, Conradinum *1990*
Grass besucht seine alte Schule, das Conradinum *1990*

Vorwort

„Zuerst kamen die Rugier, dann kamen die Goten und Gepiden, sodann die Kaschuben, von denen Oskar in direkter Linie abstammt. Bald darauf schickten die Polen den Adalbert von Prag. Der kam mit dem Kreuz und wurde von Kaschuben oder Pruzzen mit der Axt erschlagen. Das geschah in einem Fischerdorf, und das Dorf hieß Gyddanyzc. Aus Gyddanyzc machte man Danczik, aus Danczik wurde Dantzig, das sich später Danzig schrieb, und heute heißt Danzig Gdansk." [B, 487]

Diese Geschichte der Stadt zwischen Slawen und Kreuzrittern, Polen, Kaschuben und Deutschen interessierte uns zunächst, als wir uns zum ersten Mal trafen: eine Gruppe von Germanistikstudent/inn/en, einige aufgewachsen in Gdańsk, einige aus der kaschubischen Umgebung der Stadt zum Studium hergekommen, eine DAAD-Lektorin aus Berlin und – etwas später – ein Deutschlehrer aus der Partnerstadt Bremen. Abseits der Universitätsver‚anstaltungen wollten wir in eigener Regie und ausgehend nur von unseren eigenen Interessen die Stadt Gdańsk (besser) kennenlernen, in ihrer Geschichte stöbern und die dazugehörigen Orte aufsuchen; wir wollten „uns die Stadt erarbeiten" – nicht nur durch Bücher, sondern v.a. durch unser eigenes Erleben und Anschauen. Dabei stellten wir fest, wie wenig wir alle wußten, und fingen an mit Daten und Sagen, alten Landkarten und ausgedehnten Rundgängen durch die Stadt: ein Entdecken und Wiederentdecken lokaler Geschichte in der Kombination von Ort und historischem Ereignis.

Bis zur Hanse etwa waren wir gekommen, da machten wir an einem diesigen, kalten Wintertag einen langen Spaziergang am Strand in Brzeźno, rätselten über die Betonreste dort und hatten beim anschließenden Kaffeetrinken die Idee, aus der nach über einem Jahr das vorliegende Buch wurde:

Wie ist das eigentlich mit den Büchern von Günter Grass? Spielen die nicht alle h i e r ? Könnte man nicht die *Danziger*

Wstęp

"Najpierw przyszli Ranowie, potem Goci i Gepidowie, następnie Kaszubi, od których w prostej linii pochodzi Oskar, wkrótce później Polacy wysłali Wojciecha z Pragi. Ten przyszedł z krzyżem i padł od topora Kaszubów albo Prusów. Stało się to w wiosce rybackiej, a wioska nazywała się Gyddanyzc. Z Gyddanyzc zrobiono Danczik, z Dancziku powstał Dantzig, który później zamienił się w Danzig, a dzisiaj Danzig nazywa się Gdańsk." [Bb, s. 349]

Właśnie historia tego miasta, tkwiącego między Słowianami i Prusakami, Polakami, Kaszubami i Niemcami, była przedmiotem naszego zainteresowania kiedy spotkaliśmy się po raz pierwszy: grupa studentek i studentów gdańskiej germanistyki (niektórzy z nas dorastali w Gdańsku, inni zdecydowali się przyjechać tu na studia z rodzinnych Kaszub), z lektorką Deutscher Akademischer Austauschdienst (DAAD) z Berlina – i nieco później – nauczycielem języka niemieckiego z partnerskiego miasta Bremy. Poza zajęciami na Uniwersytecie chcieliśmy w wyreżyserowany przez siebie sposób, biorąc za punkt wyjścia jedynie nasze zainteresowania, lepiej poznać miasto Gdańsk, poszperać w jego historii i odwiedzić wszystkie związane z nią miejsca; chcieliśmy "sobie to miasto rozpracować" – nie tylko na podstawie książek, lecz przede wszystkim przez nasze własne przeżycia i obserwacje. Wtedy stwierdziliśmy jak mało wszyscy wiemy o tym mieście. Rozpoczęliśmy więc od dat i legend, starych map i dalekich spacerów przez miasto: w ten sposób odszukiwaliśmy i ponownie odkrywaliśmy miejsca i związane z nimi wydarzenia historyczne.

Byliśmy już przy omawianiu czasów Hanzy, kiedy pewnego zimnego, mglistego, zimowego dnia wybraliśmy się na długi spacer brzeźnieńską plażą, podczas którego gubiliśmy się w domysłach, skąd mogą pochodzić znajdujące się tam betonowe resztki. Gdy potem wspólnie usiedliśmy przy kawie, zrodziła się idea, której efektem po około roku, jest ta oto książka.

Trilogie auch als ganz konkreten Wegweiser in die Topographie und jüngere Geschichte von Gdańsk lesen? Außerdem war uns Grass schon vertraut – immerhin ist er der meistübersetzte deutsche Gegenwartsautor in Polen und d e r kulturelle Mittler zwischen unseren beiden Ländern. Auf einmal waren wir ganz dicht an der Gegenwart dran, das Zusammenkommen von L i t e r a t u r mit dieser, „unserer" Stadt faszinierte uns sofort – wir begannen, alte Stadtpläne zu wälzen (in der PAN-Bibliothek), Straßenverzeichnisse zu studieren und die von Grass beschriebenen Wege nachzulaufen. Es machte uns großen Spaß, bei der Spurensuche zu entdecken, wie ähnlich die Gegenwart (besonders in Langfuhr/Wrzeszcz) der beschriebenen Vergangenheit ist; wir bekamen einen ganz anderen, schärferen Blick auf die uns umgebende Stadt.

Viel später erst lasen wir, daß es Grass ein wenig ähnlich ergangen war: „In Gdańsk suchte ich Danzig [...]. In Gdańsk schritt ich Danziger Schulwege ab, sprach ich auf Friedhöfen mit anheimelnden Grabsteinen, saß ich (wie ich als Schüler gesessen hatte) im Lesesaal der Stadtbibliothek und durchblätterte Jahrgänge des „Danziger Vorposten", roch ich Mottlau und Radaune. In Gdańsk war ich fremd und fand dennoch in Bruchstücken alles wieder: Badeanstalten, Waldwege, Backsteingotik und jene Mietskaserne im Labesweg, zwischen Max-Halbe-Platz und Neuem Markt; auch besuchte ich (auf Oskars Anraten) noch einmal die Herz-Jesu-Kirche: der stehengebliebene katholische Mief." [WA IX, 632]

In den Romanen der Danziger Trilogie sind diese Orte genau identifizierbar: Grass rekonstruiert das Danzig seiner Kindheit, was, wenn es in einem Ausmaß wie hier geschieht, den Verlust voraussetzt (H.M.Enzensberger): „Ich wußte, daß das weg ist: Danzig. Da war ein Vakuum. Eine Unruhe und ein Ahnen: das wird mir fehlen. Bei mir war sehr früh die politische Erkenntnis da, daß das auf eine begründete Art und Weise verloren ist durch deutsche Schuld. (...) Aber damit, daß alles geographisch und politisch verloren war, war nicht gesagt, daß es ganz und gar weg sein mußte. Das war auch ein Antrieb, mir zumindest literarisch, mir schreibend das wiederherzustellen, was verloren war." [nach: H. Vormweg: *Günter Grass*. Reinbek 1986, S. 46]

Grass erinnert sich – er entwirft sich beim Schreiben selbst (was im übrigen genau dem Erzählgestus der Trilogie, besonders

Wstęp

Jak to właściwie jest z tymi książkami Güntera Grassa? Czy ich akcja nie rozgrywa się właśnie t u t a j ? Czy nie można by gdańskiej trylogii potraktować jak konkretnego, topograficznego drogowskazu i czytać jej jak najnowszej historii Gdańska? Poza tym twórczość Grassa była nam już znana – bądź co bądź jest on najczęściej tłumaczonym w Polsce współczesnym autorem niemieckim, a także znaczącym pośrednikiem między kulturami naszych obu narodów.

I nagle znaleźliśmy się znowu we współczesności. Zafascynowało nas to połączenie l i t e r a t u r y z tym "naszym" miastem – zaczęliśmy wertować stare plany (w Bibliotece Gdańskiej PAN–u), studiować spisy ulic i przemierzać opisane przez Grassa drogi. Podczas odszukiwania tych śladów, dużo radości sprawiło nam odkrywanie, jak bardzo dzisiejsza rzeczywistość (szczególnie we Wrzeszczu) przypomina opisaną przeszłość; zyskaliśmy teraz nowe, wyostrzone spojrzenie na otaczające nas miasto.

Dopiero dużo później przeczytaliśmy, że u Grassa wyglądało to całkiem podobnie: "W Gdańsku szukałem dawnego Gdańska [...]. W Gdańsku przemierzałem dawne drogi do szkoły, na cmentarzach rozmawiałem ze znajomymi nagrobkami, siedziałem (podobnie jak wtedy, gdy byłem uczniem) w czytelni biblioteki miejskiej i przeglądałem roczniki »Danziger Vorposten«, wdychałem zapach Motławy i Raduni. Czułem się w Gdańsku obco, a przecież zaledwie na podstawie fragmentów mogłem wszystko odnaleźć: urządzenia kąpieliskowe, leśne drogi, ceglany gotyk i owe koszary czynszowe na ulicy Lelewela/Labesweg, między Placem Ks. Komorowskiego/Max–Halbe–Platz a Placem Wybickiego/Neuer Markt; odwiedziłem także, jeszcze raz, (za poradą Oskara) Kościół Najświętszego Serca Jezusowego/Herz–Jesu–Kirche: ten ciągle jeszcze trwający katolicki zaduch." [WA IX,632]

Miejsca te można w powieściach gdańskiej trylogii dokładnie zidentyfikować: Grass bowiem rekonstruuje Gdańsk swojego dzieciństwa. To zaś, że został utracony, sprawia, że czyni on to na taką skalę (H.M.Enzensberger): "Wiedziałem, że to już nie istnieje: Danzig. Pozostała próżnia. Pewien niepokój i przeczucie: tego będzie mi brakowało. Bardzo wcześnie pojawiło się we mnie polityczne przeświadczenie, że straciłem to w pewien zasadniczy

der *Blechtrommel,* entspricht – Oskars großes Thema ist die Selbstfindung), und mühevoll versichert er sich der eigenen Vergangenheit. „Und mir kam es darauf an, eine Stadt erstehen zu lassen. Und da war Danzig das Naheliegende für mich. Danzig kannte ich, und Danzig wollte ich auch für mich wieder neu erstehen lassen, wie ja überhaupt Literatur – man kann so viel reden, wie man will – in erster Linie eine Angelegenheit des Autors ist. [...] Und die Erinnerung an Danzig war bei mir, bevor ich das Buch geschrieben habe, recht schwach, sie ist erst mit dem Schreiben entstanden. Schreiben deckt Schichten auf." [WA X, 25/26]. Sich zu erinnern ist ein Aufgabe, die Geduld und Ehrlichkeit sich selbst gegenüber verlangt – man kann seine Vergangenheit nicht einfach „verschlucken" und damit erledigen: Matzerath erstickt bei dem Versuch, sie schnell und endgültig zu beseitigen, als er sein Parteiabzeichen zu verschlucken versucht. Grass dagegen begibt sich auf den langen und mühseligen Weg zurück, ausgehend von seiner Gegenwart in Berlin sucht er Danzig:

„*Tulla,*
[...] es schneit. Damals und heute schneite und schneit es. Es stiemte – es stiemt. Es stöberte, stöbert. Es fiel, fällt. Sank, sinkt. Taumelte, taumelt. Flockte, flockt. Pulverte, pulvert zentnerschwer Schnee auf den Jäschkentaler Wald, auf den Grunewald; auf die Hindenburgallee, auf die Clay-Allee; auf den Langfuhrer Markt und den Berkaer Markt in Schmargendorf; auf die Ostsee und auf die Havelseen; auf Oliva, auf Spandau; auf Danzig-Schidlitz, auf Berlin-Lichterfelde, auf Emmaus und Moabit, Neufahrwasser und Prenzlauer Berg; auf Saspe und Brösen, auf Babelsberg und Steinstücken; auf die Ziegelmauer um die Westerplatte und die schnell gemauerte Mauer zwischen den beiden Berlin fällt Schnee und bleibt liegen, fiel Schnee und blieb liegen." [H, 385/386]

So fanden wir bei Grass nicht nur die präzise topographische Erinnerung, sondern die Arbeit damit und daran, wir fanden nicht nur Geschichte, sondern eine Fülle von Geschichten: keine Heimatliteratur, in der die detailgetreue Beschreibung zu einer topographisch-idyllischen Kulisse führt, sondern ein überbordendes Ausmaß an distanziert-ironisch beschriebener Vergangenheit, das sich nur mehr in phantastischen Geschichten ar-

sposób, przez niemiecką winę.[...] To, że to wszystko zostało geograficznie i politycznie stracone, nie oznaczało jeszcze, że musiało to całkowicie zniknąć. I to właśnie stanowiło dla mnie bodziec, aby przynajmniej literacko, pisząc, odtworzyć to co było stracone." [wg H.Vormweg: Günter Grass. Reinbek 1986, s. 46]

Grass pisząc szkicuje sam siebie (co zresztą odpowiada dokładnie narracji użytej w trylogii, a szczególnie w *Blaszanym bębenku*, gdzie wielkim dążeniem Oskara jest odnalezienie samego siebie), jest to pełen wysiłku sposób przypominania sobie własnej przeszłości. "Chodziło mi o to, by pozwolić zaistnieć miastu. Gdańsk/Danzig był mi zaś najbliższy. Gdańsk znałem i Gdańsk chciałem na nowo powołać do życia – dla siebie, tak jak w ogóle literaturę – niech się mówi ile i jak kto chce – w pierwszej linii autor traktuje jako swoją sprawę.[...] Zanim napisałem tę książkę, wspomnienie Gdańska było u mnie dość nikłe, powstawało ono w miarę pisania. Pisanie to odkrywanie kolejnych warstw." [WA X, 25/26]

Przypominanie sobie, to zadanie, które wymaga cierpliwości i szczerości wobec siebie samego – nie można własnej przeszłości po prostu "przełknąć" i uznać tym samym za niebyłą: Matzerath udusił się przy próbie szybkiego i ostatecznego usunięcia przeszłości, kiedy to próbował przełknąć swoją oznakę partyjną. Grass postępuje przeciwnie; udaje się w tę długą i męczącą drogę wiodącą w czasy minione. Biorąc za punkt wyjścia swoją teraźniejszość w Berlinie, szuka dawnego Gdańska/Danzig:

"Tullo, pada śnieg. Wówczas i dzisiaj padał i pada. Sypał, sypie. Prószył, prószy. Kłębił się, kłębi się. Walił, wali. Miótł, miecie. Zacinał, zacina. Dął, dmie. Masy śniegu na Jaśkowy Las, na Grunwald, na aleję Hindenburga, na Clay Allee; na plac targowy we Wrzeszczu i na plac targowy w Schmargendorfie; na Bałtyk i na jeziora Haweli; na Oliwę, na Spandau; na Gdańsk-Siedlce, na Berlin-Lichterfelde, na Emaus i Moabit. Nowy Port i Prenzlauer Berg; na Zaspę i Brzeźno, na Babelsberg i Steinstucken; na ceglany mur wokół Westerplatte i na szybko wzniesiony mur między obu Berlinami pada śnieg i leży, padał śnieg i leżał." [Pl, s. 195–196]

tikulieren kann. Wie sehr gerade phantastisches Erzählen auf die genaue Schilderung der realen Umgebung angewiesen ist, hat Grass selbst betont: „Ich meine mit Phantasie ja auch nicht etwas, das im luftleeren Raum steht. Sie bezieht sich immer zu dieser 'reduzierten Realität', zu der Straßenbahn, zu diesen dürren Fakten, ist eingefriedet von ihnen. Hier fängt natürlich auch das Handwerk beim Schreiben an. Je 'unwahrscheinlicher' der phantastische Einfall, umso genauer muß recherchiert werden, das ist richtig." [WA X, 264]. So sind die Orte in der *Danziger Trilogie* und später in den *Unkenrufen* alles andere als austauschbar: sie tragen die Geschichten und sind Teil von ihnen. Deswegen glauben wir, daß es mehr als ein nostalgisch-touristisches Vergnügen ist, die Orte aufzusuchen, die in den Grass'schen Romanen von herausragender Bedeutung sind. Sie sind Ausgangspunkt für die phantastisch-ironische Darstellung des kleinbürgerlich-miefig-nationalsozialistischen Klimas von Danzig-Langfuhr.

Wir haben im vorliegenden Buch versucht, beiden Aspekten gerecht zu werden: Es gibt die topographisch genaue Beschreibung der Orte und jeweils den Vorschlag eines Spazierweges, der alle wichtigen Örtlichkeiten berücksichtigt. Dem zur Seite gestellt sind viele, z.T. lange Zitate, die die sich hier abspielenden Geschichten ins Gedächtnis rufen sollen; außerdem ist besonders in den persönlich gefärbten Zusammenfassungen der Romane am Schluß, im einleitenden Essay über das Reisen in Gdańsk und in der Rekonstruktion der Freien Stadt Danzig über die *Danziger Trilogie* die literarische Komponente einbezogen.

Die einzelnen Spaziergänge dauern unterschiedlich lang: Für die Rundgänge durch Langfuhr/Wrzeszcz (1), die Altstadt/Stare Miasto (4) und Brösen/Brzeźno (6) sollte man ohne Anfahrt jeweils eineinhalb bis zwei Stunden veranschlagen; die übrigen sind für sich genommen kürzer, aber gut mit den anderen kombinierbar. Die Ausflüge in die Umgebung sind für mindestens einen halben Tag konzipiert.

Weil die Zusammensetzung unserer Arbeitsgruppe die große Chance bot, nicht nur von polnisch-deutscher Zusammenarbeit zu profitieren, sondern auch für polnische und deutsche Leser/innen zu schreiben, halten Sie nun ein zweisprachiges Buch in Händen. Diese Zweisprachigkeit hat einige Probleme mit sich gebracht: So

I tak, znaleźliśmy u Grassa nie tylko precyzyjne wspomnienia dotyczące tutejszej topografii, lecz także pracę z nimi i nad nimi, znaleźliśmy nie tylko historię, lecz wiele opowieści: nie jest to typowa literatura ojczyźniana, gdzie wierny w szczegółach opis tworzy swego rodzaju topograficzno–idylliczne tło. Znajdujemy tu opisaną w sposób ponad miarę zdystansowany i ironiczny, przeszłość, która może wyrazić się jedynie przez wyimaginowane historie. Już sam Grass podkreślił w jak dużym stopniu wymyślone opowieści zależne są od dokładnego przedstawienia realnego otoczenia: "Za fantazję nie uważam czegoś, co znajduje się w pozbawionym powietrza pomieszczeniu. Odnosi się ono zawsze do tej zredukowanej rzeczywistości, do tego tramwaju, do tych suchych faktów, którymi jest ogrodzona. Tutaj zaczyna się też naturalnie rzemiosło podczas pisania. Im bardziej »nieprawdopodobny« jest ów fantastyczny pomysł, tym dokładniej trzeba badać, tak jest prawidłowo." [WA X, 264]

I tak oto nie sposób zamienić pojawiających się w gdańskiej trylogii, a także później we *Wróżbach kumaka* miejsc; one bowiem niosą ze sobą historię i są jej częścią. Dlatego też sądzimy, że odwiedzenie miejsc, które w powieściach Grassa odgrywają dominującą rolę, jest czymś więcej niż tylko zabarwioną nostalgią turystyczną przyjemnością. Są one bowiem punktem wyjścia dla fantazyjno–ironicznego przedstawienia małomiasteczkowej, przepełnionej zaduchem nacjonalistyczno–socjalistycznej atmosfery dawnego Gdańska–Wrzeszcza/Danzig–Langfuhr.

Próbowaliśmy w niniejszej książce sprostać obu tym aspektom: Przedstawiamy dokładny topograficzny opis okolicy, połączony każdorazowo z propozycją spaceru, która uwzględnia wszystkie ważniejsze miejsca. Całość przeplatana jest licznymi, często długimi cytatami, które mają przywołać w pamięci rozgrywające się tu niegdyś wydarzenia. Dodatkowo część literacką naszego przewodnika tworzą: esej wprowadzający, który traktuje o podróżowaniu po Gdańsku, próba rekonstrukcji Wolnego Miasta Gdańska (poprzez gdańską trylogię), jak również znajdujące się na końcu krótkie streszczenia poszczególnych książek, połączone z osobistą opinią o nich.

Długość poszczególnych spacerów jest zróżnicowana: I tak radzimy na trasy: Wrzeszcz/Langfuhr (1), Stare Miasto/die Alt-

werden in den Übersetzungen der Romane ins Polnische die Orts- und Straßennamen unterschiedlich behandelt – in *Katz und Maus* sind alle deutsch, in den übrigen Werken polnisch, aber als Übersetzung der deutschen Namen: „Labesweg" wird so zu „Labesa" (einer Straße, die es nie gab), nicht zu „Lelewela". Der *Butt* ist bis heute nicht ins Polnische übersetzt; deswegen wird er in diesem Buch nur sehr selten zitiert, dann erscheint im polnischen Text eine kurze Wiedergabe des Zitatinhalts, keine Übersetzung. Kopfzerbrechen hat uns auch die Handhabung der Ortsnamen bereitet; wir haben uns auf folgenden Modus geeinigt: im Rahmen der Spaziergänge stets zweisprachig zur besseren Orientierung, bei bestimmten historischen Epochen die jeweils zutreffenden Namen – für heute selbstverständlich nur die polnischen, für den Zeitraum der Freien Stadt Danzig die polnischen und die deutschen, bzw. im deutschen Text nur die deutschen. Im übrigen ermöglicht das polnisch-deutsche und deutsch-polnische Register am Schluß jederzeit die Orientierung.

Wir freuen uns, daß daraus dieses Buch wurde und daß es anläßlich der Verleihung der Ehrendoktorwürde der Universität Gdańsk und der Ehrenbürgerschaft der Stadt Gdańsk an Günter Grass erscheint. Wir hoffen, daß es sehr verschiedene Leserkreise ansprechen kann: die Bewohner/innen der Dreistadt ebenso wie Touristen aus Polen oder Deutschland, passionierte Grass-Leser/innen ebenso wie Interessierte, die über einen Stadtbummel ersten Kontakt zu seinem Werk suchen; geeignet ebenso für den Spaziergang entlang des vorgeschlagenen Weges wie für die Lektüre zu Hause, wo zwischen Photos und Plänen die Phantasie schweifen kann.

stadt (4) oraz Brzeźno/Brösen (6) zaplanować (nie licząc dojazdów) około 1,5 do 2 godzin. Pozostałe spacery są znacznie krótsze i można je z powodzeniem łączyć z innymi wędrówkami. Na wycieczki w okolicę proponujemy przeznaczyć przynajmniej pół dnia.

Ponieważ skład naszej grupy autorskiej stworzył nam wielką szansę, nie tylko współpracy polsko-niemieckiej, ale również i pisania dla czytelników zarówno polskich, jak i niemieckich, postanowiliśmy wydać tę książkę w wersji dwujęzycznej. Ta dwujęzyczność niosła jednak ze sobą pewne problemy: I tak na przykład nazwy miejscowości i ulic zostały w polskich tłumaczeniach powieści różnie potraktowane – w *Kocie i myszy* wszystkie są niemieckie, w pozostałych zaś dziełach – polskie, przy czym niemiecka nazwa "Labesweg" została przetłumaczona jako "Labesa" (ulica, która oficjalnie nigdy nie istniała), nie zaś jako "Lelewela". Książka pt. *Butt* natomiast nie została jeszcze do tej pory przetłumaczona na język polski; z tego powodu jest bardzo rzadko cytowana, przy czym w polskiej wersji pojawia się zamiast tłumaczenia krótkie odtworzenie treści cytatu. Wiele kłopotu przysporzyło nam również stosowanie nazw miejscowości; ustaliliśmy wspólnie następujący sposób potraktowania tego problemu: w ramach spacerów, dla ułatwienia orientacji, poszczególne nazwy pojawiają się dwujęzycznie, w pozostałych przypadkach – każdorazowo nazwy odpowiadające określonym epokom historycznym – dla teraźniejszości oczywiście tylko nazwy polskie, dla czasów Wolnego Miasta Gdańska – polskie i niemieckie. Dla ułatwienia orientacji w terenie na końcu książki umieszczono spisy ulic i nazw topograficznych.

Cieszymy się, że ukończenie tej książki zbiegło się z momentem nadania Günterowi Grassowi tytułu doctora honoris causa Uniwersytetu Gdańskiego oraz honorowego obywatelstwa miasta Gdańska. Mamy nadzieję, że trafi ona do różnych kręgów czytelniczych: do mieszkańców Trójmiasta, jak również do turystów z Polski i Niemiec. Że zainteresuje nie tylko zapalonych czytelników Grassa, lecz także osoby, które przechadzając się po mieście, będą szukały kontaktu z jego dziełami. Że będzie łatwa w użyciu w czasie spaceru, podczas przemierzania proponowanych przez nas dróg. Że stanie się ciekawą lekturą w zaciszu domowym, gdy przeglądając zdjęcia i plany będzie można dać upust fantazji.

I. Vom Reisen in eine(r) veränderte(n) Stadt
„Amerika – ach, was ist Amerika gegen die Straßenbahnlinie Neun, die nach Brösen fuhr?"

Ein Bild geht um die Welt:

> „Meine Großmutter Anna Bronski saß an einem späten Oktobernachmittag in ihren Röcken am Rande eines Kartoffelackers.[...] Sie saß im Herzen der Kaschubei, nahe bei Bissau, noch näher der Ziegelei, vor Ramkau saß sie, hinter Viereck, in Richtung der Straße nach Brenntau, zwischen Dirschau und Karthaus, den schwarzen Wald Goldkrug im Rücken saß sie und schob mit einem an der Spitze verkohlten Haselstock Kartoffeln unter die heiße Asche.[...] Jedenfalls sagt meine Trommel: An jenem Oktobernachmittag des Jahres neunundneunzig, während in Südafrika Ohm Krüger seine buschig englandfeindlichen Augenbrauen bürstete, wurde.[...] unter vier gleichfarbigen Röcken, unter Qualm, Ängsten, Seufzern, unter schrägem Regen und leidvoll betonten Vornamen der Heiligen, unter den einfallslosen Fragen und rauchgetrübten Blicken zweier Landgendarmen vom kleinen aber breiten Joseph Koljaiczek meine Mutter Agnes gezeugt."
> [B 9,19]

1. „In Gdansk suchte ich Danzig..."

Wer heute mit der Polnischen Luftfahrtgesellschaft (LOT) in Gdańsk landet, weiß meist nichts davon, daß er sich ziemlich genau an jenem von Günter Grass literarisch fixierten Ort befindet. Diese Eingangsszene des Romans *Die Blechtrommel* (und des gleichnamigen Films von V. Schlöndorff) hält uns schlagartig die Veränderungen vor Augen, die zwischen dem Danzig aus der ersten Hälfte dieses Jahrhunderts und dem Gdańsk am Ende des 20. Jahrhunderts liegen. Gdańsk hat sich bis ins „Herz der Kaschubei" ausgedehnt; von Rębiechowo kann man

I. Z podróży po zmienionym mieście
"...ach, cóż znaczy Ameryka wobec tramwaju z numerem dziewięć, który jeździł do Brzeźna..."

Taki oto obraz rozpowszechnił się w świecie:

> *"Pewnego październikowego popołudnia moja babka Anna Brońska siedziała w swoich spódnicach na skraju kartofliska. [...] siedziała w sercu Kaszub, w pobliżu Bysewa, jeszcze bliżej cegielni, siedziała mając przed sobą Rębiechowo, za sobą Firogę, zwrócona ku drodze na Brętowo, między Tczewem a Kartuzami, siedziała plecami do czarnego lasu wokół Złotej Karczmy i leszczynowym kijem nadpalonym u końca wsuwała ziemniaki w gorący popiół [...] W każdym razie mój bębenek powiedział: W owo październikowe popołudnie osiemset dziewięćdziesiątego dziewiątego roku, gdy w Afryce Południowej Wuj Krüger szczotkował swoje krzaczaste antyangielskie brwi, pod czterema jednolitymi w kolorze spódnicami, pośród dymu, strachu, westchnień, w zacinającym deszczu i przesadnie smutnym strumieniu imion świętych, pośród mało inteligentnych pytań i przesłoniętych dymem spojrzeń dwóch żandarmów polowych, nieduży, lecz krępy Józef Koljaiczek spłodził moją matkę, Agnieszkę."* [Bb, s. 11, 12, 18]

1. *"W Gdańsku szukałem dawnego Gdańska..."* Günter Grass

Gdy ktoś dzisiaj korzystając z Polskich Linii Lotniczych (LOT) ląduje w Gdańsku, najczęściej nie wie o tym, że znajduje się na jednym z literacko utrwalonych przez Grassa miejsc. Ta początkowa scena powieści *Blaszany bębenek* (jak również filmu V. Schlöndorffa o tym tytule) uzmysławia nam nagle jak wiele zmian zaszło między Gdańskiem/Danzig z pierwszej połowy obecnego stulecia, a Gdańskiem końca XX wieku. Gdańsk rozciągnął się aż po "serce Kaszub"; z Rębiechowa można obecnie

mit LOT in alle Welt fliegen, täglich nach Warschau, Hamburg oder London. Anna Bronski säße heute am Rande der Startbahn. Anna Bronski wurde noch am selben Abend mit Joseph Koljaiczek getraut und reiste mit ihm in der Nacht per Pferd und Kastenwagen nach Danzig (Gelegentlich tun auch heute noch auswärtige Bauern den Touristen den Gefallen, sich mit dem Pferdefuhrwerk in die Stadt zu wagen). Später, als Joseph entweder unter den Flößen umgekommen oder ihm die Flucht nach Amerika geglückt war, Anna zurück in die Kaschubei ging, nahm sie immer die Kleinbahn, um in die Stadt zu kommen:

„*Jeder Dienstag war Markttag. Mit der Kleinbahn kam sie von Viereck, zog sich kurz vor Langfuhr ihre Filzpantoffeln für die Eisenbahnfahrt aus, stieg in unförmige Galoschen, henkelte sich in ihre beiden Körbe und suchte den Stand in der Bahnhofsstraße, dem ein Schildchen anhing: Anna Koljaiczek, Bissau. Wie billig die Eier damals waren! Eine Mandel bekam man für einen Gulden, und kaschubische Butter war billiger als Margarine. Meine Großmutter hockte zwischen zwei Fischfrauen die »Flunderchen« riefen und »Pomuchel jefälligst!«*" [B, 146f]

Heute sind von dieser Bahnlinie nur noch Brückenreste zu sehen; wie in vielen Industrieländern sind auch hier unrentable Bahnwege durch Autoverkehr ersetzt worden: Anna K. könnte nun mehrfach täglich mit dem Flughafenbus von LOT, mit dem Linienbus Nr. 110 der PTK oder gar mit dem Taxi die 10 Kilometer hinunter nach Wrzeszcz/Langfuhr fahren, um ihre Naturprodukte zu verkaufen.

War Langfuhr damals noch ein Vorort, so ist Wrzeszcz heute der lebendigste Teil der Stadt und sein Handelsmittelpunkt. Statt des Wochenmarktes vor dem Bahnhof gibt es nun hinter dem Bahnhof einen ständigen Markt, auf dem – wie an vielen anderen Plätzen der Stadt und in vielen anderen polnischen Städten – Kleinhändler Waren aller Art anbieten; sogar aus Rußland kommen sie, das ökonomische Gefälle zwischen beiden Ländern ausnutzend.

Auf dieser rückwärtigen Seite von Bahnlinie und ul. Grunwaldzka, die den Stadtteil Wrzeszcz zerteilen, liegt auch jenes enge Wohnviertel der wichtigsten literarischen Figuren aus Grass'

lecieć LOT-em we wszystkie strony świata. Codziennie mamy możliwość lotu do Warszawy, Hamburga lub Londynu. Dzisiaj Anna Brońska siedziałaby na skraju pasa startowego.

Anna Brońska jeszcze tego samego wieczora poślubiła Józefa Koljaiczka i wyjechała z nim w nocy wozem zaprzężonym w konie do Gdańska. (Niekiedy jeszcze dziś czynią usłużni rolnicy turystom tę przysługę, i przyjeżdżają wozem do miasta). Później, gdy Józef może zaginął pod tratwami, bądź też szczęśliwie dotarł do Ameryki, a Anna wróciła na Kaszuby i chciała dotrzeć do miasta, korzystała najczęściej z kolejki wąskotorowej.

"Każdy wtorek był dniem targowym. Przyjeżdżała kolejką z Firogi, krótko przed Wrzeszczem ściągała filcowe bambosze, w których jechała, wchodziła w nieforemne kalosze, objuczała się swoimi dwoma koszami i szła do straganu przy Dworcowej, na którym wisiała tabliczka: Anna Koljaiczek, Bysewo. Jakże tanie były wtedy jajka! Za guldena dostawało się mendel, a masło kaszubskie było tańsze od margaryny. Babka przysiadała między dwiema rybaczkami, które wołały: »Fląderki«, »Dorsze, smaczne, tanie!«" [Bb, s. 105/106]

Dzisiaj można z tej linii kolejowej zobaczyć jeszcze tylko resztki mostów. Podobnie jak w wielu innych krajach przemysłowych nierentowne drogi kolejowe zostały zastąpione przez ruch samochodowy: Anna Koljaiczek mogłaby obecnie kilkakrotnie w ciągu dnia jechać z Wrzeszcza, korzystając z autobusu LOT-u, lub też autobusu liniowego ZKM, bądź też przebyć owe siedem kilometrów taksówką, by móc sprzedać swoje produkty rolne.

O ile dawny Wrzeszcz/Langfuhr był przedmieściem, to dzisiaj jest jedną z bardziej ożywionych części miasta i stanowi jego centrum handlowe. Zamiast cotygodniowego targu przed dworcem, mamy dziś stałe targowisko na jego tyłach, na którym to – podobnie jak w wielu innych miejscach w tym, a także w innych polskich miastach – drobni handlarze proponują różnego rodzaju towary. Przyjeżdżają oni nawet z Rosji, wykorzystując ekonomiczne różnice między obu państwami.

Po tej też stronie torów kolejowych i ulicy Grunwaldzkiej, które to dzielą Wrzeszcz, leży owo niewielkie osiedle gdzie mieszkali najważniejsi bohaterowie literaccy gdańskiej trylogii Grassa – a także sam autor. Również po tej stronie, nieco dalej

2. Kleinbahnhof (in den Werder) *1912*
   Dworzec kolejki wąskotorowej (na Żuławy) *1912*

Danziger Trilogie. Auf dieser Seite Richtung Ostsee befand sich auch der frühere Flughafen Saspe. Und wieder ist der Unterschied zwischen damals und heute unübersehbar: Wo früher nur ein paar verstreute Höfe lagen, leben jetzt über fünfzigtausend Menschen. Wo damals die *„Danziger Luftpost GmbH"* mit ihren Junkers F13 startete und später Bedrohlicheres ankam:

> *„Einmal brummten über uns zur Landung ansetzende Flugzeuge. Wir blickten nicht auf, erlitten den Motorenlärm und wollten uns nicht überzeugen lassen, daß da mit blinkenden Lichtern an den Flügelspitzen drei Maschinen vom Typ Ju 52 zur Landung ansetzten."* [B, 310]

– auf diesem großen Freigelände wurden in der Nachkriegszeit jene Hochhaus-Komplexe errichtet, die die gewaltige Wohnungsnot linderten, aber das Gebiet zwischen Wrzeszcz und Ostsee teilweise in eine Betonwüste verwandelten: die neuen Stadtteile Zaspa und Przymorze.

Die beengte äußere Wohnsituation dort provoziert den assoziativen Bezug zu der geistigen Enge, dem Spießertum und

w kierunku Morza Bałtyckiego znajduje się dawne lotnisko. Ponownie, nie sposób nie zauważyć różnic między tamtymi laty a dniem dzisiejszym: Tam, gdzie dawniej stało kilka rozproszonych gospodarstw, mieszka dziś ponad 50 tysięcy ludzi. Dawniej startowały tu Junkersy F13, należące do "Gdańskiej Poczty Lotniczej" Sp. z o.o., później zaś przyszło zagrożenie:

"Raz przetoczył się nad nami warkot samolotów podchodzących do lądowania. Nie podnieśliśmy wzroku, wytrzymaliśmy huk motorów i nie chcieliśmy przyjąć do wiadomości, że oto migającymi światłami na końcach skrzydeł podchodzą do lądowania trzy maszyny typu Ju 52." [Bb s. 219]

W okresie powojennym zostały na tym olbrzymim wolnym terenie utworzone kompleksy wieżowców, co zmniejszyło ogromnie panujący "głód mieszkaniowy", zmieniło jednak ten teren między Wrzeszczem a Bałtykiem w swego rodzaju betonową pustynię, w dwa nowe osiedla – Przymorze i Zaspę. Zewnętrzne zacieśnienie osiedli mieszkaniowych przywołuje skojarzenia duchowej "ciasnoty", kołtunerii i małomiasteczkowego zaduchu, jaki panował w dawnym Wrzeszczu/Langfuhr. Tamto życie, wydaje się nam – współczesnym czytelnikom – dziwnie statyczne. Porównajmy to choćby z dzisiejszym zamiłowaniem do podróży tutejszych mieszkańców lub wymianą młodzieży polskiej i niemieckiej (coś zupełnie oczywistego), a zauważymy, że bohaterowie Grassa nie podejmowali niemal żadnych dalszych podróży, ani nie przyjmowali gości z daleka. Odwrotnie niż dzisiaj: Gdańsk jest miastem turystycznym, przede wszystkim latem. Swoją bogatą ofertą usługową otwiera się on na przyjęcie gości.

Gdański świat opisany przez Grassa, a przez interpretujących najchętniej rozumiany jako "mikrokosmos", wydaje się nam z perspektywy czasu światem zamkniętym w sobie, który dusi się we własnym sosie, nie dopuszczając żadnych obcych impulsów. Kto przechadza się po Gdańsku śladami literackich bohaterów Grassa, nie powinien trwać w nostalgicznym spojrzeniu wstecz, czy też jedynie podziwiać wychwalanych efektów rekonstrukcji historycznych zabytków Starego Miasta. Powinien skierować także swoje spojrzenie na nowy, zmieniony Gdańsk i jego całkowicie odmiennych mieszkańców, którzy z wielką serdecznością i otwartością na świat odnoszą się do odwiedzających – mimo

dem kleinbürgerlichen Mief aus dem vergangenen Langfuhr. Jenes Leben erscheint uns heutigen Lesern merkwürdig statisch. Nimmt man etwa die Reiselust der heutigen Polen oder den inzwischen ganz selbstverständlichen Austausch zwischen polnischen und deutschen Jugendlichen, so fällt auf, daß die Grass'schen Figuren kaum größere Reisen machen oder Besuch von weiter her bekommen. Und umgekehrt heute: Gdańsk ist eine Stadt des Tourismus, v.a. im Sommer, die sich mit einem umfangreichen Service-Angebot den Gästen öffnet. Die von Grass beschriebene Danziger Welt dagegen, die von den Interpreten gern als „Mikrokosmos" und „Paradigma" verstanden wird, scheint uns im nachhinein eine in sich geschlossene Welt zu sein, die an sich selbst krankt und des fremden Impulses entbehrt. Wer auf den Spuren der literarischen Figuren von Grass in Gdańsk wandelt, sollte nicht beim nostalgischen Blick zurück verharren, auch nicht nur die häufig gerühmte Aufbauleistung bei der Rekonstruktion der historischen Substanz der Altstadt bewundern, sondern gleichzeitig den Blick auf das neue, veränderte Gdańsk richten und diese gänzlich veränderte Bevölkerung, die dem Besucher ihrerseits mit viel Herzlichkeit und Weltoffenheit begegnet – bei aller Beschwerlichkeit, die den Alltag auch im Jahre 1993 noch prägt. Daß der Besucher hier nichts zu entbehren hat, daß er ein reichhaltiges Kulturangebot und vielfältige Erholungsmöglichkeiten in der Natur vorfindet, wird in unserem Buch nicht eigens dargestellt oder allenfalls am Rande. Insofern versteht es sich als Ergänzung zu den vielen touristischen Schriften über Gdańsk.

2. „Es war einmal eine Straßenbahn..."

Auch wenn die meisten Besucher aus Warschau, Berlin oder Bremen sich auf gut ausgebauten Straßen über Słupsk, Kartuzy, Bydgoszcz und Malbork der Stadt nähern, so möchten wir doch empfehlen, den Wagen auf einem der überall zu findenden bewachten Parkplätze (Parking strzeżony) abzustellen: Benutzen Sie wie unsere Figuren aus der *Danziger Trilogie* vor allem Ihre Füße – und die Straßenbahnen. Mehr als mit dem Auto, mehr auch als mit der Schnellbahn, die die Dreistadt (Gdańsk-Sopot-Gdynia) miteinander verbindet, erhält man mit der

uciążliwości dnia codziennego, który można urozmaicić korzystając z bogatej oferty kulturalnej Gdańska lub wypoczywając na łonie natury. Tego jednak nie przedstawiamy, ponieważ można to znaleźć w typowych przewodnikach turystycznych.

2. "Był sobie kiedyś tramwaj..."

Nawet jeżeli odwiedzający z Warszawy, Berlina lub Bremy zbliżą się do Gdańska po dobrze rozbudowanych drogach przez Słupsk, Kartuzy, Bydgoszcz lub Malbork, to i tak proponujemy odstawić samochód na jeden z wielu nietrudnych do znalezienia parkingów strzeżonych: Skorzystajcie Państwo podobnie jak bohaterowie gdańskiej trylogii przede wszystkim z własnych nóg – lub z tramwajów. Przemieszczanie się samochodem lub kolejką miejską, która łączy Trójmiasto (Gdańsk, Sopot, Gdynia), nie zapewni nam tak dobrego kontaktu z miastem jak tramwaj. Jazda nim poprzez swoje odpowiednie tempo sprawia, że mamy możliwość połączenia wszystkich trzech istotnych aspektów wizyty w Gdańsku. Tu bowiem zyskujemy różnorodne wrażenia z dzisiejszego miasta, a jednocześnie "doświadczamy" jego historii i co jest równie ważne – przeżywamy specyficzną atmosferę panującą w tramwaju: w nim poznajemy mieszkańców, widzimy zatroskane twarze starych ludzi, ale także optymistyczne i ożywione – młodych. Możemy też przy tej okazji, w dużym stopniu, odczuć atmosferę owych wolnych od samochodów czasów, kiedy tramwaj był dla bohaterów Grassa najważniejszym środkiem lokomocji.

Szczególnie młodzi mogli w ten sposób wykroczyć poza swój mały kosmos jakim był Wrzeszcz/Langfuhr i poszerzyć swoje widzenie świata. Wrzeszcz był węzłem, "*...którego linie tramwajowe docierały do kąpieliska Brzeźno, do siedziby biskupiej Oliwy i do miasta Gdańska.*" [Pl, s. 299]

Oskar co czwartek jeździł wraz ze swoją matką tramwajem do centrum miasta, gdzie spotykała się ona ze swoim kochankiem i kuzynem – Janem Brońskim, by spędzić z nim trzy kwadranse na ulicy Stolarskiej. W tym czasie syna pozostawiała w sklepie z zabawkami należącym do Żyda Markusa.

Tą samą linią jechał Oskar towarzysząc swojemu ojcu Alfredowi Matzerathowi, by stać się naocznym świadkiem historycznego wydarzenia:

Straßenbahn Zugang zu dieser Stadt. Sie ermöglicht es, im richtigen Tempo die oben empfohlenen drei Aspekte eines Besuchs in Gdańsk zu verbinden: das historische Danzig zu „erfahren", vielfältige Eindrücke vom heutigen Gdańsk zu gewinnen und seine spezielle Atmosphäre zu erleben. In der Straßenbahn lernt man die Menschen der Stadt kennen; man schaut in die besorgten Gesichter der alten Leute und in die optimistischen, lebendigen Gesichter der jungen. Und man kann sich gelegentlich auch noch gut in die (weitgehend) autofreien Zeiten hineinversetzen, als die Straßenbahn für die Grass'schen Figuren das wichtigste Verkehrsmittel war.

Besonders die jungen Helden konnten so ihren kleinen Kosmos Langfuhr überschreiten, ihren Blick erweitern. Langfuhr war ein Knotenpunkt, *„dessen Straßenbahnlinien den Badeort Brösen, den Bischofssitz Oliva und die Stadt Danzig berührten".* [H, 520]

– Mit der Straßenbahn fuhr Oskars Mutter jeden Donnerstag in die Innenstadt, um ihren Liebhaber und Cousin Jan Bronski

3. Straßenbahnhaltestelle in Brösen *1912*
Przystanek tramwajowy w starym Brzeźnie *(w roku 1912)*

Z podróży po zmienionym mieście 29

4. Tramwajem przez stary Wrzeszcz *(w roku 1925)*
Mit der Straßenbahn durch Langfuhr *1925*

"Był sobie kiedyś kupiec kolonialny, który pewnego listopadowego dnia zamknął sklep, bo w mieście coś się działo, wziął za rękę swojego syna Oskara i pojechał piątką do Złotej Bramy, bo tam, jak w Sopocie i we Wrzeszczu, płonęła synagoga. Synagoga była prawie wypalona, a straż pożarna uważała, żeby ogień nie przerzucił się na inne domy." [Bb, s. 170]

Również linią numer pięć jechał Oskar ze swoim przypuszczalnie prawdziwym ojcem – Janem Brońskim, którego to przyuważył na przystanku Heeresanger naprzeciwko polskiego osiedla. Ich wspólna droga prowadziła na Pocztę Polską, gdzie miała miejsce legendarna walka w jej obronie:

"Ta jazda tramwajem mogłaby się stać nie zmąconą niczym, przyjemną rozrywką, gdyby to nie była wigilia pierwszego września dziewięćset trzydziestego dziewiątego, kiedy wóz motorowy z przyczepą linii pięć, od placu Maksa Halbego zatłoczony zmęczonymi, a jednak hałaśliwymi plażowiczami z Brzeźna, pędził dzwoniąc w stronę śródmieścia. Ów wieczór u schyłku lata po oddaniu bębenka zwabiłby nas do »Cafe Weitzke« na lemoniadę ze słomką, gdyby u wejścia do portu,

für eine Dreiviertelstunde in der Tischlergasse zu treffen, den Sohn im Spielzeugladen des Juden Markus zurücklassend.

– In derselben Linie begleitete Oskar seinen Vater Alfred Matzerath, um an einem historischen Ereignis teilzunehmen: *„Es war einmal ein Kolonialwarenhändler, der schloß an einem Novembertag sein Geschäft, weil in der Stadt etwas los war, nahm seinen Sohn Oskar bei der Hand und fuhr mit der Straßenbahn Linie Fünf bis zum Langgasser Tor, weil dort wie in Zoppot und Langfuhr die Synagoge brannte. Die Synagoge war fast abgebrannt, und die Feuerwehr paßte auf, daß der Brand nicht auf die anderen Häuser übergriff."* [B, 241]

– Mit der Linie 5 und seinem vermutlich tatsächlichen Vater Jan Bronski, den Oskar *„gegenüber der Polensiedlung"*, Haltestelle Heeresanger, abgefangen hatte, ging es in die legendären Kämpfe um die Polnische Post: *„Es hätte diese Straßenbahnfahrt zu einer ungestörten Freudenfahrt werden können, wäre es nicht der Vorabend des ersten September neununddreißig gewesen, an dem sich der Triebwagen mit Anhänger der Linie Fünf, vom Max-Halbe-Platz an vollbesetzt mit müden und dennoch lauten Badegästen des Seebades Brösen, in Richtung Stadt klingelte. Welch ein Spätsommerabend hätte uns nach Abgabe der Trommel, im Café Weitzke hinter Limonade mit Strohhalm gewinkt, wenn nicht in der Hafeneinfahrt, gegenüber der Westerplatte die beiden Linienschiffe »Schlesien« und »Schleswig-Holstein« festgemacht hätten."* [B, 262]

– Mit der Straßenbahn ging es auch hinaus ins Strandbad Brösen – vorbei an jenem Ort, wo Jan Bronski als Verteidiger der Polnischen Post erschossen wurde: *„Oskar hatte Angst vor der Straßenbahnfahrt am Friedhof Saspe vorbei. Mußte er nicht befürchten, daß der Anblick des so stillen und dennoch beredten Ortes die ohnehin nicht übermäßige Badelaune verschlüge? Wie wird sich der Geist Bronskis verhalten, fragte sich Oskar."* [B, 324] Wenig später kann er nichtsdestotrotz die erotischen Eskapaden mit dem Hausmädchen Maria aufnehmen, das Brausepulver in ihrem Bauchnabel schäumen lassen.

– Mit dieser Linie 9 begann jener Familienausflug mit *„Karfreitagskost"* an der Mole von Neufahrwasser, wo die aus dem Pferdekopf quellenden Aale den Anfang des Endes von

naprzeciwko Westerplatte, nie zacumowały oba pancerniki »Schlesien« i »Schleswig–Holstein«" [Bb, s. 185/186]

Tramwajem można też było dojechać do kąpieliska w Brzeźnie/Brösen, mijając po drodze owo miejsce, gdzie Jan Broński, jako obrońca Poczty Polskiej, został zastrzelony.

"Oskar miał stracha przed jazdą tramwajem koło cmentarza na Zaspie. Czyż nie musiał się obawiać, że widok tak cichego, a jednak wymownego miejsca odbierze mu i tak już niezbyt wielką ochotę do plażowania? Jak zachowa się duch Jana Brońskiego, zastanawiał się Oskar," [Bb, s. 228]

Mimo to, już niedługo potem był w stanie podejmować erotyczne eskapady z gosposią – Marią i pozwalać musującemu proszkowi pienić się na jej pępku.

Natomiast jazda linią numer dziewięć rozpoczęła ową rodzinną wycieczkę z "Wielkopiątkową Strawą" w pobliżu mola w Nowym Porcie/Neufahrwasser, gdzie wychodzące z końskiego łba węgorze miały dla mamy Oskara Agnieszki oznaczać początek końca.

Również na niedzielną wycieczkę do Oliwy można było pojechać tramwajem (linia numer dwa), by stamtąd wybrać się dalej na spacer do lasu lub doliny, lub też pojechać dalej tramwajem linii numer cztery do bardziej wytwornego kąpieliska, mianowicie do Jelitkowa/Glettkau.

W tej też okolicy udało się Oskarowi najpiękniejsze chyba rozśpiewanie szyb w *"...nadjeżdżającym z Oliwy, prawie pustym tramwaju, którego lewy bok ogołociłem ze wszystkich ponuro zaciemnionych szyb."* [Bb, s. 321]

Naturalnie również dzieci i młodzież z *Kota i myszy* korzystają z tramwajów aby np. pojechać nad morze, stamtąd zaś wypłynąć do owego zatopionego poławiacza min i na miejscu poddać próbie swoje siły lub wspólnie się ponudzić. A Tulla Pokriefke, główna bohaterka z *Psich lat*, zostaje w końcu konduktorką w tramwaju:

"Gdzieś od ósmego roku życia Tulla skakała z jadących tramwajów. Nigdy nie upadła. Nigdy nie ryzykowała, jak to robią głupi i lekkomyślni, skoku w odwrotnym niż kierunek jazdy kierunku; i również z wozu przyczepnego dwójki, która od

– Mit der Straßenbahn ging es auch zum Sonntagsausflug hinaus nach Oliva (Linie 2), um von dort in Wald und Tal zu spazieren oder mit der Straßenbahn, Linie 4, weiter an den vornehmeren Badeplatz Glettkau/Jelitkowo zu fahren.

– Schließlich gelang Oskar das schönste Zersingen von Scheiben vielleicht bei *„einer mir aus Richtung Oliva entgegenkommenden, fast leeren Straßenbahn, deren linker Seite ich alle trüb abgedunkelten Scheiben nahm."* [B, 446]

– Natürlich benutzen die Kinder und Jugendlichen aus *Katz und Maus* ebenso die Straßenbahn, um z.B. herauszufahren an die Ostsee und dann zu jenem untergegangenen Minensuchboot hinauszuschwimmen und sich dort zu erproben und zu langweilen. Und Tulla Pokriefke, Protagonistin aus den *Hundejahren*, wird schließlich Straßenbahnschaffnerin: *„Etwa vom achten Lebensjahr an sprang Tulla von fahrenden Straßenbahnen. Nie war sie zu Fall gekommen. Nie hatte sie, wie Dumme und Leichtsinnige es tun, einen Sprung entgegengesetzt der Fahrtrichtung gewagt; und auch vom Anhänger der Straßenbahn, Linie zwei, die seit der Jahrhundertwende zwischen dem Hauptbahnhof und dem Vorort Oliva verkehrte, sprang sie nicht vom Vorderperron, sondern vom Hinterperron ab. Mit der Fahrtrichtung sprang sie geschickt, katzenleicht und setzte mit kriesschurrenden Sohlen lässig nachfedernd auf."* [H, 530]

– Und natürlich kamen sie bei den Dezemberstreiks 1970 mit der Straßenbahn *„von überall aus den Vororten, aus Ohra und vom Troyl, aus Langfuhr und Neufahrwasser, womöglich fünfzigtausend Arbeiter und Hausfrauen."* [B, 596]

– 1990 suchen Ola und Olek (Alexandra Piątkowska und Alexander Reschke) ihre verstorbene Mitstreiterin Erna Brakup aus der deutsch-polnischen Friedhofsgesellschaft mit der Straßenbahn auf. Sie ist aufgebahrt in ihrer Fischerkate in Brzeźno, das sie über jenen *„Schienenstrang (erreichen), der mir aus anderer Geschichte, am Friedhof Saspe vorbei, alteingefahren ist."* [U, 264] Hat unser Erzähler sich inzwischen zu sehr aufs Autofahren konzentriert? D i e s e Linie am Friedhof Saspe vorbei nach Brzeźno gibt es inzwischen nicht mehr.

Auch einige andere Strecken haben sich verändert, z.B. führt keine Linie mehr durch das Zentrum der historischen Stadt. Aber insgesamt sind das nicht viele. Im wesentlichen hat nur ihre Numerierung gewechselt – und natürlich gibt es neue Namen für die Haltestellen (siehe Plan).

przełomu wieków kursowała między Dworcem Głównym a przedmieściem Oliwa, skoczyła nie z przedniego, tylko z tylnego pomostu. Zgodnie z kierunkiem jazdy skoczyła zwinnie, lekko jak kot, i wylądowała na szorujących po żwirze podeszwach niedbale uginając nogi." [Pl, s. 306]

Naturalnie w czasie grudniowych strajków w 1970 roku, robotnicy i gospodynie z wszystkich możliwych przedmieść zjeżdżali się tu tramwajami. W 1990 Olek i Ola (Aleksandra Piątkowska i Alexander Reschke) udali się tramwajem by odwiedzić zmarłą Ernę Brakup z niemiecko-polskiego Towarzystwa Cmentarnego, również biorącą wcześniej udział w ich staraniach. Jej zwłoki złożone zostały w jej chacie rybackiej w Brzeźnie, do którego prowadziła *"trasa koło cmentarza na Zaspie [...], dawno objeżdżona przeze mnie z okazji innej historii."* [Wk, s. 175].

Czyżby nasz narrator skoncentrował się za bardzo na jeździe samochodem? Ta linia prowadząca do Brzeźna, a mijająca po drodze cmentarz na Zaspie już nie istnieje. Również na kilku innych odcinkach pojawiły się pewne innowacje. I tak np. żadna linia nie prowadzi już przez historyczne centrum Gdańska. Zasadniczych zmian nie ma zbyt wiele. Najistotniejsze z nich to inna numeracja i oczywiście nowe nazwy przystanków.

Kto się dziś zdecyduje jechać tramwajem by poznać Gdańsk – do czego usilnie namawiamy – niech chwilę pomyśli przy okazji, gdy wagony będą się kołysały i trzęsły, jak długo one już się męczą jeżdżąc ciągle tą samą trasą: w 1904 przewoziły one na terenie miasta 11 milionów, w 1912 już 17 milionów, a dziś około 70 milionów ludzi każdego roku. Od 1896 roku istnieje elektryczna linia tramwajowa z Gdańska/Danzig do Wrzeszcza/Langfuhr i Oliwy/Oliva (od 1898/90 również z Wrzeszcza do Brzeźna). Zastąpiła ona istniejącą przez pewien czas w latach siedemdziesiątych XIX wieku linię tramwaju konnego, która zbankrutowała. Wcześniej natomiast zastąpiła pierwszą publiczną autobusową komunikację lokalną (21 osób w autobusie), która od 1864 roku umożliwiała trzykrotnie w ciągu dnia przejazd między Gdańskiem a Sopotem. Od 1870 roku istniała również nowa linia kolejowa na trasie Gdańsk–Sopot z przystankami w Oliwie i we Wrzeszczu.

5. Pferdenbahn am Hohen Tor *1894*
   Tramwaj konny przy Bramie Wyżynnej *(w roku 1894)*

Wer sich heute – wie wir unbedingt empfehlen – in die Straßenbahn begibt, um Gdańsk kennenzulernen, der mag beim gelegentlichen Schwanken und Holpern daran denken, wie lange sich die Wagen schon auf immer denselben Strecken quälen: 1904 beförderten sie im Stadtgebiet 11 Mio, 1912 schon 17 Mio und heute etwa 70 Mio Menschen pro Jahr. Seit 1896 gibt es die elektrische Straßenbahn von Danzig nach Langfuhr und Oliva (seit 1898/90 die von Langfuhr nach Brösen). Sie ersetzte die Pferdebahn-Linie, die in den 70er Jahren einige Zeit existiert hatte, aber Konkurs ging. Diese wiederum hatte den ersten öffentlichen Nahverkehr per Bus (21 Personen) abgelöst, der seit 1864 dreimal täglich von Danzig nach Zoppot fuhr. Seit 1870 gab es dann parallel dazu die neue Eisenbahnlinie Danzig–Zoppot mit Haltestellen in Oliva und Langfuhr.

Für den Gast aus Deutschland wird manches nicht so selbstverständlich sein wie für den polnischen Touristen. Keine Tulla Pokriefke verkauft heute noch Fahrkarten; schon lange sind die Schaffner ersetzt durch Stempelautomaten. 1993 werden die mechanischen Zackendrücker durch elektronische Kontrollstem-

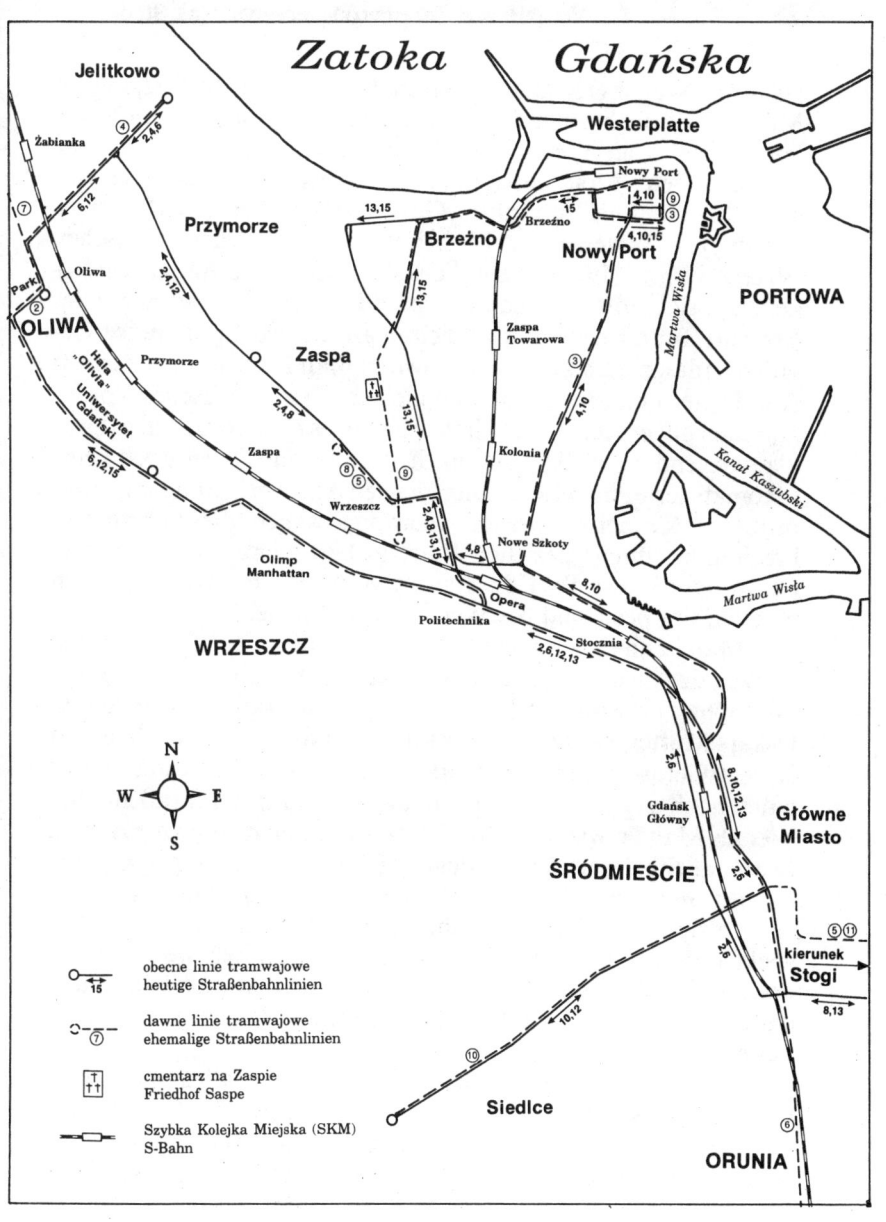

Plan linii tramwajowych / Straßenbahnlinienplan

pel in den Wagen ersetzt. Das Normalbillett kostet 3000 Zł, was im März '93 ziemlich genau 30 Pfennig sind. Diese Billetts kauft man vor der Fahrt an irgendeinem der vielen Kiosks.

Die oben als touristisch optimal beschriebene Reisegeschwindigkeit läßt uns die Entfernung Gdańsk-Hauptbahnhof (Dworzec Główny) – Wrzeszcz in 15 Minuten überbrücken. Zwischen Wrzeszcz und Oliwa erreicht die Bahn dann Spitzengeschwindigkeit, um sich dort wie auch in Nowy Port (Neufahrwasser) oder Brzeźno (Brösen) eng und vorsichtig an rückwärtigen Häuserfassaden entlangzuschlängeln. So gewinnt man Eindrücke, die einem Autofahrer immer vorenthalten bleiben. Der auf rasches Vorankommen angewiesene Einheimische mag es bedauern, daß es zwar überwiegend eigene Trassen für die Bahnen gibt, aber noch keine automatisierte Ampelschaltung, die den Autoverkehr ihnen unterordnet – für den Touristen allerdings haben die Fahrtunterbrechungen ihren speziellen Reiz; insbesondere dann, wenn in Oliwa oder Nowy Port die Fahrer gelegentlich noch aussteigen müssen, um per Hand die Weichen umzustellen!

Man kann sich vorstellen, daß Jan Bronski auf diesen harten Plätzen der beiden Fensterreihen steif sitzend zur Arbeit bei der Polnischen Post fuhr und daß er aus seinen Träumen von Agnes, Oskars Mutter, heftig aufschreckte, wenn die Türen der Bahn mit lautem Getöse zusammenklappten. Allerdings findet man heute kaum noch elegante Männer wie Jan Bronski in der Straßenbahn: Wer als Mann etwas auf sich hält, fährt mit dem Auto zur Arbeit. Die Straßenbahn wird überwiegend bevölkert von jungen Leuten, Frauen und Rentnern; kaum jemand mit Schlips und Kragen.

In den Grass'schen Erzählungen spürt man noch den Respekt, den die Leute damals der Straßenbahn zollten, weil sie ihnen neue Möglichkeiten gab; es war noch das Bewußtsein wach, dadurch eine veränderte Stellung in Zeit und Raum gewinnen zu können.

Und obwohl die Straßenbahn heute vor allem ein funktionales Transportmittel ist, so unterscheidet sich die Atmosphäre dort doch immer noch deutlich von der in der S-Bahn; in letzterer ist es fast still (es sei denn, Lechia Gdańsk hat ein Heimspiel), die Leute sitzen für sich, schauen aneinander vorbei – in der Straßenbahn dagegen Gerede, Lachen, Tuscheln. Ein kommunikativer Ort: Treffpunkt der einkaufenden Frauen aus der Nach-

Nie wszystko jest tak oczywiste dla gości z Niemiec, jak dla polskich turystów. Nie ma już dziś żadnej Tulli Pokriefke, która sprzedawałaby bilety; od dawna już konduktorów zastąpiły kasowniki mechaniczne, a od 1993 roku – elektroniczne z datownikiem. Bilet normalny kosztuje 3000,– złotych, co w marcu 1993 stanowi 30 fenigów. Bilety należy kupić wcześniej w jednym z licznych kiosków.

Uprzednio opisane przez nas tempo podróży, uznane za turystycznie optymalne, umożliwia w ciągu 15 minut przebycie odległości z Gdańskiego Dworca Głównego do Wrzeszcza. Między na przykład Wrzeszczem a Oliwą tramwaj osiąga swoją szczytową prędkość, by tam, jak również w Nowym Porcie i Brzeźnie, blisko i ostrożnie wić się wzdłuż tylnych fasad domów. W ten sposób doznaje się wrażeń całkowicie niedostępnych przy jeździe samochodem. Mieszkaniec, któremu zależy na szybkim poruszaniu się żałuje może, że brak tu automatycznej zmiany sygnalizacji świetlnej dla linii tramwajowych, która podporządkowałaby im ruch samochodowy. Dla turysty natomiast przerwy w jeździe mają swój specyficzny urok; szczególnie wówczas, gdy w Oliwie lub w Nowym Porcie motorniczy musi niekiedy jeszcze wysiąść, by przełożyć ręcznie zwrotnicę!

Można też sobie wyobrazić, jak Jan Broński sztywno siedząc na jednym z twardych krzeseł, któregoś z obu rzędów pod oknami, jechał do pracy na Poczcie Polskiej, i jak wyrywał go nagle z marzeń o Agnieszce, matce Oskara, huk głośno zamykanych drzwi tramwaju. Dziś jednak prawie nie widuje się w tramwajach eleganckich mężczyzn takich jak Jan Broński, ponieważ z reguły jeżdżą oni do pracy samochodami. Tramwaje są zasadniczo zapełnione przez młodych ludzi, kobiety i rencistów; i trudno jest tu spotkać kogoś pod krawatem.

W opowiadaniach Grassa czuje się jeszcze respekt, jaki ludzie kiedyś okazywali tramwajom, ponieważ dawały im one nowe możliwości, a także rozbudzały w nich świadomość, że może to zapewnić im nową pozycję w czasie i przestrzeni.

I mimo że tramwaj jest dziś przede wszystkim funkcjonalnym środkiem transportu, to atmosfera w nim różni się zasadniczo od tej w kolejce podmiejskiej; w tej ostatniej jest niemal zupełnie cicho (chyba, że na boisku Lechii Gdańsk rozgrywał się jakiś mecz), ludzie siedzą tu pogrążeni we własnych myślach, spoglądają

barschaft, der Arbeitskolleginnen am frühen Morgen, der alten Leute, die in die Stadt fahren, und vor allem der Jugendlichen; sie nehmen sich hier den Platz zum Schmusen, zum Sprüchemachen, zum Austauschen der Hausaufgaben. Überhaupt „erfährt" man hier, selbst wenn man die Sprache nicht versteht, am meisten über Mentalitäten, Probleme, Emotionen und Alltag der heutigen Bürger von Gdańsk. Ein Panorama des Lebens dieser Stadt: das vermittelt am besten die Straßenbahn.

3. „Am besten, wir nehmen den Wagen..."

Natürlich muß man nicht Straßenbahn fahren; und manchmal sind andere Verkehrsmittel zugegeben günstiger: so wird man vom Hauptbahnhof Gdańsk natürlich mit der Schwester S-Bahn nach Sopot fahren, und mit ihr ist man auch schnell in Wrzeszcz (10 Minuten) oder Oliwa (17 Minuten). Eine zweite S-Bahn-Linie führt an der Werft (Stocznia) und Nowy Szkoty (dem bei Grass häufig erwähnten Neu-Schottland) vorbei und hinaus nach Nowy Port (Neufahrwasser). Die Fahrkarten kauft man an den Stationen und muß sie vorher an den „kasowniks" abstempeln.

Selbst auf den Spuren der *Danziger Trilogie* kann die Benutzung eines Busses sinnvoll sein. Die Busverbindungen in Gdańsk sind gut ausgebaut; so gibt es vielfältige Querverbindungen, die Zeit sparen und zusätzliche Impressionen von der Stadt ermöglichen; und wer etwa zum alten Friedhof Brenntau/Brętowo will, um Pfarrer Wiehnkes Grab aufzusuchen, der ist auf den Bus angewiesen.

Wer zur Westerplatte hinaus möchte, kann das mit dem Bus tun, sollte aber doch lieber das Schiff nehmen, das im Sommer mehrmals täglich von der Długie Pobrzeże/Langbrücke an der Motława/Mottlau ablegt. Gegenüber sieht man die Speicherinsel, noch mit Ruinenresten: ihr Wiederaufbau ist ein ehrgeiziges Projekt, in dem auch Grass engagiert ist. Wasser, Hafen, Schiffe, Werften, Kräne, Speicher, Blinktürme – das alles gehört natürlich zu Geschichte und Gegenwart dieser alten Hansestadt. Die Schiffsfahrt durchs Werftengebiet und hinaus zur Westerplatte: Zeit, die dramatischen geschichtlichen Veränderungen zu bedenken, die von diesen beiden Plätzen 1939 und 1988 ausgingen –

w okna, nie zwracając uwagi na innych. W tramwaju jest przeciwnie, rozmowy, śmiech, szepty. To doskonałe miejsce spotkań robiących zakupy gospodyń domowych z sąsiedztwa, koleżanek, jadących wczesnym rankiem do pracy, starszych ludzi wybierających się do miasta, a przede wszystkim młodzieży. Dla młodych to idealne miejsce do pieszczot i pocałunków, do jowialnych powitań, a także do wymiany między sobą uwag dotyczących prac domowych. Tu można zdobyć najwięcej "doświadczeń", nawet nie rozumiejąc języka, najczęściej na temat mentalności, emocji i codziennych problemów mieszkańców Gdańska.

3. "Najlepiej będzie, jak weźmiemy wóz..." albo autobus, statek lub rikszę

Naturalnie nie musimy jeździć tramwajem. Trzeba przyznać, że czasami są inne, korzystniejsze sposoby podróżowania: I tak na przykład z Dworca Głównego w Gdańsku pojedziemy do Sopotu szybką kolejką miejską. Po drodze dojechać można szybko do Wrzeszcza (10 minut) i Oliwy (17 minut). Druga linia kolejki miejskiej wiedzie koło Stoczni, przez Nowe Szkoty (często u Grassa wspominane Neuschottland) aż do Nowego Portu. Bilety kupuje się wcześniej na stacjach i stępluje w kasownikach przed wejściem do kolejki.

Poruszając się śladami bohaterów gdańskiej trylogii można też skorzystać z autobusu. Połączenia autobusowe w Gdańsku są dobrze rozbudowane. Ich linie biegną najczęściej w kierunku poprzecznym do linii SKM i większości tramwajów, co pozwala na zaoszczędzenie czasu i uzyskanie dodatkowych wrażeń.

Kto chciałby wybrać się na Westerplatte, może pojechać autobusem, lepiej jednak wybrać się w tę podróż statkiem, który latem kilka razy w ciągu dnia odpływa z przystani na Długim Pobrzeżu nad Motławą. Naprzeciwko można zobaczyć Wyspę Spichrzów, jeszcze z resztkami ruin; jej odbudowa to bardzo trudne przedsięwzięcie, w które zaangażowany jest również Günter Grass.

Woda, port, statki, stocznie, żurawie, spichlerze, latarnie – to wszystko należy do historii i do współczesności tego starego hanzeatyckiego miasta.

und damit auch Grass' Impuls aufzunehmen, sich „gegen das Vergessen" zu wehren.

„*Als sich Witwe und Witwer unterm geschwungenen Dreizack des Gottes Neptun trafen, brachte die Piątkowska einen fixfertigen Plan für den Nachmittag mit, der nur per Auto umzusetzen war. »Am besten, wir nehmen den Wagen...«*". [U, 63]

Was den beiden Begründern der deutsch-polnischen Friedhofsgesellschaft in den *Unkenrufen* für ihr Suchen nach einem angemessenen Gelände recht ist, sollte dem Touristen billig sein: Mit dem Auto hinaus Richtung Flughafen nach Brenntau/Brętowo und Mattern/Matarnia, wo man „*unter hochstämmigen Buchen*" sich im weitläufigen Waldgebiet ergehen kann; anschließend mag man einen Blick auf die Kartoffeläcker von Oskars Großmutter Anna werfen – am Rande des Flughafens, gleich nebenan; evtl. einen Ausflug in die Kaschubei anschließen (s. Kap II.1.). Alex und Alexandra/Olek und Ola fahren an diesem Tag – vermutlich über die Autobahnumgehung – bis Osowa und dann durch den Wald hinunter nach Oliwa, prüfen das „*langgestreckte Tal südwestlich von Oliva*", finden es aber verbaut von Schrebergärten. Hier ließe sich aber ein schöner Spaziergang anschließen (s. Kap II.1.). Oder man fährt in die ul. Polanki (Pelonkenweg), am Fuße des Waldes entlang, wo es eine ganze Reihe historischer Gutshöfe gibt. Einer diente schon Napoleon als Unterkunft. Hier werden in den *Unkenrufen* – ergänzend zum Friedhofsprojekt – Seniorenwohnheime errichtet, wenn es auch noch viel zu renovieren gibt. Reschke sieht überall Verfall: „*Einzig die Sonnenuhr in Funktion. Noch schlimmer das Schopenhauersche Palais: als wolle der Sommersitz des Vaters nachträglich die Philosophie des Sohnes bestätigen.*" [U, 179]

Von Oliwa kommend, findet sich rechter Hand zwischen Wrzeszcz und Zentrum, abseits der Grunwaldzka, in der Nähe von Politechnika und Poliklinik das frühere Gelände der Vereinigten Friedhöfe, wo Olek und Ola schließlich auch ihr Projekt realisieren können – vorläufig. Mit ihnen kann man sich nach dem nachmittäglichen Autoausflug hier im heutigen Park Akademicki gut ergehen (s. auch Kap. III.2.)

Przepływając statkiem przez teren stoczni i dalej na Westerplatte mamy czas na zastanowienie się nad dramatycznymi historycznymi zmianami, które rozpoczęły się w obu tych miejscach w 1939 i w 1980 roku, i podjąć nadany przez Grassa impuls, aby bronić się „przed zapomnieniem".

„*Kiedy wdowa i wdowiec spotkali się pod wyciągniętym trójzębem boga Neptuna, Piątkowska miała zapięty na ostatni guzik plan na popołudnie, który można by zrealizować tylko samochodem.*" Więc: „*Weźmy wóz.*" [Wk, s. 45]

To co było jedynie słuszne dla obojga założycieli niemiecko-polskiego Towarzystwa Cmentarnego we *Wróżbach kumaka*, gdy wybierali się na poszukiwanie stosownego terenu pod cmentarz, niech będzie równie odpowiednie dla turysty: Należy wyjechać samochodem w kierunku lotniska, do Brętowa i Matarni, gdzie można się przechadzać po rozległym lesie "pod wysokimi pniami buków"; po spacerze można jeszcze rzucić okiem na kartoflisko babki Oskara – Anny, znajdujące się w pobliżu lotniska; lub wybrać się na wycieczkę na Kaszuby (zob. rozdz. "*siedziała w sercu Kaszub*").

Tego dnia Ola i Olek pojechali najprawdopodobniej obwodnicą miejską w kierunku Osowy a następnie skierowali się lasem w dół do Oliwy (ulicą Spacerową), by sprawdzić rozciągniętą na południowy zachód od Oliwy dolinę, która, jak się okazało, była zajęta przez ogródki działkowe. Tutaj jednak warto przerwać jazdę samochodem, by wybrać się na wspaniały spacer (zob. rozdz. "*Droga do Sopotu wiodła przez Oliwę*"). Można również wjechać w ulicę Polanki, aby jadąc skrajem lasu zobaczyć tam cały szereg historycznych dworków. Podczas wojen napoleońskich w jednym z nich nocował Napoleon.

To tu właśnie miały być założone Domy Starców – jako uzupełnienie do projektowanego cmentarza, o których Grass pisze we *Wróżbach kumaka*, nawet jeżeli wymagałoby to wielu remontów. Reschke widzi tu bowiem wszędzie ruinę: "*Jedynie zegar słoneczny działa. Jeszcze gorzej z pałacem Schopenhauerów: jak gdyby letnia siedziba ojca chciała po latach potwierdzić filozofię syna*" [Wk, s.119].

Jadąc z Oliwy, między Wrzeszczem a centrum, po prawej stronie ulicy Grunwaldzkiej w pobliżu Politechniki Gdańskiej i Szpitala Akademickiego znajduje się ów teren Zjednoczonych Cmentarzy, gdzie Olek i Ola mogli w końcu – choć tymczasowo

Die Alternative zu all diesen Fortbewegungsmitteln ist in den *Unkenrufen* bereits vorgestellt – und der Tourist mag bedauern, daß die Stadtverwaltung von Gdańsk diese Idee noch nicht aufgegriffen hat. Den Danzigern ist das Fahrradfahren wohl wirklich nicht massenhaft schmackhaft zu machen (Der Besucher aus der fahrradbegeisterten Partnerstadt Bremen reibt sich die Augen, weil viele Polen lieber kilometerweit zu Fuß gehen, als aufs Fahrrad zu steigen); aber eine Variante davon, die Grass uns vorstellt, wäre vielleicht auch für die Einheimischen attraktiv: „«*Denn der Fahrradrikscha*», *rief Mister Chatterje*, «*gehört die Zukunft. Nicht nur im armen Polen, nein, überall in Europa!*»" [U, 58] Am Schluß des Romans beleben schon viele „*blitzblanke Rikschas mit ihrem melodischen Dreitongebimmel*" die Alt- und Rechtstadt. Die Luft ist da auch schon viel besser geworden, und unsere beiden Helden machen ihre Hochzeitsfahrt mit eben diesem gar nicht so utopischen Gefährt:

„*Vom Haus in der Hundegasse, wo auf dem Beischlag für Freunde und Nachbarn Cocktails serviert wurden, sind die zwei Rikschas die Gasse hinunter zur Reitbahn gefahren, an der Nationalbank, dem Stockturm vorbei, dann über den Kohlen- und Holzmarkt weiter bis zur Großen Mühle, um in vertrautem Altstadtgelände – Kiek in de Köck, Markthalle, Dominikanerkirche – zu wenden. Von dort ging es durch den alltäglichen Marktbetrieb die Wollwebergasse lang, am Zeughaus vorbei, links hinein in die Langgasse, auf deren linker Seite, kurz vorm Kino Leningrad, das immer noch Leningrad hieß, auf Breite zweier Häuser ein Spielcasino seit wenigen Tagen offenstand. Während oben täuschend nachgeahmte Renaissancegiebel verrotteten, versprach zuunterst westlicher Glitzer dauerhaften Glanz. »Try your luck!« stand einladend geschrieben.*
Die Langgasse war, wie immer, voller Touristen. Nach Reschkes Notiz hat man freundlich Beifall geklatscht, als die blumengeschmückte Rikscha mit dem Hochzeitspaar langsam Richtung Rathaus rollte. Glückwünsche seien auf polnisch und deutsch gerufen worden. Eine der überzählig vielen Tauben habe etwas fallen lassen und seine Hutkrempe getroffen. »Bringt Glück! Alexander, bringt Glück!« rief die Braut." [U, 290]

– zrealizować swój projekt. Razem z nimi możemy teraz po naszej popołudniowej wycieczce samochodowej przejść się po dzisiejszym Parku Akademickim (zob. rozdz. "miejsce w parku Steffensa").
Grass we *Wróżbach kumaka* przedstawił inną propozycję poruszania się po mieście. Turysta zaś może tylko żałować, że władze miasta Gdańska nie podchwyciły jeszcze tego pomysłu. Widać trudno jest zachęcić gdańszczan masowo do jazdy rowerem. Odwiedzający z partnerskiego zachwyconego rowerami miasta Bremy, przeciera z niedowierzaniem oczy, widząc jak gdańszczanie chętniej przmierzają długie kilometry pieszo. Otóż, Grass przedstawia tu inną odmianę środka transportu, która dla tutejszych mieszkańców byłaby czymś atrakcyjniejszym: *"Bo do rikszy rowerowej"* – zawołał mister Chatterjee – *"należy przyszłość. Nie tylko w biednej Polsce, nie, w całej Europie."* [Wk, s. 41]. Na końcu powieści jeździ już wiele riksz, które ożywiają Stare i Prawobrzeżne Miasto. A powietrze stało się tam też dużo lepsze; para bohaterów odbywa swoją weselną podróż tym właśnie, wcale nie takim znowu utopijnym, pojazdem.

"Sprzed kamienicy przy Ogarnej, gdzie na przedprożu serwowano koktajle dla przyjaciół i sąsiadów, dwie riksze pojechały do Ujeżdżalni, koło Narodowego Banku, Wieży Więziennej, potem przez Targ Węglowy i Targ Drzewny dalej aż do Wielkiego Młyna, aby w znajomym otoczeniu Starego Miasta – Nos w Garach, Hala Targowa, kościół Dominikanów – zawrócić. Stamtąd droga wiodła przez codzienny ruch targowy Tkackiej, koło Zbrojowni, w lewo w Długą, po której lewej stronie, na krótko przed kinem »Leningrad«, wciąż jeszcze noszącym nazwę Leningradu, od niewielu dni na szerokość dwóch kamienic stało otworem kasyno gry. Podczas gdy w górze niszczały podrobione do złudzenia renesansowe szczyty, na samym dole zachodni blichtr obiecywał trwałą świetność. »Try your luck!«, głosił zachęcający napis. Długa jak zawsze była pełna turystów. Według notatki Reschkego przyjaźnie bito brawo, kiedy przystrojona kwiatami riksza ze ślubną parą toczyła się powoli w kierunku Ratusza. Wykrzykiwano gratulacje po polsku i po niemiecku... – To na szczęście! Aleksandrze, to na szczęście! – wołała oblubienica." [Wk, s. 192/193]

II. Die Freie Stadt Danzig (1920-1939)

1. Das völkerrechtliche Konstrukt „Freie Stadt Danzig"
„Geboren wann? Nun sag schon, wo?"

„Tulla Pokriefke wurde am elften Juni neunzehnhundertsiebenundzwanzig geboren.
Als Tulla geboren wurde, war das Wetter veränderlich, meist wolkig. Später kam Neigung auf zu Niederschlägen. Schwache umlaufende Winde bewegten die Kastanien im Kleinhammerpark.
Als Tulla geboren wurde, landete der Reichskanzler a. D. Dr. Luther, von Königsberg kommend und unterwegs nach Berlin, auf dem Flugplatz Danzig-Langfuhr. In Königsberg hatte er auf einer Kolonialtagung gesprochen; in Langfuhr nahm er im Flughafen-Restaurant einen Imbiß ein. [...]
Als Tulla geboren wurde, traf die Danziger Delegation zur fünfundvierzigsten Tagung des Völkerbundsrates in Genf ein.
Als Tulla geboren wurde, bemerkte man auf der Berliner Börse Käufe des Auslandes in Kunstseide und Elektropapieren. Zu Kurssteigerungen kam es bei Essener Steinkohle: viereinhalb Prozent; bei Ilse und Stolberger Zink: plus drei Prozent. Ferner wurden einige Spezialwerte gesteigert. So setzte Glanzstoff um vier Prozent höher ein, Bemberg um zwei Prozent.
Als Tulla geboren wurde, lief im Odeon-Theater der Film »Sein Größter Bluff« mit Harry Piel in seiner Glanz- und Doppelrolle.
Als Tulla geboren wurde, rief die NSDAP, Gau Danzig, zu einer Großkundgebung auf im Sankt Josephshaus, Töpfergasse fünf bis acht. Über das Thema »Deutsche Arbeiter der Faust und der Stirn – Vereinigt Euch!« sollte der Parteigenosse Heinz Haake aus Köln am Rhein sprechen. Am Tage, der Tullas Geburt folgte, sollte die Veranstaltung unter dem Motto »Volk in Not! Wer rettet es?« im Roten Saal des Zoppoter Kurhauses wiederholt werden. »Erscheint in Massen!« unterschrieb ein Herr Hohenfeld, Mitglied des Volkstages, den Aufruf.
Als Tulla geboren wurde, lag der Diskontsatz der Bank von

II. Wolne Miasto Gdańsk (1920-1931)

1. Wolne Miasto Gdańsk – twór oparty na prawie międzynarodowym
"Kiedy urodzony? I powiedz też, gdzie?"

"Tulla Pokriefke urodziła się jedenastego czerwca tysiąc dziewięćset dwudziestego siódmego.
Kiedy urodziła się Tulla, pogoda była zmienna, na ogół pochmurna. Później wystąpiła skłonność do opadów. Słabe zmienne wiatry wprawiały w ruch gałęzie kasztanów w parku na Kuźniczkach.
Kiedy urodziła się Tulla, były kanclerz Rzeszy doktor Luther lecąc z Królewca do Berlina wylądował na gdańskim lotnisku we Wrzeszczu. W Królewcu przemawiał na zjeździe kolonialnym: we Wrzeszczu przekąsił coś w lotniskowej restauracji.
Kiedy urodziła się Tulla, orkiestra gdańskiej policji pod batutą kapelmistrza Ernsta Stieberitza dała koncert w sopockim parku zdrojowym.
Kiedy urodziła się Tulla, gdańska delegacja przybyła do Genewy na czterdzieste piąte posiedzenie Rady Ligi Narodów.
Kiedy urodziła się Tulla, na giełdzie berlińskiej zaobserwowano kupowanie przez zagranicę papierów wartościowych, sztucznego jedwabiu i elektryczności. Nastąpił wzrost kursu akcji kartelu węglowego z Essen – cztery i pół procent – i cynkowego Ilse i Stolberg – plus trzy procent. Ponadto wzrosło kilka wartości specjalnych. I tak Glanzstoff otwierał o cztery procent wyżej, Bemberg – o dwa procent.
Kiedy urodziła się Tulla, w kinoteatrze »Odeon« szedł film »Jego największy bluff« z Harrym Pielem w popisowej podwójnej roli.
Kiedy urodziła się Tulla, NSDAP okręgu gdańskiego wzywała do udziału w wielkim wiecu w domu pod wezwaniem Świętego Józefa, Garncarska 5/8. Na temat »Niemieccy ludzie pracy rąk i umysłów – łączcie się!« miał mówić towarzysz partyjny Heinz Haake z Kolonii nad Renem. Nazajutrz po urodzeniu się Tulli impreza ta miała być powtórzona w Sali Czerwonej sopockiego

Danzig unverändert bei fünfeinhalb Prozent. Der Danziger Roggenrentenbrief notierte pro Zentner Roggen neun Gulden sechzig: Geld. [...]
Als Tulla geboren wurde, kosteten im Kaufhaus Sternfeld, Langfuhr, Kinder-Rips-Kleidchen zwei Gulden fünfzig. Mädchen-Prinzeß-Röcke kosteten zwei Gulden fünfundsechzig. Eimerchen zum Spielen kosteten fünfundachtzig Guldenpfennige. Gießkannen einen Gulden fünfundzwanzig. Und Trommeln aus Blech, lackiert, mit Zubehör, wurden für einen Gulden und fünfundsiebzig Pfennige feilgeboten.
Als Tulla geboren wurde, war es Sonnabend.
Als Tulla geboren wurde, ging die Sonne um drei Uhr elf auf.
Als Tulla geboren wurde, ging die Sonne um acht Uhr achtzehn unter.
Als Tulla geboren wurde, war ihr Cousin Harry Liebenau einen Monat und vier Tage alt.
Als Tulla geboren wurde, adoptierte der Studienrat Oswald Brunies ein halbjähriges Findelkind, dem die Milchzähne durchbrachen.
Als Tulla geboren wurde, war Harras, der Hofhund ihres Onkels, ein Jahr und zwei Monate alt." [H, 276-277]

1927: Oskar Matzerath hört mit 3 Jahren zu wachsen auf und bekommt seine Blechtrommel; Tulla Pokriefke wird geboren, gleichaltrig sind andere zentrale Figuren aus den *Hundejahren* wie der Erzähler Harry Liebenau und Jenny Brunies. Auch Grass wurde 1927 geboren – am 16. Oktober im Danziger Vorort Langfuhr/Wrzeszcz. Über die Hauptperson in *Katz und Maus* sagt Grass: „Einer wie Mahlke, jemand aus meinem Jahrgang, der das deutsche Gymnasium damals erlebt hat schon mit den vornazistischen, deutschnationalen Ausrichtungen, der Erziehung zum Heldenwesen, der ist natürlich nicht das Porträt eines bestimmten Schülers, da haben viele unfreiwillig Modell gestanden." [nach H. Vormweg, Günter Grass. Reinbek 1986, S. 69]

Dieses Danzig der 20er und 30er Jahre hat sich Grass in der *Danziger Trilogie,* aber auch noch im *Butt* erschrieben, natürlich nicht in heimatgeschichtlicher Absicht, sondern um gegen das Vergessen anzuschreiben, um Einblick zu geben in die Lebenswelt jenes Kleinbürgertums, das von Hitler und dem Nationalsozialis-

Wolne Miasto Gdańsk (1920–1939)

Domu Zdrojowego pod hasłem »Naród w potrzebie! Kto pospieszy mu na ratunek?« Apel »Przybywajcie masowo!« podpisał niejaki pan Hohenfeld, członek Volkstagu.
Kiedy urodziła się Tulla, stopa dyskontowa banku gdańskiego wynosiła bez zmian pięć i pół procent. Biuletyn gdańskiej giełdy zbożowej notował dziewięć guldenów sześćdziesiąt za cetnar żyta: kupno.
Kiedy urodziła się Tulla, książka »Bycie a czas« jeszcze się nie ukazała, ale była już wydrukowana i zapowiedziana.
Kiedy urodziła się Tulla, doktor Citron praktykował jeszcze we Wrzeszczu; później musiał uciekać do Szwecji.
Kiedy urodziła się Tulla, kuranty na wieży ratusza z wybiciem każdej godziny parzystej wygrywały »Bogu na wysokości cześć oddawajmy«, każdej nieparzystej – »Wszystkich aniołów niebieskie zastępy«. Kuranty u Świętej Katarzyny co pół godziny rozbrzmiewały melodią: »Jezu Chryste, Panie nasz, ku nam zwróć swą twarz«.
Kiedy urodziła się Tulla, szwedzki parowiec »Oddewold« wpłynął do portu z Oxelösund bez ładunku. Kiedy urodziła się Tulla, duński parowiec »Sophie« wypłynął z drewnem do Grimsby.
Kiedy urodziła się Tulla, w domu towarowym Sternfelda we Wrzeszczu rypsowe sukieneczki dziecięce kosztowały po dwa guldeny pięćdziesiąt. Dziewczęce princeski po dwa guldeny sześćdziesiąt pięć. Wiaderka do zabawy kosztowały po osiemdziesiąt pięć fenigów. Konewki po guldenie dwadzieścia pięć. A bębenki z blachy, lakierowane, z pałeczkami, sprzedawano po guldenie siedziemdziesiąt pięć.
Kiedy urodziła się Tulla, była sobota.
Kiedy urodziła się Tulla, słońce wzeszło o trzeciej jedenaście.
Kiedy urodziła się Tulla, jej kuzyn Harry Liebenau miał miesiąc i cztery dni.
Kiedy urodziła się Tulla, profesor Oswald Brunies adoptował półroczną znajdę, której wyrzynały się mleczne zęby.
Kiedy urodziła się Tulla, Harras, pies podwórzowy jej wuja, miał rok i dwa miesiące. [Pl, s. 110]

Był rok 1927: Oskar przestaje rosnąć w wieku trzech lat i otrzymuje blaszany bębenek; urodziła się Tulla Pokriefke, ich rówieśnikami są inne główne postacie książki *Psie lata*, jak narrator Harry Liebenau oraz Jenny Brunies. Również w 1927 roku,

mus verführt wurde, aber ihn eben auch getragen hat – und das nach dem 2. Weltkrieg alles bald verdrängen wollte:

„Jetzt erzähle ich Euch [...], wie es bei mir zu Hause langsam und umständlich am hellen Tag dazu kam. Die Vorbereitung des allgemeinen Verbrechens begann an vielen Orten gleichzeitig, wenn auch nicht gleichmäßig schnell; in Danzig, das vor Kriegsbeginn nicht zum deutschen Reich gehörte, verzögerten sich die Vorgänge: zum Mitschreiben für später." [TeS, 274]

Die Freie Stadt Danzig, diese einzigartige völkerrechtliche Konstruktion, hat wie kein anderer Ort in der Zwischenkriegszeit auch die Möglichkeiten und Grenzen deutsch-polnischen Zusammenlebens vorgeführt. Grass unternimmt den „Versuch, den eigenen (verlorenen) Ort zu vermessen und mit Vorzug die Ablagerungen der sogenannten Mittelschicht (proletarisch-kleinbürgerlicher Geschiebemergel) Schicht um Schicht abzutragen" [WA IX, 625] und schildert in den deutsch-polnischen Konflikten dieser Stadt die Vorgeschichte des Zweiten Weltkriegs, der eben hier begann.

„Als die Verwundung ausgeheilt war, blieb Alfred Matzerath in Danzig und fand dort sofort Arbeit als Vertreter seiner rheinischen Firma, eines größeren Unternehmens der papierverarbeitenden Industrie. Der Krieg hatte sich verausgabt. Man bastelte, Anlaß zu ferneren Kriegen gebend, Friedensverträge: das Gebiet um die Weichselmündung, etwa von Vogelsang auf der Nehrung, der Nogat entlang bis Pieckel, dort mit der Weichsel abwärts laufend bis Czattkau, links einen rechten Winkel bis Schönfließ bildend, dann einen Buckel um den Saskoschiner Forst bis zum Ottominer See machend, Mattern, Ramkau und das Bissau meiner Großmutter liegen lassend und bei Klein-Katz die Ostsee erreichend, wurde zum Freien Staat erklärt und dem Völkerbund unterstellt. Polen erhielt im eigentlichen Stadtgebiet einen Freihafen, die Westerplatte mit Munitionsdepot, die Verwaltung der Eisenbahn und eine eigene Post am Heveliusplatz.
Während die Briefmarken des Freistaates ein hanseatisch rotgoldenes, Koggen und Wappen zeigendes Gepränge den Briefen boten, frankierten die Polen mit makaber violetten

szesnastego października, urodził się Grass, w gdańskiej dzielnicy Wrzeszcz. O Mahlkem – głównym bohaterze *Kota i myszy* – Grass mówi, że jest to ktoś z tego samego rocznika, co on sam, kto ukończył niemieckie gimnazjum, które kształciło niemieckich nacjonalistów – przyszłych bohaterów ojczyzny. Nie jest to wizerunek określonego ucznia, gdyż wówczas wielu służyło jako wzorzec wbrew swojej woli. O Gdańsku lat dwudziestych i trzydziestych rozpisywał się Grass nie tylko w gdańskiej trylogii, lecz także w książce pt. *Butt*. Oczywiście zamiarem Grassa nie było napisanie historii ziem rodzinnych, lecz ucieczka przed zapomnieniem. Chciał unaocznić czytelnikowi świat życia drobnomieszczaństwa, które popierając Hitlera i narodowy socjalizm, dało się zwieść pozorom, aby wkrótce po drugiej wojnie światowej wszystkiego się wyprzeć:

"Teraz (dopóki trwa kampania wyborcza i kanclerzem jest Kiesinger) opowiem wam, jak to w moich stronach powoli i drobiazgowo w biały dzień do tego doszło. Przygotowania do powszechnej zbrodni zaczęły się w wielu miejscowościach równocześnie, aczkolwiek nierównomiernie szybko; w Gdańsku, który przed rozpoczęciem wojny nie należał do Rzeszy Niemieckiej, wydarzenia ociągały się: do zapisywania na później..." [Zdś, s. 14]

Wolne Miasto Gdańsk, jedyna swego rodzaju, oparta na prawie międzynarodowym organizacja państwa, reprezentowało, jak żadne inne miejsce w okresie międzywojennym, możliwości polsko–niemieckiego obcowania. Grass podejmuje próbę określenia utraconego miejsca, rozpatrując jego strukturę społeczną, a opisując konflikty polsko-niemieckie, opowiada historię miasta przed drugą wojną światową, która rozpoczęła się właśnie tu.

"Gdy rana się wygoiła, Alfred Matzerath pozostał w Gdańsku i od razu znalazł tam pracę jako przedstawiciel swojej nadreńskiej firmy, sporego przedsiębiorstwa przemysłowego branży papierniczej. Wojna wyczerpała swe siły. Wyszykowano, dając okazję do następnych wojen, traktaty pokojowe: obszar wokół ujścia Wisły, mniej więcej od osady Skowronki, Mierzei Wiślanej, wzdłuż Nogatu do Piekła, stamtąd z biegiem Wisły do wsi Czatkowy, skręcający pod kątem prostym w lewo do

Szenen, die Kasimirs und Batorys Historien illustrierten." [B, 42]

„Bis etwa zum zwanzigsten September hörte ich, in meinem Spitalbettchen liegend, die Salven aus den Geschützen jener auf den Höhen des Jäschkentaler- und Olivaerwaldes aufgefahrenen Batterien. Dann ergab sich das letzte Widerstandsnest, die Halbinsel Hela. Die Freie Hansestadt Danzig konnte den Anschluß ihrer Backsteingotik an das Großdeutsche Reich feiern und jubelnd jenem unermüdlich im schwarzen Mercedeswagen stehenden, fast pausenlos rechtwinklig grüßenden Führer und Reichskanzler Adolf Hitler in jene blauen Augen sehen, die mit den blauen Augen Jan Bronskis einen Erfolg gemeinsam hatten: den Erfolg bei den Frauen." [B, 305]

Die Freie Stadt Danzig ist nach dem ersten Weltkrieg als eigenständiges politisches Gebilde mit eigener Staatsangehörigkeit und eigener Währung (dem Danziger Gulden, ab 1923) entstanden und existierte von 1920 bis zum Überfall des Deutschen Reiches auf die Stadt am 1. September 1939. Ihre Gründung war ein Kompromiß zwischen den Ansprüchen der wiedergegründeten Republik Polen auf einen Seehafen, unterstützt v.a. durch den Alliierten Frankreich und festgelegt im Waffenstillstandsabkommen, und der Tatsache, daß die überwiegend deutschsprachige Bevölkerung für eine enge Anbindung an Deutschland plädierte. Schließlich wurde eine Verknüpfung der Freien Stadt mit Polen im Versailler Vertrag festgelegt (Polen übernahm etwa die außenpolitische Vertretung der Stadt), die sich insbesondere auf Hafennutzungsrechte erstreckte. Der Völkerbund entsandte einen Hohen Kommissar nach Danzig, der die Einhaltung der Verfassung überwachen und garantieren sollte und in allen Streitfällen schlichtende Instanz war. Erster Hoher Kommissar des Völkerbundes in der Freien Stadt war der Schweizer J. Burckhardt, der über diese Zeit ein weithin beachtetes Buch schrieb *(Meine Danziger Mission)* und später als Inspektor des Völkerbundes über die Konzentrationslager berichtete.

„Jan Bronski wechselte zur Polnischen Post über. Sein Übertritt wirkte spontan, desgleichen seine Option für Polen." [B, 42]

Die Polnische Post in der Freien Stadt Danzig und der Kampf

Wolne Miasto Gdańsk (1920–1939)

Sobowidza, potem zataczający łuk wokół Lasu Zaskoczyńskiego aż po Jezioro Otomińskie, pozostawiający po tamtej stronie Matarnię, Rębiechowo i Bysewo mojej babki i pod Małym Kackiem dochodzący do Bałtyku, ogłoszony został Wolnym Miastem i podporządkowany Lidze Narodów. Polska otrzymała na właściwym obszarze miasta port wolnocłowy, Westerplatte ze składem amunicji, zarząd kolei i własną pocztę przy placu Heweliusza. Podczas gdy znaczki Wolnego Miasta nadawały listom hanzeatycką, czerwono-złotą, przedstwiającą kogi i herby okazałość, Polacy przyklejali do kopert makabrycznie fioletowe obrazki, które ilustrowały historię Kazimierza Jagiellończyka i Batorego." [Bb, s. 34]

"Gdzieś do dwudziestego września, leżąc w szpitalnym łóżeczku słyszałem salwy z dział owych baterii ustawionych na wysokości Jaśkowej Doliny i Lasu Oliwskiego. Potem skapitulowało ostatnie gniazdo oporu, Półwysep Helski. Wolne hanzeatyckie miasto Gdańsk mogło święcić przyłączenie swojego ceglanego gotyku do Rzeszy Wielkoniemieckiej i wiwatując patrzeć w oczy stojącemu niezmordowanie w czarnym mercedesie, niemal bez przerwy wyciągającemu pod kątem prostym rękę w pozdrowieniu wodzowi i kanclerzowi Adolfowi Hitlerowi, w owe niebieskie oczy, które z niebieskimi oczami Jana Brońskiego jedno miały wspólne: robiły wrażenie na kobietach." [Bb, s. 215]

Wolne Miasto Gdańsk powstało po pierwszej wojnie światowej jako samodzielna struktura polityczna z własną walutą (jednostką monetarną od 1923 roku był gdański gulden) i własnym prawem nadawania obywatelstwa. Istniało od 1920 roku do napaści zbrojnej Rzeszy Niemieckiej na Polskę w dniu pierwszego września 1939. Powstało w wyniku kompromisu między nowo powstałą Rzeczpospolitą Polską (żądającą z poparciem Francji praw do korzystania z portu morskiego) a Niemcami. Warunki tego kompromisu zatwierdzone zostały układem o zawieszeniu broni. Ostatecznie ustalono w traktacie wersalskim połączenie Wolnego Miasta Gdańska z Polską (Polska przejęła przykładowo predstwicielstwo polityki zagranicznej miasta), które rozciągało się szczególnie na prawa do korzystania z portu. Liga Narodów

um sie am Beginn des 2. Weltkriegs spielen nicht nur in der *Blechtrommel* eine große Rolle – die Polnische Post ist für Polen ein nationales Mahnmal geworden, Zeichen des mutigen Kampfes gegen die deutschen Angreifer, dokumentiert heute durch ein Denkmal auf dem Platz vor dem Gebäude und ein Museum darin. Damit ist sie auch fast so etwas wie ein Symbol für die polnische Präsenz in der Freien Stadt Danzig: Im Versailler Vertrag erhielt Polen das Recht zur Errichtung und zum Betrieb eigener Post- und Telegraphenanlagen ebenso wie die Verantwortung für Eisenbahnnetz und Wasserwege – alles im Hinblick auf den Hafen. So gab es auf dem Gebiet der Freien Stadt ein Danziger Postamt und ein polnisches; letzteres war ursprünglich nur für die Abwicklung von Postverkehr zwischen Polen und dem Ausland über den Hafen von Danzig vorgesehen, versuchte aber 1925 die Ausdehnung auf das gesamte Stadtgebiet – der Danzig-polnische Postkonflikt. Er sorgte für erhebliche Aufregung in Danzig (z.B. wurden polnische rote Briefkästen mit den Farben Deutschlands übersprüht) und im Völkerbund, führte aber noch 1925 zu der Regelung, daß einige der von polnischer Seite angebrachten Briefkästen rechtens seien und es auch einen polnischen Briefzustelldienst geben dürfe, zuständig für alle Sendungen mit der Anschrift „Gdańsk", wohingegen diejenigen mit „Danzig" als Aufschrift von der Danziger Post zuzustellen waren. Dies ist ein Beispiel für das labile Verhältnis zwischen Danzig und Polen, und auch für die stimmungsmäßig sehr leicht erregbaren nationalen Gemüter der Bevölkerung der Freien Stadt.

Ein anderes Beispiel ist der Hafen, der nach der *Konvention zwischen Polen und der Freien Stadt Danzig* aus dem Jahr 1920 von Polen und Danzig gemeinsam verwaltet werden sollte. Hier gab es ständig kleinere und größere Streitigkeiten um die Auslegung des Vertragstextes (etwa um das polnische Munitionslager auf der Westerplatte); und wegen der immensen Bedeutung eines Seehafens für Polen wurde in den Jahren 1924 bis 1926 bei dem bis dahin winzigen Ort Gdynia im Norden von Zoppot auf polnischem Gebiet ein neuer Seehafen gebaut, der schon 1932 den Umschlag des Danziger Hafens an Ein- und Ausfuhr überflügelte. Ein Großteil des polnischen Außenhandels wurde über Gdynia abgewickelt – was erneut zu schweren Konflikten mit der Freien

wysłała do Gdańska Wysokiego Komisarza, który miał nadzorować i zagwarantować przestrzeganie konstytucji oraz we wszystkich kwestiach spornych być instancją arbitrażową. Pierwszym Wysokim Komisarzem Ligi Narodów w Wolnym Mieście był Szwajcar J. Burckhardt, który napisał o tym okresie książkę pt. *Moja gdańska misja*. Później jako inspektor Ligi Narodów relacjonował sytuację w obozach koncentracyjnych.

> *"Jan Broński przeniósł się na Pocztę Polską. Jego przejście nastąpiło spontanicznie, tak samo jak opcja na rzecz Polski."*
> [Bb, s. 34]

Poczta Polska w Wolnym Mieście Gdańsku oraz walka o nią na początku drugiej wojny światowej nie tylko odgrywa ważną rolę w *Blaszanym bębenku* – stała się też dla Polaków narodowym pomnikiem, symbolem dzielnej walki przeciw niemieckiemu najeźdźcy. Dziś przypomina o tym muzeum mieszczące się w budynku Poczty oraz pomnik na placu przed nim. Tym samym jest Poczta także dowodem polskiej obecności w Wolnym Mieście Gdańsku. Na mocy traktatu wersalskiego Polska uzyskała prawo do budowy i uruchomienia własnych urzędów pocztowych i telegraficznych, oraz ze względu na port odpowiadała za sieć kolei żelaznej i traktów wodnych. Tak więc na terenie Wolnego Miasta istniał gdański oraz polski urząd pocztowy. Ten ostatni był pierwotnie przewidziany tylko dla komunikacji pocztowej między Polską a zagranicą poprzez port w Gdańsku. Próbował on jednak rozciągnąć swoją działalność na obszar całego miasta, co doprowadziło do ostrego konfliktu między Wolnym Miastem a Rzeczpospolitą. Spowodowało to poważne incydenty w Gdańsku (np.: polskie czerwone skrzynki pocztowe zostały przemalowane na kolory typowe dla skrzynek pocztowych w Niemczech). Cały spór stanął na wokandzie Ligi Narodów. Jednak jeszcze w 1925 roku doszło do kompromisowego uregulowania, a mianowicie: kilka skrzynek pocztowych, umieszczonych przez polską stronę, zostało uznanych za "legalne", jak również zezwolono na istnienie polskiej służby pocztowej, odpowiedzialnej za wszystkie przesyłki z napisem "Gdańsk". Jest to przykład chwiejnych stosunków między Wolnym Miastem a Polską, jak również między narodowościami zamieszkującymi Gdańsk. Źródłem licz-

Stadt führte, die wirtschaftlich auf die polnische Nutzung ihres Hafens angewiesen war und dies vertraglich auch einfordern konnte. Im August 1933 regelte dieses Problem ein Abkommen zwischen Danzig und Polen, das unter Mithilfe des Völkerbundes zustande gekommen war. Bis zum Überfall der Deutschen auf Polen und die Freie Stadt funktionierte das Zusammenleben der deutschen und polnischen Bürger/innen Danzigs auf diese Weise mehr oder weniger reibungslos, wenn es auch ab ca. 1930 verstärkt zu verbalen und z.T. tätlichen Angriffen auf die polnische Minderheit kam – entsprechend der zunehmenden Bedeutung der NSDAP in Danzig. Mit dem Ende der Freien Stadt 1939 scheiterte ein völkerrechtliches Konstrukt, das ein einvernehmliches Leben von Deutschen und Polen garantieren sollte, aber wohl hauptsächlich an deren Kooperationsunwilligkeit und Ablehnung des Kompromisses „Freie Stadt" zerbrach. Die deutsche Stadtverwaltung ließ keinen Zweifel an der Revision von Versailles, Polen wollte die zugesicherten Rechte nicht preisgeben. Hinzu kam die Unfähigkeit des Völkerbundes, seine Oberaufsicht über die Freie Stadt energisch durchzusetzen.

2. Geographie und Umgebung der Freien Stadt
„Und wenn man Kaschub is, das reicht weder de Deitschen noch de Pollacken."

Die Freie Stadt Danzig umfaßte ein 1914 km² großes Gebiet; neben den Städten Danzig und Zoppot das Weichseldelta, das Danziger und Marienburger Werder (als zwei Landkreise: Danziger Niederung/Großes Werder) und die Hügellandschaft der Danziger Höhe im Westen. Ihre nördliche Begrenzung war die Danziger Bucht; ihre östliche Grenze wurde vom Lauf der Nogat gebildet und schloß einen Teil des Frischen Haffs und der Nehrung ein, Nachbarland war die deutsche Provinz Ostpreußen. Im Süden und Westen stieß die Freie Stadt an die polnische Wojewodschaft Pomorze (den sog. „Korridor"). Bürger/innen der Freien Stadt Danzig mußten also, wollten sie nach Deutschland reisen (und mit dem Zug wegen ungünstiger Schienenverbindungen sogar für die Fahrt nach Ostpreußen, z.B. Marienburg) über polnisches Territorium reisen – dazu war ein Transitvisum nötig. Verwaltungs-

nych konfliktów również był port, który według konwencji między Polską a Wolnym Miastem z roku 1920, powinien być wspólnie administrowany przez Polskę i Wolne Miasto. Istniały też nieustannie mniejsze lub większe spory o interpretację tekstu układu (np. o polski skład amunicji na Westerplatte). Z powodu niezmiernego znaczenia portu morskiego dla Polski został wybudowany (na obszarze polskim) w latach 1924–1926 nowy port w Gdyni, który już w 1932 roku prześcignął przeładunek portu gdańskiego. Olbrzymia część polskiego handlu zagranicznego rozwinęła się dzięki Gdyni. Doprowadziło to ponownie do poważnych konfliktów z Wolnym Miastem, które gospodarczo zdane było na korzystanie przez Polskę z jego portu, a tego zgodnie z układem mogło się domagać. W sierpniu 1933 roku z pomocą Ligi Narodów problem ten uregulowała umowa między Wolnym Miastem a Polską. Przed wybuchem wojny sporadycznie dochodziło do starć między Niemcami a Polakami. Gdy znaczenie NSDAP w Gdańsku przybierało na sile, dochodziło coraz częściej do słownych ataków, a po części również i do rękoczynów wobec polskiej mniejszości. Koniec istnienia Wolnego Miasta Gdańska oznaczał klęskę tworu prawa międzynarodowego, który zgodnie z intencją swoich twórców organizacji państwowej miał gwarantować zgodne życie Niemców i Polaków, a załamał się głównie z powodu odrzucenia kompromisu i niechęci do wzajemnego działania. Do tego dołączyła nieudolność Ligi Narodów, która nie potrafiła przejąć nadzoru nad Wolnym Miastem.

2. Geografia i okolice Wolnego Miasta
"... bo jak ktoś jest Kaszubą, nie wystarcza to ani Niemcom, ani Polakom."

Wolne Miasto Gdańsk obejmowało obszar o powierzchni 1914 kilometrów kwadratowych, a obok miast Gdańska i Sopotu, także deltę Wisły, Żuławy Wiślane (jako dwa powiaty wiejskie: Żuławy Gdańskie (Wielkie Żuławy) oraz Wysoczyznę Gdańską od strony zachodniej. Północną jego granicą była Zatoka Gdańska, jego wschodnią granicę tworzył bieg rzeki Nogat, a zamykała je część Zalewu Wiślanego i Mierzei Wiślanej. Krajem sąsiednim była niemiecka prowincja: Prusy Wschodnie. Na południu i za-

mäßig wie räumlich war die Entfernung zu Deutschland also ziemlich groß.

„Zur Sprache kam erstens: Die wirtschaftliche Lage auf dem Lande, also die notwendige, der polnischen Zollgesetze wegen, zu erwartende Marktregulierung, und die Probleme der Käsereien im Großen Werder. Zweitens: Das Große Werder überhaupt und besonders die wogenden, weithin wogenden, im Winde wogenden Weizenfelder; die Vorzüge der Eppschen Sorte und der winterfesten sibirischen Sorte; der Kampf gegen die Kornrade – »aber ein weites gesegnetes Land, jaja...«" [H, 245]

„Im Jahre achtunddreißig wurden die Zölle erhöht, zeitweilig die Grenzen zwischen Polen und dem Freistaat geschlossen. Meine Großmutter konnte nicht mehr mit der Kleinbahn zum Langfuhrer Wochenmarkt kommen; ihren Stand mußte sie schließen. Sie blieb sozusagen auf ihren Eiern sitzen, ohne die rechte Lust zum Brüten zu haben. Im Hafen stanken die Heringe zum Himmel, die Ware stapelte sich, und die Staatsmänner trafen sich, wurden sich einig; nur mein Freund Herbert lag zwiespältig und arbeitslos auf dem Sofa und grübelte wie ein echter vergrübelter Mensch." [B, 219]

Demgegenüber war die Beziehung zum umliegenden Polen sehr viel unkomplizierter, da kein Einreisevisum in die Stadt nötig war und v.a. da Polen und die Freie Stadt ein einheitliches Zollgebiet bildeten und Kontrollen so weitgehend überflüssig waren. Diese Zollregelung entsprach dem Interesse Polens am Danziger Seehafen und kam ebenso den Handelsbeziehungen zwischen der Stadt und dem Umland zugute: So konnten die Bauern aus der im Westen angrenzenden Kaschubei problemlos ihre Erzeugnisse in Danzig verkaufen – wie es Anna Koljaiczek, Oskars kaschubische Großmutter, mit ihren Kartoffeln und Gänsen tat.

„Auf anderen Abzügen drängt die ganze Hochzeitsgesellschaft. Zwischen städtisch Gekleideten und Posierenden fallen immer wieder die Großmutter Anna und ihr begnadeter Bruder Vinzent durch provinzielle Strenge und Vertrauen einflößende Unsicherheit auf. Jan Bronski, der ja gleich meiner Mama vom selben Kartoffelacker herstammt wie seine Tante Anna und sein

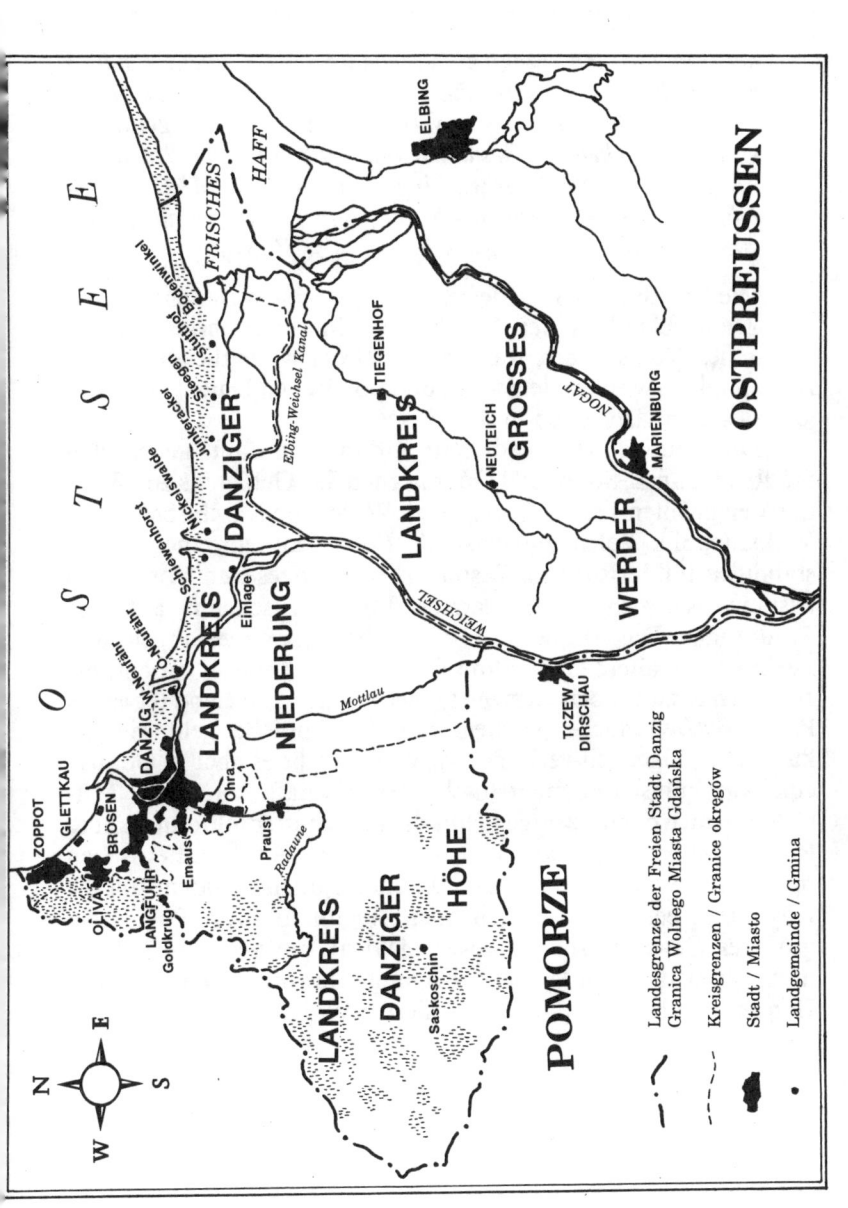

Mapa Wolnego Miasta Gdańska / Karte der Freien Stadt Danzig

der himmlischen Jungfrau ergebener Vater, weiß ländlich kaschubische Herkunft hinter der festlichen Eleganz eines polnischen Postsekretärs zu verbergen. So klein und gefährdet er auch zwischen den Gesunden und Platzeinnehmenden stehen mag, sein ungewöhnliches Auge, die fast weibische Ebenmäßigkeit seines Gesichtes bilden, selbst wenn er am Rande steht, den Mittelpunkt jedes Fotos." [B, 56/57]

Die Nachbarschaft zu den Kaschuben, einem zwischen Polen und Deutschland in der Geschichte hin- und hergetriebenen slawischen Volksstamm, war auch einer der wesentlichen Berührungspunkte zwischen deutschen und polnischen Danzigern – viele Kaschuben arbeiteten in der Freien Stadt.

Die heutige Wojewodschaft Gdańsk umfaßt neben den Städten Gdańsk, Sopot und Gdynia auch das Gebiet bis zur Wisła und den größten Teil der Kaschubei. Waren die Kaschuben in der Volksrepublik Polen zunächst als Polen mit einzelnen eigenständigen folkloristischen Besonderheiten angesehen worden, so besinnen sie sich in den letzten Jahren zusehends auf ihre Traditionen. Das ist allerdings ein mühseliges Unterfangen, weil nur noch die ältere Generation fließend kaschubisch spricht, die Jüngeren es zwar noch verstehen, aber nur auf dem Land (etwa bei Puck, Bytów) noch sprechen: mit der Sprache geht viel an kultureller Eigenheit verloren. Inzwischen gibt es aber in Gdańsk eine kaschubisch-pommerellische Gesellschaft, zu deren Mitgliedern auch der derzeitige polnische Botschafter in Bonn, Janusz Reiter, gehört. Samstags und sonntags bringt das Fernsehen regelmäßig Sendungen in kaschubischer Sprache. Zudem soll die Kaschubei bei der bevorstehenden Regionalreform Polens ein größeres Gewicht erhalten, zwar nicht als ein verwaltungstechnisch eigenständiges Gebiet, aber immerhin als unzerstückeltes Ganzes innerhalb der dann vergrößerten Wojewodschaft Gdańsk.

chodzie stykało się z polskim województwem Pomorze (w niemieckiej literaturze zwanym korytarzem). Zatem, jeżeli obywatele Wolnego Miasta chcieli jechać do Niemiec przez polskie terytorium (a z powodu niekorzystnych połączeń kolejowych, nawet przejechać do Prus Wschodnich, np. do Malborka), musieli mieć wizę tranzytową. Oddalenie od Niemiec było więc tak administracyjnie jak i przestrzennie dosyć duże.

"*Omówiona została po pierwsze: sytuacja gospodarcza na wsi, a więc niezbędne, ze względu na polskie ustawy celne, spodziewane uregulowanie rynku i problemy serowni na Wielkich Żuławach. Po drugie: Wielkie Żuławy w ogóle, a w szczególności falujące, rozfalowane, falujące na wietrze pola pszenicy; zalety odmiany Eppa i ozimej syberyjskiej; walka z kąkolem –»ale to rozległa, wspaniała okolica, tak, tak...«*" [Pl, s. 85]

"*W dziewięćset trzydziestym ósmym podniesiono cła, zamknięto tymczasowo granice między Polską a Wolnym Miastem. Moja babka nie mogła już przyjeżdżać kolejką na tygodniowy targ do Wrzeszcza; musiała zamknąć stragan. Została, że tak powiem, na swoim koszu z jajkami, nie mając wcale ochoty na wysiadywanie. W porcie śledzie cuchnęły potwornie, piętrzyły się towary, a mężowie stanu spotykali się, dochodzili do porozumienia; tylko mój przyjaciel Herbert leżał rozdwojony na kanapie i rozmyślał jak człowiek bez reszty pogrążony.*" [Bb, s. 155]

Skądinąd stosunki z graniczącą Polską były o wiele mniej skomplikowane, ponieważ niepotrzebna była wiza wjazdowa do Gdańska, między innymi dlatego, że Polska i Wolne Miasto tworzyły jednolitą strefę celną. Kontrole były w dużej mierze zbędne. Owa regulacja celna odpowiadała interesom Polski w gdańskim porcie i tak samo na dobre wyszła kontaktom handlowym między Miastem a okolicą. Tak więc gospodarze z graniczących od zachodu Kaszub mogli bez problemów sprzedawać swoje produkty w Gdańsku – tak jak to czyniła Anna Koljaiczek, kaszubska babcia Oskara ze swymi ziemniakami i gęśmi.

"*Na innych odbitkach cisną się wszyscy goście weselni. Wśród ubranych z miejska i pozujących do fotografii postaci prowincjonalną surowością i budzącą zaufanie niepewnością wyróżniają się stale babka Anna i jej nawiedzony brat Wincenty. Jan*

3. Der Nationalsozialismus in der Freien Stadt
„Ich hätte beinahe den Führer sehen dürfen. Er kündigte sein Kommen mit Krachen und Gebumse an."

Die Freie Stadt Danzig nahm trotz ihres besonderen Status im Prinzip politisch eine ähnliche Entwicklung wie die Weimarer Republik in den 20er und 30er Jahren: Ein mehrheitlich konservativ geprägter Senat regierte die Stadt. Neben den politischen Differenzen der Parteien war in den Danziger Wahlkämpfen stets deren Haltung gegenüber Polen maßgebliches Kriterium — vereinfacht gesagt, gingen die Konservativen eher auf Konfrontationskurs mit Polen, die Linke suchte Verständigung.

Die Nazis mit ihrer antipolnischen Propaganda erhielten bei den Wahlen 1930 bereits 16,1% der abgegebenen Stimmen und tolerierten eine konservative Minderheitsregierung unter Senatspräsident Ziehm (DNVP; d.i. Deutsch-Nationale Volkspartei). Damit hatten sie noch früher als in Deutschland entscheidenden Einfluß auf die Politik der Stadt. Nach starken Konflikten zwischen DNVP und NSDAP gewann letztere in vorgezogenen Neuwahlen am 28.5.1933 mit 50,03% der Stimmen die absolute Mehrheit, mit Herrmann Rauschning wurde ein noch relativ gemäßigter Nazi Senatspräsident. In den Romanen von Grass liest sich der Beginn des Nationalsozialismus so:

„Matzerath aber, auf den Mama gesetzt hatte, auf dem sie, des Markus Rat befolgend, ihren Einsatz, ohne ihn zu verdoppeln, liegen ließ, trat im Jahre vierunddreißig, also verhältnismäßig früh die Kräfte der Ordnung erkennend, in die Partei ein und brachte es dennoch nur bis zum Zellenleiter. Anläßlich dieser Beförderung, die wie alles Außergewöhnliche Grund zum Familienskat bot, gab Matzerath erstmals seinen Ermahnungen, die er Jan Bronski wegen der Beamtentätigkeit auf der Polnischen Post schon immer erteilt hatte, einen etwas strengeren, doch auch besorgteren Ton.
Sonst änderte sich nicht viel. Über dem Piano wurde das Bild des finsteren Beethoven, ein Geschenk Greffs, vom Nagel genommen und am selben Nagel der ähnlich finster blickende

Broński, który przecież, podobnie jak moja mama, wywodzi się z tych samych kartoflisk co jego ciotka i oddany Najświętszej Panience ojciec, potrafi ukryć chłopskie, kaszubskie pochodzenie pod odświętną elegancją polskiego referendarza. Choć stoi drobny i zagrożony wśród ludzi zdrowych i rozsiadłych, jego niezwykłe oczy, niemal kobieca regularność rysów stanowią, mimo że stanął z boku, centrum każdej fotografii." [Bb, s. 44]

"Tak skarżyła się Anna Koljaiczkowa, trzymała się za głowę, głaskała mnie po rosnącej głowie i wygłosiła przy tym parę gorzkich myśli: – Tak to już jest z Kaszubami, Oskarku. Zawsze dostają po głowie. Ale wy teraz wyjedziecie, na zachód wyjedziecie, tam lepiej wam będzie, i tylko babcia zostanie tutaj. Bo Kaszubów nie można przenieść nigdzie, oni zawsze muszą być tutaj i nadstawiać głowy, żeby inni mogli uderzyć, bo my za mało polscy jesteśmy i za mało niemieccy, bo jak ktoś jest Kaszubą, nie wystarcza to ani Niemcom, ani Polakom. Ci zawsze dokładnie chcą wiedzieć, co jest co!" [Bb, s. 367]

Sąsiedztwo ze słowiańskim plemieniem Kaszubów, o którego tereny zabiegali władcy polscy jak i niemieccy, było również jednym z istotnych punktów styczności między polskimi i niemieckimi gdańszczanami: wielu Kaszubów pracowało w Wolnym Mieście.

Dzisiejsze województwo gdańskie obejmuje obok miast Gdańska, Sopotu i Gdyni także obszar aż do Wisły oraz większą część Kaszub. O ile najpierw uznawano Kaszubów za Polaków ze swoistymi osobliwościami folklorystycznymi, tak w ostatnich latach wyraźnie utożsamiają się ze swoimi tradycjami. Jest to jednakże śmiałe a mozolne przedsięwzięcie, gdyż tylko starsza generacja mówi jeszcze płynnie po kaszubsku. Młodsi wprawdzie rozumieją, lecz tylko na wsi jeszcze się mówi (np.: pod Puckiem i Bytowem), a z językiem przepada odrębność kulturowa. By ten proces zapomnienia powstrzymać, powstało w Gdańsku m. in. Towarzystwo Kaszubsko–Pomorskie, które do dziś jeszcze prężnie działa. Jednym z jego członków jest obecny polski ambasador w Bonn, Janusz Reiter. W soboty i niedziele telewizja regularnie emituje audycje w języku kaszubskim. Ponadto Kaszuby mają uzyskać większą rangę podczas zbliżającej się reformy administracyjnej w Polsce (wprawdzie nie jako niezależny administracyjnie obszar, lecz jako niepodzielna część wewnątrz powiększonego województwa gdańskiego).

Hitler zur Ansicht gebracht. Matzerath, der für ernste Musik nichts übrig hatte, wollte den fast tauben Musiker ganz und gar verbannen. Mama jedoch, die die langsamen Sätze der Beethovensonaten sehr liebte, zwei oder drei noch langsamer als angegeben auf unserem Klavier eingeübt hatte und dann und wann dahintropfen ließ, bestand darauf, daß der Beethoven, wenn nicht über die Chaiselongue, dann übers Buffet käme. So kam es zu jener finstersten aller Konfrontationen: Hitler und das Genie hingen sich gegenüber, blickten sich an, durchschauten sich und konnten dennoch aneinander nicht froh werden." [B, 134]

„Und dann [...] traf jener eingeschriebene Brief ein, der uns über der Unterschrift des Gauleiters Forster mitteilte, man habe aus dem Zwinger der Schutzpolizei Langfuhr-Hochstrieß den jungen Schäferhund Prinz aus dem Wurf Falko, Kastor, Bodo, Mira, Prinz – Züchtung Thekla von Schüddelkau, Züchter A. Leeb - Danzig-Ohra; und Harras von der Luisenmühle, Züchter und Besitzer Friedrich Liebenau, Tischlermeister zu Danzig-Langfuhr – angekauft und im Namen der Partei und der deutschen Bevölkerung der deutschen Stadt Danzig beschlossen, den Schäferhund Prinz dem Führer und Reichskanzler, anläßlich seines sechsundvierzigsten Geburtstages durch eine Delegation übergeben zu lassen. Der Führer und Reichskanzler habe sich wohlwollend geäußert und sei entschlossen, das Geschenk des Gaues Danzig anzunehmen und den Schäferhund Prinz neben seinen anderen Hunden zu halten. Dem eingeschriebenen Brief lag ein postkartengroßes Foto des Führers mit dessen eigenhändiger Unterschrift bei. Auf dem Foto trug er die Kleidung oberbayrischer Dorfbewohner; nur hatte die Trachtenjacke einen mehr gesellschaftlichen Zuschnitt. Zu seinen Füßen hechelte ein graugewolkter Schäferhund, der auf der Brust und überm Stop helle, wahrscheinlich gelbe Abzeichen trug. Im Hintergrund türmten sich Bergmassive. Der Führer lachte jemanden an, der auf dem Foto nicht zu sehen war. Brief und Führerfoto – beides wurde sogleich unter Glas gelegt und in eigener Tischlerei gerahmt – machten lange Wege durch die Nachbarschaft und bewirkten, daß zuerst mein Vater, dann

3. Narodowy socjalizm w Wolnym Mieście
"...ja o mały włos byłbym zobaczył führera. Zapowiedział on swoje przybycie z wielkim hukiem i trzaskiem."

Wolne Miasto Gdańsk, mimo swojego szczególnego statusu politycznego, przyjęło w zasadzie rozwój jak Republika Weimarska w latach dwudziestych i trzydziestych: miastem rządził senat, złożony w większości z polityków partii konserwatywnych. Obok podziałów partyjnych, miarodajnym kryterium w kampanii wyborczej był stosunek do Polski – mówiąc krótko: konserwatyści obrali raczej kurs konfrontacji z Polską, lewica szukała porozumienia. Naziści ze swoją antypolską propagandą uzyskali już w wyborach w 1930 roku 16,1 procent oddanych głosów i tolerowali konserwatywny rząd mniejszości pod kierownictwem prezydenta senatu Ziehma (DNVP – niemiecka partia narodowa). Tym samym posiadali już wcześniej niż w Niemczech decydujący wpływ na politykę miasta. W nowo przeprowadzonych wyborach dnia 28 maja 1933, po ostrych konfliktach między DNVP a NSDAP uzyskała ta ostatnia absolutną większość głosów (50,03 procent). Hermann Rauschning (NSDAP) był jeszcze względnie umiarkowanym nazistowskim prezydentem senatu. O początku narodowego socjalizmu w Gdańsku czytamy następująco w powieści Grassa:

"A Matzerath, na którego mama postawiła, na którym, idąc za radą Markusa, pozostawiła swoją stawkę nie podwajając jej, w dziewięćset trzydziestym czwartym, a więc stosunkowo wcześnie rozpoznając siły nowego ładu, wstąpił do partii, doszedł jednak tylko do stanowiska zellenleitera. Z okazji tej nominacji, która jak wszystkie niezwyczajne wydarzenia stała się pretekstem do rodzinnego skata, Matzerath po raz pierwszy swoim przyganom, których zawsze udzielał Janowi Brońskiemu za pracę na Polskiej Poczcie, nadał nieco ostrzejszy, ale i bardziej zatroskany ton. Poza tym niewiele się zmieniło. Z gwoździa nad fortepianem zdjęto portret ponurego Beethovena, prezent od Greffa, i na tym samym gwoździu zawieszono równie ponuro spoglądającego Hitlera. Matzerath, który nie przepadał za muzyką poważną, chciał na dobre prześwięcić

August Pokriefke, danach etliche Nachbarn in die Partei eintraten, daß der Tischlergeselle Gustav Mielawski – seit über fünfzehn Jahren in unserem Betrieb und ruhiger Sozialdemokrat – kündigte und erst nach zwei Monaten, nach langem Zureden von des Tischlermeisters Seite, wieder bei uns an der Hobelbank stand.
Tulla bekam von meinem Vater einen neuen Schultornister. Ich bekam eine komplette Jungvolkuniform. Harras bekam ein neues Halsband, konnte aber nicht besser gehalten werden, weil er schon gut gehalten wurde." [H, 323/324]
"Es sprachen entweder Greiser oder der Gauschulungsleiter Löbsack. Der Greiser fiel mir nie besonders auf. Er war zu gemäßigt und wurde später durch den forscheren Mann aus Bayern, der Forster hieß und Gauleiter wurde, ersetzt. Der Löbsack jedoch wäre der Mann gewesen, einen Forster zu ersetzen. Ja, hätte der Löbsack nicht einen Buckel gehabt, wäre es für den Mann aus Fürth schwer gewesen, in der Hafenstadt ein Bein aufs Pflaster zu bekommen. Den Löbsack richtig einschätzend, in seinem Buckel ein Zeichen hoher Intelligenz sehend, machte ihn die Partei zum Gauschulungsleiter. Der Mann verstand sein Handwerk. Während der Forster mit übler bayrischer Aussprache immer wieder »Heim ins Reich« schrie, ging Löbsack mehr ins Detail, sprach alle Sorten Danziger Platt, erzählte Witze von Bollermann und Wullsutzki, verstand es, die Hafenarbeiter bei Schichau, das Volk in Ohra, die Bürger von Emmaus, Schidlitz, Bürgerwiesen und Praust anzusprechen. Hatte er es mit bierernsten Kommunisten und den lahmen Zwischenrufen einiger Sozis zu tun, war es eine Wonne, dem kleinen Mann, dessen Buckel durch das Uniformbraun besonders betont und gehoben wurde, zuzuhören.
Löbsack hatte Witz, zog all seinen Witz aus dem Buckel, nannte seinen Buckel beim Namen, denn so etwas gefällt den Leuten immer. Eher werde er seinen Buckel verlieren, behauptete Löbsack, als daß die Kommune hochkomme. Es war vorauszusehen, daß er den Buckel nicht verlor, daß an dem Buckel nicht zu rütteln war, folglich behielt der Buckel recht,

Wolne Miasto Gdańsk (1920–1939)

niemal głuchego muzyka. Mama jednak, która bardzo lubiła powolne frazy Beethovenowskich sonat, wyćwiczyła je dwa albo trzy razy wolniej, niż należy, na naszym fortepianie i co pewien czas pozwalała im spływać z klawiszy, nalegała, żeby Beethoven pozostał, jeśli nie nad kozetką, to nad kredensem. W ten sposób doszło do owej najbardziej ponurej konfrontacji: Hitler i geniusz wisieli naprzeciw siebie, przyglądali się sobie, przejrzeli się na wylot, a jednak nie mogli być z siebie nawzajem zadowoleni." [Bb, s.97]

"A potem, [...] przyszedł list polecony, z podpisem gauleitera Forstera, informujący nas, że w policyjnym zakładzie hodowli i tresury psów Wrzeszcz–Strzyża Góra z miotu Falko, Kastor, Bodo, Mira, Prinz – rodzice: Tekla z Szadółek, hodowca A.Leeb, Gdańsk–Orunia, i Harras z młyna Luizy, hodowca i właściciel Friedrich Liebenau, stolarz w Gdańsku–Wrzeszczu – zakupiono młodego owczarka Prinza i w imieniu partii oraz niemieckiej ludności niemieckiego miasta Gdańska postanowiono przez delegację przekazać go w darze führerowi i kanclerzowi Rzeszy z okazji jego czterdziestych szóstych urodzin. Führer i kanclerz odniósł się do tego przychylnie i jest zdecydowany przyjąć dar okręgu gdańskiego i trzymać owczarka Prinza obok innych swoich psów.
Do listu poleconego dołączono fotografię führera, formatu pocztówki, z jego autografem. Na zdjęciu miał na sobie strój wieśniaków z Górnej Bawarii; tylko kurtka była modniej skrojona. U jego stóp ziajał z wywieszonym językiem szary, podpalany owczarek, który na piersi i nad czołem miał jasne, prawdopodobnie żółte znakowania. W tle piętrzyły się górskie masywy. Führer śmiał się do kogoś, kogo na fotografii nie było widać.
List i fotografia – natychmiast włożone pod szkło i oprawione w ramki we własnej stolarni – odbyły długą wędrówkę po sąsiadach i sprawiły, że najpierw mój ojciec, potem August Pokriefke, następnie kilku sąsiadów wstąpiło do partii, że czeladnik Gustav Mielawski – spokojny socjaldemokrata, od przeszło piętnastu lat w naszej firmie – wymówił pracę i dopiero po dwóch miesiącach, po długich namowach majstra, na powrót stanął u nas przy strugnicy.

mit ihm die Partei – woraus man schließen kann, daß ein Buckel die ideale Grundlage einer Idee bildet. [...]
Was ist das, eine Tribüne? Ganz gleich für wen und vor wem eine Tribüne errichtet wird, in jedem Falle muß sie symmetrisch sein. So war auch die Tribüne auf unserer Maiwiese neben der Sporthalle eine betont symmetrisch angeordnete Tribüne. Von oben nach unten: sechs Hakenkreuzbanner nebeneinander. Dann Fahnen, Wimpel und Standarten. Dann eine Reihe schwarze SS mit Sturmriemen unterm Kinn. Dann zwei Reihen SA, die während der Singerei und Rederei die Hände am Koppelschloß hielten. Dann sitzend mehrere Reihen uniformierte Parteigenossen, hinter dem Rednerpult gleichfalls Pg's, Frauenschaftsführerinnen mit Müttergesichtern, Vertreter des Senates in Zivil, Gäste aus dem Reich und der Polizeipräsident oder sein Stellvertreter.
Den Sockel der Tribüne verjüngte die Hitlerjugend oder genauer gesagt, der Gebietsfanfarenzug des Jungvolkes und der Gebietsspielmannszug der HJ. Bei manchen Kundgebungen durfte auch ein links und rechts, immer wieder symmetrisch angeordneter gemischter Chor entweder Sprüche hersagen oder den so beliebten Ostwind besingen, der sich, laut Text, besser als alle anderen Winde fürs Entfalten von Fahnenstoffen eignete." [B, 136/137]

Rauschning bemühte sich um ein gutes Verhältnis zu Polen (im Zusammenhang mit dem deutsch-polnischen Nichtangriffspakt vom Januar 1934) und unterzeichnete etwa ein Abkommen der Freien Stadt über die gleichberechtigte *Behandlung polnischer Staatsangehöriger und anderer Personen polnischer Herkunft oder Sprache auf dem Gebiet der Freien Stadt Danzig*. Diese auch innenpolitische Mäßigung führte zu Flügelkämpfen innerhalb der NSDAP, deren eigentlicher Führer in Danzig Gauleiter Albert Forster war, seit 1930 Hauptorganisator und -agitator der Partei und ein ausgesprochener Demagoge. 1934 wurde Rauschning abgelöst, Nachfolger wurde der Forster nahestehende Arthur Greiser. 1935 erhielt die NSDAP bei völlig manipulierten Neuwahlen „nur" 57,3% der Stimmen, eine herbe Niederlage, verfehlte sie doch damit die angestrebte Zweidrittelmehrheit weit; es gab

Tulla dostała od mojego ojca nowy tornister. Ja dostałem kompletny mundur Jungvolku. Harras dostał nową obrożę, ale nie można było trzymać go krócej, ponieważ już był trzymany bardzo krótko." [Pl, s. 148–149]

"Przemawiali albo Greiser, albo gauleiter do spraw szkolenia Löbsack. Na Greisera nigdy nie zwracałem specjalnej uwagi. Był zbyt umiarkowany i później zastąpił go bardziej energiczny przybysz z Bawarii, który nazywał się Forster i został gauleiterem. Löbsack zaś był człowiekiem, który mógłby zastąpić Forstera. Tak, gdyby Löbsack nie miał garbu, przybyszowi z Fürth trudno byłoby zagrzać miejsce w portowym mieście. Właściwie oceniając Löbsacka, widząc w jego garbie znak wysokiej inteligencji, partia zrobiła go gauleiterem do spraw szkolenia. Gość znał swoje rzemiosło. Podczas gdy Forster z brzydką bawarską wymową wrzeszczał w kółko: – Z powrotem do Rzeszy! – Löbsack bardziej wdawał się w szczegóły, mówił wszystkimi odmianami gdańskiej gwary, opowiadał kawały o Bollermannie i Wullsutzkim, umiał przemówić do robotników portowych u Schichaua, do ludności Oruni, do mieszkańców Emaus, Siedlec, Błoni i Pruszcza. Gdy miał do czynienia z zajadłymi komunistami lub gdy paru socjalistów przerywało mu słabymi okrzykami, rozkoszą było słuchać tego małego człowieka, którego garb brąz munduru szczególnie podkreślał i wydobywał.
Löbsack był dowcipny, cały swój dowcip czerpał z garbu, mówił o nim bez żenady, bo takie chwyty zawsze ludziom się podobają. Prędzej on pozbędzie się garbu, twierdził Löbsack, niż zwycięży komuna. Można było przewidzieć, że garbu się nie pozbędzie, że garb jak był, tak pozostanie, garb miał zatem rację, a z nim partia – z czego można wyciągnąć wniosek, że garb stanowi idealną podstawę idei.
Co to jest – trybuna? Obojętnie przez kogo i dla kogo została wzniesiona, musi być symetryczna. A więc i trybuna na naszych Łąkach koło hali sportowej była trybuną pomyślaną zdecydowanie symetrycznie, od góry do dołu: sześć sztandarów ze swastykami, jeden przy drugim. Potem chorągwie, flagi i proporce. Potem rząd czarnych SS–manów z paskami pod brodą. Potem dwa rzędy SA–manów, którzy podczas śpiewów i przemówień trzymali dłonie na zamku pasa. Potem na siedząco

hohe Stimmenanteile für die Opposition und die noch nicht verbotene SPD.

Während innenpolitisch auch vor dieser Wahl schon alles auf Gleichschaltung aller gesellschaftlichen Gruppen hinauslief (z.B. Kontrolle des Schulwesens, der Jugendorganisationen, Pressezensur), dabei auch Verfassungsbrüche zu konstatieren waren, blieb doch nach außen hin, d.h. gegenüber Polen und dem Völkerbund ein moderates Verhalten bestehen, das allzugroße Provokationen vermeiden sollte. Nach dieser Wahl wurden alle Polen betreffenden Probleme direkt und vorsichtig behandelt; auf den Hohen Kommissar des Völkerbundes wurde jedoch keine Rücksicht mehr genommen – er hatte schon zu lange keinen Einfluß mehr gehabt: Nach und nach wurden die Oppositionsparteien verboten, und bis 1937 waren in der Freien Stadt Verhältnisse wie im nationalsozialistischen Deutschland hergestellt – mit Ausnahme der antisemitischen Gesetzgebung, die erst 1938 verabschiedet wurde.

> *„Wie gewohnt nahm er unsere Kundgebungen gelassen bis verlegen hin und versäumte auch weiterhin, nunmehr als einfaches Mitglied der Hitlerjugend, den Dienst an den Sonntagvormittagen; nur fiel sein Fehlen in dieser Organisation, die alle Jugendlichen vom vierzehnten Lebensjahr an betreute, wenig auf, denn die HJ wurde lascher geführt als das Jungvolk, war ein schlapper Verein, in dem Leute wie Mahlke untertauchen konnten. Zudem war er nicht im üblichen Sinne aufsässig, besuchte während der Woche regelmäßig die Heim- und Schulungsabende, machte sich auch bei den immer häufiger angesetzten Sonderaktionen, bei Altmaterialsammlungen, auch beim Sammeln für das Winterhilfswerk nützlich, sofern das Büchsenklappern nicht seine Frühmesse am Sonntagvormittag berührte. Das Mitglied Mahlke blieb innerhalb der staatlichen Jugendorganisation, zumal die Überweisung vom Jungvolk in die Hitlerjugend kein Sonderfall gewesen war, unbekannt und farblos, während ihm in unserer Schule, schon nach dem ersten Sommer auf dem Kahn, ein besonderer, kein schlechter, kein guter, ein legendärer Ruf anhing."* [KuM, 27]

> *„Meine Cousine Tulla, sonst immer schuldig oder mitschuldig, hatte keine Schuld, als es auf dem Heinrich-Ehlers-Sportplatz*

wiele rzędów umundurowanych członków partii, za mównicą również członkowie partii, działaczki Frauenschaftu o macierzyńskich twarzach, przedstawiciele senatu po cywilnemu, goście z Rzeszy i prezydent policji lub jego zastępca. Cokół trybuny odmładza Hitlerjugend albo ściślej mówiąc, okręgowa drużyna fanfarzystów Jungvolku i okręgowa orkiestra HJ. Na niektórych manifestacjach ustawiony z prawej i lewej, zawsze symetrycznie, mieszany chór mógł również albo skandować hasła, albo opiewać tak popularny wschodni wiatr, który, wedle tekstu, lepiej od wszystkich innych wiatrów nadawał się do rozwijania sztandarów." [Bb, s. 98/99]

Rauschning starał się o dobre stosunki z Polską (w związku z niemiecko-polskim paktem o nieagresji ze stycznia 1934 roku) i podpisał z Rzeczpospolitą umowę Wolnego Miasta o równouprawnieniu w traktowaniu polskich obywateli, jak i innych osób polskiego pochodzenia oraz o języku na terenie Wolnego Miasta. Ten także wewnątrzpolityczny dystans doprowadził do walk stronnictw wewnątrz NSDAP, której właściwym przywódcą w Gdańsku był gauleiter Albert Forster, od 1930 główny organizator i agitator partii oraz prawdziwy demagog. W 1934 roku odwołano Rauschninga z jego funkcji. Następcą został zaprzyjaźniony z Forsterem Arthur Greiser.

W 1935 NSDAP uzyskała podczas kolejnych, całkowicie manipulowanych wyborów "tylko" 57,3 procent głosów. Tym samym nie uzyskała zamierzonej większości dwóch trzecich głosów. Wiele głosów zebrała opozycja i dotąd jeszcze nie zakazana SPD. Podczas gdy już przed tymi wyborami wszystko kończyło się ujednolicaniem wszystkich grup społecznych (np. kontrola oświaty, organizacji młodzieżowych, cenzura prasy), do tego stwierdzano też łamanie konstytucji, utrzymywał się na zewnątrz, tzn. wobec Polski i Ligi Narodów umiarkowany stosunek. Chciano w ten sposób uniknąć zbyt poważnych prowokacji. Po tych wyborach, wszystkie problemy dotyczące Polski traktowano ostrożnie i bezpośrednio. Jednak nie uwzględniano już woli Wysokiego Komisarza Ligi Narodów – nie miał on już zbyt długo żadnego wpływu. Stopniowo zabraniano działalności partiom opozycyjnym, a do 1937 roku wytworzyły się w Wolnym Mieście takie stosunki jak w nacjonalistycznych Niemczech

zum Skandal kam. Walter Matern tat etwas. Seine Tat wurde in drei Versionen erzählt: Entweder verteilte er Flugblätter im Umkleideraum; oder er klebte Flugblätter mit Kleister auf die Bänke der Holztribüne, kurz vor dem Handballspiel Schellmühl 98 gegen den Turn- und Fechtverein; oder aber er steckte heimlich, während auf allen Plätzen gespielt und trainiert wurde, Flugzettel in die hängenden Hosen und Jacken der Jungsportler und Senioren: dabei soll ihn der Platzverwalter im Umkleideraum überrascht haben. Es bleibt ziemlich gleichgültig, welche Version begründet genannt werden kann, denn die Flugzettel, ob nun offen verteilt, mit Kleister geklebt oder heimlich in Taschen gesteckt, waren alle gleich rot.
Da aber der Danziger Senat, zuerst unter Rauschning, dann unter Greiser, die Kommunistische Partei im Jahre vierunddreißig, die Sozialdemokratische Partei im Jahre sechsunddreißig aufgelöst hatte – die Zentrumspartei, unter ihrem Vorsitzenden Dr. Stachnik, löste sich im Oktober neunzehnhundertsiebenunddreißig eigenhändig auf – mußte die Flugblattaktion des Studenten Walter Matern – er studierte immer noch nicht sondern schauspielerte – als illegal bezeichnet werden." [H, 354]

„Gelungener sah Eddi Amsels Selbstportrait aus. Neben dem Renaissancepult und der Singernähmaschine vervollständigte ein hoher schmaler, bis zur Deckentäfelung reichender Spiegel, wie er in Schneiderateliers und Ballettschulen zu finden ist, Amsels Inventar. Vor diesem antwortgebenden Glas saß er in selbstgeschneiderter Pg-Uniform – unter den SA-Uniformen hatte sich eine Kluft, die ihn hätte fassen können, nicht gefunden – und hängte sein ganzfigürliches Konterfei auf ein nacktes Gerüst, das im Zentrum, als quasi Sonnengeflecht, eine aufziehbare Mechanik beherbergte. Am Ende saß der echte Amsel, buddhagleich, im Schneidersitz und begutachtete den konstruierten noch echteren Pg Amsel. Der stand prall aufgeblasen in Rupfen und Parteibraun. Der Schulterriemen umlief ihn als Wendekreis. Rangabzeichen am Kragen machten ihn zum schlichten Amtsleiter. Eine Schweinsblase, kühn vereinfacht und nur andeutungsweise schwarz betupft, trug, porträtähnlich, die Amtsleitermütze. Da begann im Sonnenge-

– z wyjątkiem antysemickiego ustawodawstwa, które uchwalono dopiero w 1938 roku.

"Jak zwykle, przyjął nasze owacje od »obojętnie« do »z lekkim zażenowaniem« i nadal, już teraz jako szeregowy członek Hitlerjugend, opuszczał służbę w niedzielne przedpołudnia; tylko że w tej organizacji, która skupiała całą młodzież od czternastego roku życia wzwyż, jego nieobecność mniej rzucała się w oczy, bo HJ prowadzono bardziej niedbale niż Jungvolk, był to nieruchawy związek, w którym tacy ludzie jak Mahlke mogli się dekować. Przy tym nie był on buntownikiem w zwykłym znaczeniu tego słowa, w powszednie dni tygodnia regularnie uczęszczał na wieczorne zebrania i szkolenie, uczestniczył w coraz częściej organizowanych akcjach specjalnych, w zbieraniu odpadków, również w zbiórce na Pomoc Zimową, o ile tylko potrząsanie puszką nie kolidowało z jego mszą w niedzielne przedpołudnie. Mahlke pozostał w państwowej organizacji młodzieżowej członkiem nieznanym, bezbarwnym, zwłaszcza że przeniesienie z Jungvolk do Hitlerjugend nie było czymś wyjątkowym, natomiast w naszej szkole, już po pierwszych wakacjach na krypie, przylgnął do niego ani dobry, ani zły, lecz legendarny rozgłos." [KiM, s. 21]

"Moja kuzynka Tulla, zazwyczaj winna lub współwinna, nie ponosiła winy za skandal, do jakiego doszło na stadionie Heinricha Ehlersa. Walter Matern coś zrobił. To, co zrobił, opowiadano w trzech wersjach: albo rozdawał ulotki w przebieralni; albo przylepiał je klajstrem do ławek drewnianej trybuny na krótko przed meczem piłki ręcznej Młyniska 98 – Klub Gimnastyczno–Szermierczy, albo też po kryjomu, podczas gdy na wszystkich boiskach grano i trenowano, wsadzał je do kieszeni wiszących spodni i bluz juniorów i seniorów; na tym go podobno przyłapał gospodarz stadionu. Pozostaje rzeczą dość obojętną, którą z wersji można uznać za najbliższą prawdy, bo ulotki, czy to rozdawane jawnie, czy przylepione klajstrem, czy po kryjomu wsadzane do kieszeni, były wszystkie jednakowo czerwone." [Pl, s. 171]

"Ponieważ jednak senat gdański, najpierw pod Rauschningiem, potem pod Greiserem, rozwiązał w trzydziestym czwartym

flecht des Parteigenossen die aufziehbare Mechanik zu arbeiten: Ins Stillgestanden fanden die Breecheshosen. Vom Koppelschloß wanderte der rechte platzvolle Gummihandschuh ruckend und ferngesteuert in Brust- dann Schulterhöhe, bot zuerst den gestreckten, dann den gewinkelten Parteigruß, kehrte schleppend, denn die Mechanik lief ab, gerade noch rechtzeitig zum Koppelschloß zurück, zitterte greisenhaft und schlief ein. Eddi Amsel zeigte sich verliebt in seine neue Schöpfung. Er imitierte das Grüßen seiner lebensgroßen Imitation vor dem schmalen Atelierspiegel: Das Amselquartett. Walter Matern, dem Amsel sich und die Figur auf dem Parkett, sowie die Figur und sich selber als Spiegelbild zeigte, lachte zuerst überlaut und dann verlegen. Schließlich starrte er nur noch stumm bald zur Scheuche, bald auf Amsel, bald in den Spiegel. Er sah sich in Zivil zwischen vier Uniformträgern. Ein Anblick, der ihm das angeborene Zähneknirschen befahl. Und knirschend gab er zu verstehen, daß irgendwo für ihn der Spaß aufhöre; Amsel sollte sich nicht in einunddasselbe Thema verrennen; schließlich gebe es bei der SA und auch bei der Partei Leute genug, die ernsthaft ein Ziel vor Augen hätten, Pfundskerle und nicht nur Schweinehunde.
Amsel entgegnete, genau das sei seine künstlerische Absicht, keinerlei Kritik wolle er äußern, sondern Pfundskerle wie Schweinehunde, gemischt und gewürfelt, wie nun mal das Leben spiele, mit künstlerischen Mitteln produzieren.
Daraufhin bastelte er mit schon vorfabriziertem Gerüst einen bulligen Pfundskerl: den SA-Mann Walter Matern. Tulla und ich, die wir vom nachtschwarzen Garten aus ins elektrisch erleuchtete und eichengetäfelte Atelier linsten, sahen mit runden Augen, wie Walter Materns uniformierter Abklatsch – Blutflecke zeugten noch von der Saalschlacht im Kleinhammerpark – die Zähne des fotografierten Gesichtes mit Hilfe eingebauter Mechanik entblößte und die mechanisch bewegten Zähne knirschen ließ; das sahen wir zwar nur – aber wer Walter Materns Zähne sah, der hörte sie auch." [H, 380/381]

1938 wurde Albert Forster in einem eindeutig verfassungswidrigen Akt vom Danziger Senat zum Staatsoberhaupt Danzigs erklärt, konzipiert als erster Schritt zu einer Auflösung der Freien

partię komunistyczną, w trzydziestym szóstym partię socjaldemokratyczną – partia Centrum, na której czele stał doktor Stachnik, w październiku tysiąc dziewięćset trzydziestego siódmego rozwiązała się sama – akcję ulotkową studenta Materna – trzeba było uznać za nielegalną." [Pl, s. 172]

"Lepiej wypadł autoportret Eddiego Amsela. Uzupełnieniem Amselowego urządzenia złożonego z renesansowego pulpitu i maszyny do szycia Singera było wysokie, sięgające wyłożonego drewnem sufitu lustro, jakie spotyka się w pracowniach krawieckich i szkołach baletowych. Przed tym udzielającym odpowiedzi szkłem zasiadał w uszytym własnoręcznie mundurze partyjnym – wśród mundurów SA nie było takiego, który by go pomieścił – i wieszał swój całopostaciowy konterfekt na gołym szkielecie, który miał w środku, niby splot słoneczny, nakręcany mechanizm. Na koniec prawdziwy Amsel siadywał po turecku, niczym Budda, i oceniał skonstruowanego, jeszcze prawdziwszego towarzysza partyjnego Amsela. Ten stał opasły w jucie i partyjnej brunatności. Pas naramienny okalał go jak zwrotnik. Dystynkcje na kołnierzu czyniły zeń zwykłego amtsleitera. Pęcherz świński, śmiało uproszczony i tylko symbolicznie czarno pocętkowany, był zwieńczony, na podobieństwo portretu, amtsleiterowską czapką. I oto w splocie słonecznym towarzysza partyjnego ruszał nakręcony mechanizm: Bryczesy przyjmowały postawę na baczność. Prawa gumowa rękawiczka, wypełniona ponad miarę, zdalnie kierowana, wędrowała skokami od klamry pasa na wysokość piersi potem barku, najpierw na wyprostowanym, następnie na ugiętym ramieniu demonstrowała partyjne pozdrowienie, z ociąganiem, bo mechanizm był już bliski wyczerpania, zdążała jeszcze wrócić w porę do klamry pasa, drżała starczo i nieruchomiała. Eddi Amsel był zakochany w swym nowym dziele. Naśladował pozdrowienie swej naturalnej wielkości podobizny przed wąskim lustrem pracowni: kwartet Amseli. Walter Mattern, któremu Amsel zaprezentował siebie, figurę na parkiecie i swoje lustrzane odbicie, śmiał się zrazu za głośno, potem z zakłopotaniem. Na ostatek patrzył już tylko bez słowa to na stracha, to na Amsela, to w lustro. Zobaczył siebie w cywilu pośród czterech umundurowanych. Zareagował na ten widok

Stadt. Zu diesem Zeitpunkt war das Deutsche Reich schon so stark und der Völkerbund so schwach, daß endgültig keine Sanktionen mehr zu erwarten waren.
1939 begann mit den Schüssen des deutschen Kriegsschiffs „Schleswig-Holstein" auf die Westerplatte und dem Angriff auf die Polnische Post in Danzig der 2. Weltkrieg. Die Freie Stadt war in kürzester Zeit erobert, wurde dem Deutschen Reich angeschlossen und war damit endgültig als eigenständiges Gebilde aufgelöst. Von weiteren direkten Kriegsereignissen blieb Danzig bis Ende 1944 verschont, dann gab es auch dort Fliegeralarm und Bombenangriffe. Bis zu ihrer Kapitulation am 30. März 1945 war die Stadt fast völlig zerstört; beim Einmarsch der russischen Truppen wurde sie noch weiter verwüstet. Die Altstadt lag zu 95% in Trümmern.

„Hast Du ein Gedächtnis?
Wenigstens fünf Monate, mit Weihnachten dazwischen, bekomme ich nicht mehr zusammen. Während dieser Zeit, in dem Loch zwischen Frankreichfeldzug und Balkanfeldzug, wurden immer mehr Gesellen unserer Tischlerei eingezogen und später, als es auch im Osten losging, durch Ukrainer als Hilfsarbeiter und durch einen französischen Tischlergesellen ersetzt. Der Geselle Wischnewski fiel in Griechenland; der Geselle Artur Kuleise fiel, ganz zu Anfang, bei Lembert; und dann fiel mein Cousin, Tullas Bruder Alexander Pokriefke – das heißt, er fiel nicht, er ersoff in einem Unterseeboot: die Atlantikschlacht hatte begonnen. Die Pokriefkes, aber auch der Tischlermeister und seine Frau, trugen jeder einen Trauerflor. Auch ich trug einen Flor und war sehr stolz darauf. Sobald mich jemand nach dem Grund meiner Trauer fragte, sagte ich: »Ein Cousin von mir, der mir sehr nahe stand, ist von einer Feindfahrt in die Karibische See nicht heimgekehrt.« – Dabei kannte ich Alexander Pokriefke kaum, und auch die Karibische See war Angabe."
[H, 468]

„Man sollte glauben, die Siedlung riecht frisch reinlich sandig und der Jahreszeit entsprechend – es roch aber in der Osterzeile, in der Westerzeile, im Bärenweg, nein, überall in

przyrodzonym zgrzytaniem zębami. I zgrzytając dał do zrozumienia, że gdzieś kończą się dla niego żarty; Amsel nie powinien czepiać się jednego i tego samego tematu jak rzep psiego ogona; ostatecznie w SA, a także w partii nie brak ludzi, którzy mają przed oczyma poważny cel, są tam morowe chłopy, nie tylko dranie.
Amsel odparł, że właśnie to jest jego artystycznym zamiarem, nie chce występować z żadną krytyką, chce tylko artystycznymi środkami przedstawiać morowych chłopów i drani, pomieszanych i poplątanych, jak to w życiu bywa.
Następnie wykorzystując sporządzony wcześniej szkielet zmajstrował osiłkowatego morowego chłopa: SA-mana Waltera Materna. Tulla i ja, którzy z czarnego jak noc ogrodu zaglądaliśmy do rozjaśnionej elektrycznym światłem i wykładanej dębową boazerią pracowni, wybałuszaliśmy oczy, kiedy umundurowany dubler Waltera Materna – plamy krwi świadczyły jeszcze o bójce w gospodzie »Na Kuźniczkach« – za sprawą wmontowanego mechanizmu obnażał zęby w sfotografowanej twarzy i zgrzytał tymi mechanicznie poruszanymi zębami: my co prawda tylko to widzieliśmy – ale kto widział zęby Waltera Materna, ten również je słyszał." [Pl, s. 191--192]

W 1938 roku powołano Alberta Forstera do sprawowania najwyższego urzędu w Wolnym Mieście. Był to akt jednoznacznie sprzeczny z konstytucją, pomyślany jako pierwszy krok do rozwiązania Wolnego Miasta. Do tego momentu Rzesza Niemiecka była tak silna, a Liga Narodów tak słaba, że nie można było już oczekiwać jakichkolwiek sankcji wobec Wolnego Miasta.

W 1939 roku, strzałami kierowanymi z niemieckiego okrętu wojennego "Schleswig–Holstein" na Westerplatte oraz atakiem na Polską Pocztę w Gdańsku, rozpoczęła się druga wojna światowa. Wolne Miasto bardzo szybko zostało zdobyte i przyłączone do Rzeszy Niemieckiej. Tym samym definitywnie upadła struktura państwowa. Do końca 1944 roku miasto Gdańsk nie odczuło bezpośrednio następstw wojny. Potem i tu zaczęły się alarmy lotnicze i naloty bombowe. Do dnia kapitulacji, 30 marca 1945 roku, miasto zostało w znacznej części zniszczone. Po wkroczeniu oddziałów Armii Czerwonej było jeszcze bardziej pustoszone. Starówka w 95 procentach leżała w gruzach.

Langfuhr, Westpreußen; besser noch, in ganz Deutschland roch es in jenen Kriegsjahren nach Zwiebeln, in Margarine gedünsteten Zwiebeln, ich will mich nicht festlegen: nach mitgekochten, nach frischgeschnittenen Zwiebeln roch es, obgleich Zwiebeln knapp waren und kaum aufzutreiben, obgleich man über knappe Zwiebeln im Zusammenhang mit dem Reichsmarschall Göring, der irgend etwas über knappe Zwiebeln im Rundfunk gesagt hatte, Witze riß, die in Langfuhr, Westpreußen, in ganz Deutschland im Umlauf waren; deshalb sollte ich meine Schreibmaschine oberflächlich mit Zwiebelsaft einreiben und ihr wie mir eine Ahnung jenes Zwiebelgeruches vermitteln, der in jenen Jahren ganz Deutschland, Westpreußen, Langfuhr, die Osterzeile wie die Westerzeile verpestete und vorherrschenden Leichengeruch verbot." [KuM, 95]

„Wir kamen jetzt kaum noch raus aus dem Loch. Es hieß, die Russen seien schon in Zigankenberg, Pietzgendorf und vor Schidlitz. Jedenfalls mußten sie auf den Höhen sitzen, denn sie schossen schnurstracks in die Stadt. Rechtstadt, Altstadt, Pfefferstadt, Vorstadt, Jungstadt, Neustadt und Niederstadt, an denen zusammen man über siebenhundert Jahre lang gebaut hatte, brannten in drei Tagen ab. Das war aber nicht der erste Brand der Stadt Danzig, Pommerellen, Brandenburger, Ordensritter, Polen, Schweden und nochmals Schweden, Franzosen, Preußen und Russen, auch Sachsen hatten zuvor schon, Geschichte machend, alle paar Jahrzehnte die Stadt verbrennenswert gefunden – und nun waren es Russen, Polen, Deutsche und Engländer gemeinsam, die die Ziegel gotischer Backsteinkunst zum hundertstenmal brannten, ohne dadurch Zwieback zu gewinnen. Es brannten die Häkergasse, Langgasse, Breitgasse, Große und Kleine Wollwebergasse, es brannten die Tobiasgasse, Hundegasse, der Altstädtische Graben, Vorstädtische Graben, die Wälle brannten und die Lange Brücke. Das Krantor war aus Holz und brannte besonders schön. In der Kleinen Hosennähergasse ließ sich das Feuer für mehrere auffallend grelle Hosen Maß nehmen. Die Marienkirche brannte von innen nach außen und zeigte Festbeleuchtung durch Spitzbogenfenster. Die restlichen, noch nicht evakuierten Glocken von Sankt Katharinen, Sankt Johann, Sankt Brigitten,

Wolne Miasto Gdańsk (1920–1939)

"Czy Ty masz dobrą pamięć? Mnie wywietrzało z głowy co najmniej pięć miesięcy, z Bożym Narodzeniem pośrodku. W tym czasie, w luce między kampanią francuską a kampanią bałkańską, coraz więcej czeladników z naszej stolarni powoływano do wojska i później, kiedy zaczęło się również na Wschodzie, zastępowano ukraińskimi pomocnikami i francuskim czeladnikiem stolarskim. Czeladnik Wischnewski poległ w Grecji: czeladnik Artur Kuleise poległ, na samym początku, pod Lwowem; a potem poległ mój kuzyn, brat Tulli, Aleksander Pokriefke – to znaczy nie tyle poległ, co utonął w łodzi podwodnej; rozpoczęła się bitwa na Atlantyku. Pokriefkowie, ale także stolarz i jego żona nosili żałobę. Ja też ją nosiłem i byłem z tego bardzo dumny. Kiedy ktoś pytał o przyczynę mojej żałoby, odpowiadałem: – Mój kuzyn, bardzo mi bliski, nie powrócił z rejsu bojowego na Morze Karaibskie. – Tymczasem Alexandra Pokriefke mało co znałem, a Morze Karaibskie to też była lipa." [Pl, s. 259]

"... można by sądzić, że osiedle pachnie odpowiednio do pory roku świeżością, czystością i piaskiem – ale nie tylko na Osterzeile, Westerzeile czy Bärenweg, lecz wszędzie, w Langfuhr, Prusach Zachodnich i całych Niemczech pachniało w owych latach wojennych cebulą duszoną w margarynie, zresztą nie upieram się: pachniało cebulą gotowaną, świeżo pokrojoną, choć cebuli brakowało i trudno było ją zdobyć, choć o nieosiągalnej cebuli, wspomnianej w jakimś przemówieniu radiowym przez samego marszałka Göringa, krążyły dowcipy po Langfuhr, Prusach Zachodnich i całych Niemczech; dlatego powinienem na dobrą sprawę posmarować swoją maszynę do pisania sokiem cebuli i w ten sposób wywołać w sobie ów zapach, który w tamtych latach psuł powietrze w całych Niemczech, w Prusach Zachodnich w Langfuhr, na Osterzeile czy na Westerzeile, zagłuszając nawet dominujący odór trupów." [KiM, s. 75]

"Nie wychodziliśmy teraz prawie wcale z podziemi. Mówiono, że Rosjanie są już w Suchaninie, Pieckach i pod Siedlcami. W każdym razie siedzieli na wzgórzach, bo strzelali wprost na miasto. Główne Miasto, Stare Miasto, Korzenne Miasto, Stare

Barbara, Elisabeth, Peter und Paul, Trinitatis und Heiliger Leichnam schmolzen in Turmgestühlen und tropften sang- und klanglos. In der Großen Mühle wurde roter Weizen gemahlen. In der Fleischergasse roch es nach verbranntem Sonntagsbraten. Im Stadttheater wurden Brandstifters Träume, ein doppelsinniger Einakter, uraufgeführt. Im Rechtstädtischen Rathaus beschloß man, die Gehälter der Feuerwehrleute nach dem Brand rückwirkend heraufzusetzen. Die Heilige-Geist-Gasse brannte im Namen des Heiligen Geistes. Freudig brannte das Franziskanerkloster im Namen des Heiligen Franziskus, der ja das Feuer liebte und ansang. Die Frauengasse entbrannte für Vater und Sohn gleichzeitig. Daß der Holzmarkt, Kohlenmarkt, Heumarkt abbrannten, versteht sich von selbst. In der Brotbänkengasse kamen die Brötchen nicht mehr aus dem Ofen. In der Milchkannengasse kochte die Milch über. Nur das Gebäude der Westpreußischen Feuerversicherung wollte aus rein symbolischen Gründen nicht abbrennen." [B, 479/480]

Die NS-Diktatur in Danzig hatte natürlich auch Einfluß auf das äußere Stadtbild, besonders ablesbar an der Umbenennung von Straßen und Einrichtungen: Grass erwähnt die Namensänderung des Langfuhrer Mädchengymnasiums von „Helene-Lange-Schule" in „Gudrun-Schule"; das Heinrich-Ehlers-Sportstadion wurde in Albert-Forster-Stadion umbenannt, heute werden dort die Spiele der Fußballmannschaft FC Lechia Gdańsk ausgetragen. Die Große Allee zwischen Danzig und Langfuhr wurde in Hindenburgallee umbenannt, die Hauptstraße in Langfuhr in Adolf-Hitler-Straße usw.

Nach dem Krieg hat die polnische Stadtverwaltung mithilfe von Ortsnamenforschung und mit großem sprachhistorischen Aufwand die Umbenennung der Orts-/Straßen-/Gewässer- und Flurnamen vorgenommen. Dabei wurde, so weit irgend möglich, auf alte slawische Namen zurückgegriffen (wie etwa im Falle „Wrzeszcz"), bzw. die deutschen Benennungen wurden übersetzt oder polonisiert. Regelrechte Neubenennungen sind nur vereinzelt vorgenommen worden, und hier wiederum bei eher repräsentativen Straßen: die Haupt-/Hitlerstraße etwa wurde nach der siegreichen Schlacht bei Tannenberg/Grunwald in Al. Grunwaldzka umbenannt, die Ostseestraße zwischen Langfuhr und

Przedmieście, Młode Miasto, Nowe Miasto i Dolne Miasto, budowane łącznie ponad siedemset lat, spłonęły w trzy dni. Nie był to pierwszy pożar Gdańska. Pomorzanie, Brandenburczycy, Krzyżacy, Polacy, Szwedzi i znów Szwedzi, Francuzi, Prusacy i Rosjanie, także Sasi już przedtem, tworząc historię, co parę dziesiątków lat uznawali, że trzeba to miasto spalić – a teraz Rosjanie, Polacy, Niemcy i Anglicy wspólnie wypalali po raz setny cegły gotyckich budowli, nie uzyskując jednak w ten sposób sucharów. Płonęła Straganiarska, Długa, Szeroka, Tkacka i Wełniarska, płonęła Ogarna, Tobiasza, Podwale Staromiejskie, Podwale Przedmiejskie, płonęły Wały i Długie Pobrzeże. Żuraw był z drzewa i płonął szczególnie pięknie. Na ulicy Spodniarzy ogień kazał sobie wziąć miarę na wiele par uderzająco jaskrawych spodni. Kościół Najświętszej Marii Panny płonął od środka i przez ostrołukowe okna ukazywał uroczyste oświetlenie. Pozostałe, nie ewakuowane jeszcze dzwony Świętej Katarzyny, Świętego Jana, Świętej Brygidy, Barbary, Elżbiety, Piotra i Pawła, Świętej Trójcy i Bożego Ciała stapiały się w dzwonnicach i skapywały bez szmeru. W Wielkim Młynie mielono czerwoną pszenicę. Na Rzeźnickiej pachniało przypaloną niedzielną pieczenią. W Teatrze Miejskim dawano prapremierę »Snów podpalacza« dwuznacznej jednoaktówki. Na ratuszu Głównego Miasta postanowiono podwyższyć po pożarze, z ważnością wstecz, pensje strażaków. Ulica Świętego Ducha płonęła w imię Świętego Ducha. Radośnie płonął klasztor franciszkanów w imię Świętego Franciszka, który przecież kochał i opiewał ogień. Ulica Mariacka płonęła równocześnie w imię Ojca i Syna. Że spłonął Targ Drzewny, Targ Węglowy, Targ Sienny, to samo przez się zrozumiałe. Na Chlebnickiej chlebki już nie wyszły z pieca. Na Stągiewnej kipiało w stągwiach. Tylko budynek Zachodniopruskiego Towarzystwa Ubezpieczeń od Ognia z czysto symbolicznych względów nie chciał spłonąć." [Bb, s. 344–345]

Dyktatura nazistowska w Gdańsku miała oczywiście wpływ na zewnętrzny obraz miasta, szczególnie dostrzegalny w przemianowaniu ulic i instytucji. Grass wspomina zmianę nazwy gimnazjum żeńskiego we Wrzeszczu: ze Szkoły im. Heleny Lange na Szkołę im. Gudrun; stadion sportowy Heinricha Ehlersa stał się

Brösen in Al. Karola Marksa (Karl-Marx-Allee). Seit der Wende von 1989 ist eine neue Umbenennungswelle im Gange – z.B. heißt die Al. K. Marksa inzwischen nach dem polnischen General Haller Aleja Generala Hallera. Einige Straßen sind jetzt zur direkten polnischen Übersetzung der deutschen Namen zurückgekehrt, so heißt die ul. Elbląska inzwischen Długie Ogrody (Langgarten), die ul. Świerczewskiego heißt Nowe Ogrody (Neugarten).

4. Die Bevölkerung in der Freien Stadt und in Gdańsk
„Auf deutsch, auf polnisch: Blubb, pifff, pschsch..."

Bei aller engen Verknüpfung mit Polen war die Freie Stadt doch überwiegend von Deutschen bewohnt. Zwischen polnischen und deutschen Historikern sind die Zahlenverhältnisse bezüglich den Danziger/innen mit deutscher bzw. polnischer Muttersprache bis heute umstritten – als gesichert kann immerhin gelten, daß allenfalls ein Zehntel der Bevölkerung der Freien Stadt Danzig als Muttersprache Polnisch oder Kaschubisch hatte. Unabhängig davon sprachen sowieso alle Danziger/innen fließend Deutsch. Die Unterscheidung in „Deutsche", „Polen" und „Juden" war ohnedies ursprünglich fast bedeutungslos gegenüber dem selbstbewußten Stolz, Danziger/in zu sein; und erst der zunehmende Nationalismus auf der deutschen Seite zerstörte dieses gemeinsame Grundgefühl. Die Familienverhältnisse innerhalb des Matzerathschen Hauses waren, von diesen Zahlen her betrachtet, durchaus etwas Besonderes; und zwar auch, insofern damit die Frage der Religion angeschnitten ist: Eine katholische Kaschubin heiratet einen evangelischen Rheinländer, Oskar wird katholisch getauft. Allgemein läßt sich sagen, daß die polnisch-kaschubischen Danziger/innen der katholischen Kirche angehörten, während die deutschen protestantisch waren. Nach dem Krieg hat sich dieses Übergewicht der evangelischen Kirche völlig zugunsten der katholischen verschoben.

> *„Jan Bronski, der seinen Stephan gleichfalls nach Ostern in die polnische Volksschule schicken wollte, ließ sich davon nicht abraten, wiederholte meiner Mama und Matzerath immer*

stadionem Alberta Forstera (dziś rozgrywane są tam mecze drużyny piłkarskiej klubu sportowego Lechia Gdańsk). Wielka aleja (die Grosse Alee) między Gdańskiem a Wrzeszczem została nazwana aleją Hindunburga, natomiast ulica Główna (die Hauptstrasse) we Wrzeszczu – ulicą Adolfa Hitlera, itd. Po wojnie polska administracja miejska podjęła się, przy pomocy badań onomastycznych i dorobku pracy historyków języka polskiego, przemianowania nazw miejscowości, ulic, cieków wodnych i innych nazw topograficznych. Sięgano przy tym tak dalece, jak było to tylko możliwe, do starych nazw słowiańskich (jak na przykład w przypadku "Wrzeszcza"), ewentualnie tłumaczono bądź polonizowano niemieckie nazwy. Nowe prawidłowe nazewnictwo wprowadzano tylko miejscami, a i to raczej tylko przy reprezentatywnych ulicach: ulica Główna (potem Hitlera) została przykładowo nazwana – ku upamiętnieniu zwycięskiej bitwy pod Grunwaldem w 1410 roku – aleją Grunwaldzką: ulica Bałtycka/Ostseetrasse między Wrzeszczem a Brzeźnem została aleją Karola Marksa. Po przełomie politycznym, od roku 1989, trwa ponowna fala przemianowywania ulic, na przykład Karola Marksa nazwano aleją gen. Hallera. Niektóre ulice powróciły teraz do bezpośredniego tłumaczenia nazw niemieckich na polskie, tak więc ulica Elbląska nazywa się teraz Długie Ogrody/Langgarten, a ulica Świerczewskiego – Nowe Ogrody/Neugarten.

4. Mieszkańcy Wolnego Miasta i dzisiejszego Gdańska
"Po polsku, po niemiecku: Plupp, piff, pszcz..."

Przy całym swoim ścisłym powiązaniu z Polską było jednak Wolne Miasto Gdańsk w większości zamieszkałe przez Niemców. Liczba gdańszczan mówiących po polsku lub po niemiecku do dziś jest kwestią sporną, nawet dla historyków. Jednak pewne wydaje się, że najwyżej jedna dziesiąta ludności Wolnego Miasta mówiła po polsku bądź kaszubsku. Niezależnie od tego wszyscy gdańszczanie władali językiem niemieckim. Podział na "Niemców", "Polaków" i "Żydów" był pierwotnie i tak prawie bez znaczenia wobec pewnej siebie dumy, że jest się gdańszczaninem. Dopiero

wieder: Er sei Beamter in Polnischen Diensten. Für korrekte Arbeit auf der Polnischen Post bezahle der polnische Staat ihn korrekt. Schließlich sei er Pole und Hedwig werde es auch, sobald der Antrag genehmigt. Zudem lerne ein aufgewecktes und überdurchschnittlich begabtes Kind wie Stephan die deutsche Sprache im Elternhaus, und was den kleinen Oskar betreffe – immer wenn er Oskar sagte, seufzte er ein bißchen – Oskar sei genau wie der Stephan sechs Jahre alt, könne zwar noch nicht recht sprechen, sei überhaupt reichlich zurück für sein Alter, und was das Wachstum angehe, versuchen solle man es trotzdem, Schulpflicht sei Schulpflicht – vorausgesetzt, daß die Schulbehörde sich nicht dagegenstelle." [B, 83]

„Im Ladeneingang bot sich mir ein Bild, das sofort alle Erfolge des scheibenvernichtenden Ferngesanges vergessen ließ. Sigismund Markus kniete vor meiner Mama, und all die Stofftiere, Bären, Affen, Hunde, sogar Puppen mit Klappaugen, desgleichen Feuerwehrautos, Schaukelpferde, auch alle seinen Laden hütenden Hampelmänner schienen mit ihm aufs Knie fallen zu wollen. Er aber hielt mit zwei Händen Mamas beide Hände verdeckt, zeigte hellbeflaumte, bräunliche Flecken auf den Handrücken und weinte.
Auch Mama blickte ernst und der Situation entsprechend beteiligt. »Nicht Markus«, sagte sie, »bitte nicht hier im Laden.«
Doch Markus fand kein Ende, und seine Rede hatte einen mir unvergeßlichen, beschwörenden und zugleich übertriebenen Tonfall: »Machen Se das nich mä middem Bronski, wo er doch bei de Post is, die polnisch is und das nich gut geht, sag ich, weil er is midde Polen. Setzen Se nicht auf de Polen, setzen Se, wenn Se setzen wollen, auf de Deitschen, weil se hochkommen, wenn nich heit dann morgen; und sind se nich schon wieder bißchen hoch und machen sich, und de Frau Agnes setzt immer noch auffen Bronski. Wenn Se doch würd setzen auffen Matzerath, den Se hat, wenn schon. Oder wenn Se mechten setzen gefälligst auffen Markus und kommen Se middem Markus, wo er getauft is seit neilich. Gehn wä nach London, Frau Agnes, wo ich Lait hab drieben und Papiere genug, wenn Se nur wollten kommen oder wolln Se nich middem Markus, weil Se ihn verachten, nu denn verachten Se ihn. Aber er bittet Ihnen von Herzen, wenn Se

przybierający na sile nacjonalizm niemiecki zburzył poczucie wspólnoty. Stosunki rodzinne w domu Matzeratha były czymś całkowicie osobliwym, rozpatrując je od strony statystyk tyczących ludności i religii: katolicka Kaszubka poślubiła ewangelickiego Nadreńczyka, Oskar otrzymał chrzest katolicki. Ogólnie można powiedzieć, że polsko-kaszubscy gdańszczanie należeli do Kościoła katolickiego, podczas gdy Niemcy byli protestantami. Po wojnie owa przewaga Kościoła ewangelickiego przesunęła się całkowicie na korzyść katolickiego.

"Jan Broński, który też po Wielkanocy chciał posłać swojego Stefana do polskiej szkoły, nie dał sobie tego wybić z głowy, powtarzał w kółko mojej mamie i Matzerathowi: jest urzędnikiem w polskiej służbie. Za sumienną pracę na polskiej poczcie państwo polskie sumiennie mu płaci. Ostatecznie jest Polakiem, a Jadwiga też będzie Polką, jak tylko wniosek zostanie zatwierdzony. Poza tym tak bystre i nieprzeciętnie zdolne dziecko jak Stefan nauczy się niemieckiego w domu rodziców, a co do małego Oskara – zawsze, ilekroć mówił o Oskarze, lekko wzdychał – Oskar tak samo jak Stefan ma sześć lat, co prawda jeszcze dobrze nie mówi, w ogóle jak na swój wiek jest mocno opóźniony, zwłaszcza jeśli idzie o wzrost, mimo to należy spróbować, obowiązek szkolny jest obowiązkiem – zakładając, że władze szkolne nie będą się sprzeciwiać."
[Bb, s. 62/63]

"Wchodząc do sklepu ujrzałem scenę, która natychmiast kazała mi zapomnieć o wszystkich sukcesach niszczącego szyby dalekosiężnego śpiewu. Sigismund Markus klęczał przed moją mamą i zdawało się, że wraz z nim chcą paść na kolana wszystkie szmaciane zwierzęta, misie, małpki, pieski, nawet lalki z zamykanymi oczami, wozy strażackie, konie na biegunach, a także wszystkie pilnujące jego składu pajace. On zaś krył w swoich dłoniach obie dłonie mamy, ukazywał porośnięte jasnym meszkiem brązowe plamy na grzbietach dłoni i płakał. Mama też spoglądała poważnie i odpowiednio do sytuacji przejęta. – Niech pan przestanie, Markus – mówiła – proszę, nie w sklepie. Ale Markus nie reagował, a jego przemowa miała niezapomnianą dla mnie, błagalną i zarazem przesadną intonację: – Niech się pani nie spotyka z tym Brońskim, bo on jest na

doch nur nicht mehr setzen wollen auffen meschuggenen Bronski, dä bei de Polnische Post bleibt, wo doch bald färtich is midde Polen, wenn se kommen de Deitschen!«" [B, 121/122]

"Der Tod meiner armen Mama hatte das zuweilen fast freundschaftliche Verhältnis zwischen Matzerath und dem inzwischen zum Postsekretär avancierten Onkel, wenn nicht auf einmal und plötzlich, so doch nach und nach, und je mehr sich die politischen Zustände zuspitzten, um so endgültiger entflochten, trotz schönster gemeinsamer Erinnerungen gelöst. Mit dem Zerfall der schlanken Seele, des üppigen Körpers meiner Mama, zerfiel die Freundschaft zweier Männer, die sich beide in jener Seele gespiegelt, die beide von jenem Fleisch gezehrt hatten, die nun, da diese Kost und dieser Konvexspiegel wegfielen, nichts Unzulängliches fanden als ihre politisch gegensätzlichen, jedoch den gleichen Tabak rauchenden Männerversammlungen. Aber eine Polnische Post und hemdsärmelige Zellenleiterbesprechungen können keine schöne und selbst beim Ehebruch noch gefühlvolle Frau ersetzen. Bei aller Vorsicht – Matzerath mußte auf die Kundschaft und die Partei, Jan auf die Postverwaltung Rücksicht nehmen – kam es während der kurzen Zeitspanne zwischen dem Tode meiner armen Mama und dem Ende des Sigismund Markus dennoch zu Begegnungen meiner beiden mutmaßlichen Väter.
Um Mitternacht hörte man zwei- oder dreimal im Monat Jans Knöchel an den Scheiben unserer Wohnzimmerfenster. Wenn Matzerath dann die Gardine zurückschob, das Fenster einen Spalt weit öffnete, war die Verlegenheit beiderseits grenzenlos, bis der eine oder der andere das erlösende Wort fand, einen Skat zu später Stunde vorschlug. Den Greff holten sie aus seinem Gemüseladen, und wenn der nicht wollte, wegen Jan nicht wollte, nicht wollte, weil er als ehemaliger Pfadfinderführer – er hatte seine Gruppe inzwischen aufgelöst – vorsichtig sein mußte, dazu schlecht und nicht allzu gerne Skat spielte, dann war es meistens der Bäcker Alexander Scheffler, der den dritten Mann abgab. Zwar saß auch der Bäckermeister ungern meinem Onkel Jan am selben Tisch gegenüber, aber eine gewisse Anhänglichkeit an meine arme Mama, die sich wie ein Erbstück auf Matzerath übertrug, auch der Grundsatz Schefflers, daß Geschäftsleute des Einzelhandels zusammenhalten müßten, ließ

Polskiej Poczcie, nic z tego dobrego nie będzie, ja to pani mówię, bo on z Polakami trzyma. Pani nie stawia na Polaków, niech pani stawia, jak już pani chce postawić, na Niemców, bo oni w górę pójdą, nie dziś to jutro: czy już teraz w górę trochę nie poszli, a pani Agnieszka dalej stawia na tego Brońskiego, żeby na tego swojego Matzeratha, to jeszcze. Ale żeby pani tak zechciała najłaskawiej postawić na Markusa i z Markusem wyjechać, bo on się niedawno wychrzcił. Pojedziemy do Londynu, pani Agnieszko, bo u mnie tam rodzina i dość akcji, żeby tylko pani chciała, ale z Markusem to pani nie chce, bo pani nim pogardza. Ale on z całego serca panią prosi, żeby pani nie stawiała więcej na tego zbzikowanego Brońskiego, co to na Polskiej Poczcie siedzi, za niedługi czas, jak Niemcy przyjdą, będzie koniec z Polakami!" [Bb, s. 89]

"Po śmierci mojej biednej mamy niekiedy prawie przyjacielskie stosunki między Matzerathem a z czasem awansowanym na referendarza wujem rozluźniły się, jeśli nie za jednym zamachem i nagle, to przecież stopniowo, a im bardziej zaostrzała się sytuacja polityczna, tym były chłodniejsze, mimo najpiękniejszych wspólnych wspomnień. Wraz z rozkładem smukłej duszy i bujnego ciała mamy rozkładała się przyjaźń dwóch mężczyzn, którzy przeglądali się obaj w tej duszy, którzy sycili się obaj tym ciałem, którzy teraz, gdy zabrakło owego pokarmu i owego wypukłego zwierciadła, nie znajdowali nic bardziej niedoskonałego niż swoje politycznie przeciwstawne, palące jednak ten sam tytoń męskie zebrania. Ale Poczta Polska i konferencja zellenleiterów obradujących bez marynarek nie mogą zastąpić pięknej i nawet w wiarołomstwie czułej kobiety. Mimo całej ostrożności – Matzerath musiał liczyć się z klientelą i partią, Jan z kierownictwem Poczty – w krótkim okresie między śmiercią mojej biednej mamy a zgonem Sigismunda Markusa dochodziło jednak do spotkań obu moich domniemanych ojców. Koło północy dwa lub trzy razy w miesiącu słychać było, jak kłykcie Jana stukają w szyby naszej bawialni. Kiedy Matzerath odsuwał firankę i uchylał okno, zakłopotanie z obu stron było ogromne, aż jeden czy drugi znajdował zbawcze słowo, proponował skata o późnej godzinie. Ściągali Greffa ze sklepu warzywnego, a jeśli Greff nie chciał, nie chciał ze względu na

den kurzbeinigen Bäcker, von Matzerath gerufen, aus dem Kleinhammerweg herbeieilen, am Tisch unseres Wohnzimmers Platz nehmen, mit bleichen, wurmstichigen Mehlfingern die Karten mischen und wie Semmeln unters hungrige Volk verteilen. [...]
Sechs Hosenbeine bespannten, verschiedene Fischgrätenmuster zeigend, sechs nackte, oder Unterhosen bevorzugende, mehr oder weniger behaarte Männerbeine, die sich sechsmal unten Mühe gaben, keine noch so zufällige Berührung zu finden, die oben, zu Rümpfen, Köpfen, Armen vereinfacht und erweitert, sich eines Spieles befleißigten, das aus politischen Gründen hätte verboten sein müsen, das aber in jedem Falle eines verlorenen oder gewonnenen Spieles die Entschuldigung, auch den Triumph zuließ: Polen hat einen Grand Hand verloren; die Freie Stadt Danzig gewann soeben für das Großdeutsche Reich bombensicher einen Karo einfach.
Der Tag ließ sich voraussehen, da diese Manöverspiele ihr Ende finden würden – wie ja alle Manöver eines Tages beendet und auf erweiterter Ebene anläßlich eines sogenannten Ernstfalles in nackte Tatsachen verwandelt werden.

6. Gebäude des Verbands der polnischen Bürger in der Freien Stadt Danzig *ca. 1930*

Budynek Związku Polaków w Wolnym Mieście Gdańsku *ok. 1930*

Jana, nie chciał, bo jako były drużynowy skautów – z biegiem czasu rozwiązał swoją grupę – musiał być ostrożny, poza tym w skata grał źle i niezbyt chętnie, to tym trzecim był najczęściej piekarz Aleksander Scheffler. Co prawda i mistrz piekarski niechętnie siadał przy jednym stole z wujem Janem, ale pewne przywiązanie do mojej biednej mamy, które niczym dziedzictwo przeniosło się na Matzeratha, jak również zasada Schefflera, że kupcy detaliści powinni trzymać się razem, nakazywały krótkonogiemu piekarzowi spieszyć się z Kuźniczek na wezwanie Matzeratha, siadać przy stole w naszej bawialni, białymi, stoczonymi przez mąkę palcami tasować karty i rozdawać jak bułeczki między zgłodniały lud.

Sześć nogawek, ukazując różne wzorki w jodełkę, opinało sześć gołych lub odzianych w kalesony, mniej lub bardziej owłosionych męskich nóg; nogi te na dole starały się sześciokrotnie uniknąć choćby przypadkowego zetknięcia, na górze zaś, uproszczone i powiększone w tułowie, głowy, ramiona, oddawały się grze, która ze względów politycznych powinna była być zabroniona, która jednak w każdym wypadku przegranej lub wygranej partii pozwalała na usprawiedliwienie, także na triumf: oto Polska przegrała granda z ręki; oto przed chwilą Wolne Miasto Gdańsk wygrało gładko dla Wielkoniemieckiej Rzeszy zwykłe dzwonki.

Można było sobie wyobrazić dzień, kiedy skończą się te gry manewrowe – jak pewnego dnia kończą się wszystkie manewry i z racji tak zwanego rzeczywistego wybuchu na powiększonej płaszczyźnie zamieniają się na nagie fakty. W początkach lata dziewięćset trzydziestego dziewiątego okazało się, że Matzerath na cotygodniowych konferencjach zellenleiterów znalazł bardziej odpowiednich partnerów do skata niż polski urzędnik pocztowy i były drużynowy skautów. Jan Broński chcąc nie chcąc przypomniał sobie o obozie, który był mu przeznaczony, i przestawał z ludźmi z Poczty, na przykład z kalekim woźnym Kobielą, który od czasów służby w legendarnych Legionach marszałka Piłsudskiego miał jedną nogę o kilka centymetrów krótszą." [Bb, s. 180–182]

Mniejszość polska, która z biegiem lat rozrosła się dzięki napływowi polskich pracowników, podwoiła się i korzystała

Im Frühsommer neununddreißig zeigte es sich, daß Matzerath bei den wöchentlichen Zellenleiterbesprechungen unverfänglichere Skatbrüder als polnische Postbeamte und ehemalige Pfadfinderführer fand. Jan Bronski besann sich notgedrungen seines ihm zugewiesenen Lagers, hielt sich an die Leute der Post, so an den invaliden Hausmeister Kobyella, der seit seiner Dienstzeit in Marszalek Pilsudskis legendärer Legion auf einem um einige Zentimeter zu kurzen Bein stand." [B, 254-256]

Die polnische Bevölkerung der Stadt (die im Laufe der Jahre durch Zuzug weiterer polnischer Arbeitnehmer auf etwa das Doppelte anwuchs) genoß Minderheitenrechte, die zunächst vom Hohen Kommissar der Völkerbundes, in den 30er Jahren dann zunehmend in direkten Verhandlungen zwischen Polen und der Freien Stadt garantiert wurden. Es gab z.B. polnische Kindergärten und Schulen, polnische Gesangvereine sowie Gymnastikgruppen und viele Kulturveranstaltungen.

Dieses relativ stabile Bevölkerungsgefüge veränderte sich nach dem Machtantritt der Nationalsozialisten in der Freien Stadt 1933: Von den Anfang der 30er Jahre noch ca. 11000 Juden wanderten immer mehr aus, besonders nach den beiden Pogromen im Oktober 1937 und November 1938. Im März 1939 wurden die in der Stadt verbliebenen Juden – es waren nur noch ca. 2000 – ausgewiesen.

„Es war einmal ein Kolonialwarenhändler, der schloß an einem Novembertag sein Geschäft, weil in der Stadt etwas los war, nahm seinen Sohn Oskar bei der Hand und fuhr mit der Straßenbahn Linie Fünf bis zum Langgasser Tor, weil dort wie in Zoppot und Langfuhr die Synagoge brannte. Die Synagoge war fast abgebrannt, und die Feuerwehr paßte auf, daß der Brand nicht auf die anderen Häuser übergriff. Vor der Ruine schleppten Uniformierte und Zivilisten Bücher, sakrale Gebrauchsgegenstände und merkwürdige Stoffe zusammen. Der Berg wurde in Brand gesteckt, und der Kolonialwarenhändler benutzte die Gelegenheit und wärmte seine Finger und seine Gefühle über dem öffentlichen Feuer. Sein Sohn Oskar jedoch, der den Vater so beschäftigt und entflammt sah, verdrückte sich unbeobachtet und eilte in Richtung Zeughauspassage davon,

z praw mniejszości, gwarantowanych w latach trzydziestych najpierw przez Wysokiego Komisarza Ligi Narodów, potem wskutek bezpośrednich pertraktacji między Polską a Wolnym Miastem. Istaniały na przykład polskie przedszkola i szkoły, polskie towarzystwa śpiewacze i grupy sportowe. Organizowano także wiele imprez kulturalnych. Ta względnie trwała struktura ludnościowa uległa zmianie po dojściu nazistów do władzy w Wolnym Mieście w 1939 roku. Od początku lat trzydziestych emigrowało z Gdańska coraz więcej Żydów (w sumie około 11 tysięcy osób), szczególnie po dwu pogromach: w październiku 1937 i listopadzie 1938 roku. W marcu 1939 znajdujący się jeszcze w mieście Żydzi (około 2 tysiące) zostali wydaleni.

"Był sobie kiedyś kupiec kolonialny, który pewnego listopadowego dnia zamknął sklep, bo w mieście coś się działo, wziął za rękę swojego syna Oskara i pojechał piątką do Złotej Bramy, bo tam, jak w Sopocie i we Wrzeszczu, płonęła synagoga. Synagoga była prawie wypalona, a straż pożarna uważała, żeby ogień nie przerzucił się na inne domy. Przed ruinami mundurowi i cywile nosili księgi, przedmioty sakralne i osobliwe materie. Stertę podpalono, a kupiec kolonialny skorzystał z okazji, by ogrzewać swoje palce i uczucia nad publicznym ogniskiem. Natomiast jego syn, Oskar, widząc, że ojciec jest tak zajęty i rozpłomieniony, wymknął się niepostrzeżenie i pośpieszył w stronę pasażu Zbrojowni, bo niepokoił się o swoje bębenki z biało–czerwono lakierowanej blachy.

Był sobie kiedyś handlarz zabawek, który nazywał się Sigismund Markus i sprzedawał między innymi także biało–czerwone lakierowane blaszane bębenki. Wspomniany przed chwilą Oskar był głównym odbiorcą tych blaszanych bębenków, bo z zawodu był blaszanym bębnistą i bez blaszanego bębenka nie mógł i nie chciał żyć. Toteż spod płonącej synagogi podążył do pasażu Zbrojowni, bo tam mieszkał stróż jego bębenków; ale znalazł go w takim stanie, jaki od tej pory uniemożliwiał mu, przynajmniej na tym świecie, sprzedawanie blaszanych bębenków.

Oni, ci sami pirotechnicy, od których ja, Oskar, jak mi się zdawało, uciekłem, odwiedzili już Markusa przede mną, zanurzyli pędzel w farbie i pismem sütterlinowskim napisali mu w poprzek wystawy: »Żydowska świnia«, potem, może nieza-

weil er um seine Trommeln aus weißrot gelacktem Blech besorgt war.
Es war einmal ein Spielzeughändler, der hieß Sigismund Markus und verkaufte unter anderem auch weißrot gelackte Blechtrommeln. Oskar, von dem soeben die Rede war, war der Hauptabnehmer dieser Blechtrommeln, weil er von Beruf Blechtrommler war und ohne Blechtrommel nicht leben konnte und wollte. Deshalb eilte er auch von der brennenden Synagoge fort zur Zeughauspassage, denn dort wohnte der Hüter seiner Trommeln; aber er fand ihn in einem Zustand vor, der ihm das Verkaufen von Blechtrommeln fortan oder auf dieser Welt unmöglich machte.
Sie, dieselben Feuerwerker, denen ich, Oskar, davongelaufen zu sein glaubte, hatten schon vor mir den Markus besucht, hatten Pinsel in Farbe getaucht und ihm quer übers Schaufenster in Sütterlinschrift das Wort Judensau geschrieben, hatten dann, vielleicht aus Mißvergnügen an der eigenen Handschrift, mit ihren Stiefelabsätzen die Schaufensterscheibe zertreten, so daß sich der Titel, den sie dem Markus angehängt hatten, nur noch erraten ließ. Die Tür verachtend, hatten sie durch das aufgebrochene Fenster in den Laden gefunden und spielten nun dort auf ihre eindeutige Art mit dem Kinderspielzeug.
Ich fand sie noch beim Spiel, als ich gleichfalls durch das Schaufenster in den Laden trat. Einige hatten sich die Hosen heruntergerissen, hatten braune Würste, in denen noch halbverdaute Erbsen zu erkennen waren, auf Segelschiffe, geigende Affen und meine Trommeln gedrückt. Sie sahen alle aus wie der Musiker Meyn, trugen Meyns SA-Uniform, aber Meyn war nicht dabei; wie ja auch diese, die hier dabei waren, woanders nicht dabei waren. Einer hatte seinen Dolch gezogen. Puppen schlitzte er auf und schien jedesmal enttäuscht zu sein, wenn nur Sägespäne aus den prallen Rümpfen und Gliedern quollen.
Ich sorgte mich um meine Trommeln. Meine Trommeln gefielen denen nicht. Mein Blech hielt ihren Zorn nicht aus, mußte still halten und ins Knie brechen. Markus aber war ihrem Zorn ausgewichen. Als sie ihn in seinem Büro sprechen wollten, klopften sie nicht etwa an, brachen die Tür auf, obgleich die nicht verschlossen war.
Hinter seinem Schreibtisch saß der Spielzeughändler. Ärmelschoner trug er wie gewöhnlich über seinem dunkelgrauen

dowoleni ze swego charakteru pisma, stłukli obcasami szybę wystawy, tak że tytułu, jaki mu przyznali, można się było tylko domyślić. Gardząc drzwiami weszli przez wybitą szybę do sklepu i teraz na swój jednoznaczny sposób bawili się tam dziecięcymi zabawkami.
Znalazłem ich jeszcze przy zabawie, gdy i ja wszedłem przez wystawę do sklepu. Kilka spuściło spodnie, wycisnęło brunatne kiełbasy, w których widać jeszcze było na pół strawiony groch, na żaglowce, małpki grające na skrzypcach i moje bębenki. Wyglądali wszyscy jak muzyk Meyn, mieli jak on mundury SA, ale Meyna tam nie było; jak i tych, którzy tam byli, nie było gdzie indziej. Jeden wyciągnął sztylet. Rozpruwał lalki i za każdym razem był jakby rozczarowany, gdy z wypchanych tułowi i członków sypały się jedynie trociny.
Martwiłem się o moje bębenki. Moje bębenki im się nie podobały. Moja blacha nie przetrzymała ich gniewu, musiała milczeć i ulec. Markus natomiast umknął przed ich gniewem. Gdy chcieli porozmawiać z nim w jego biurze, nie zapukali, tylko wyłamali drzwi, chociaż nie były zamknięte na klucz.
Handlarz zabawek siedział za biurkiem. Miał, jak zwykle, zarękawki na swoim ciemnoszarym codziennym ubraniu. Drobiny łupieżu na ramionach zdradzały, że cierpiał na chorobę włosów. Jeden, co powsadzał sobie kukiełki na palce, szturchnął go twardo kukiełkową babcią, ale z Markusem nie można już było rozmawiać, nie można już było go obrazić. Przed nim na blacie biurka stała szklanka, którą pragnienie kazało mu widocznie opróżnić akurat w owej chwili, gdy od rozpryskującego się krzyku szyby wystawowej zaschło mu w gardle."
[Bb, s.170–172]

I nie dość tego: po zajęciu Wolnego Miasta przez Niemcy, na początku drugiej wojny światowej, zaczęła się systematyczna zagłada polskiej inteligencji oraz polskiego duchowieństwa. Wielu, tak jak obrońcy Poczty Polskiej, zostało rozstrzelanych jeszcze jesienią. Pozostałych przetransportowano do obozu koncentracyjnego Stutthof, gdzie tylko nielicznym udało się ocaleć. Kaszubi zostali „wcieleni" do Rzeszy, pozostałych polskich obywateli Gdańska wydalono do Generalnego Gubernatorstwa, względnie skierowano na przymusowe roboty. Tak owocne dla

Alltagstuch. Kopfschuppen auf den Schultern verrieten seine Haarkrankheit. Einer, der Kasperlepuppen an den Fingern hatte, stieß ihn mit Kasperles Großmutter hölzern an, aber Markus war nicht mehr zu sprechen, nicht mehr zu kränken. Vor ihm auf der Schreibtischplatte stand ein Wasserglas, das auszuleeren ihm ein Durst gerade in jenem Augenblick geboten haben mußte, als die splitternd aufschreiende Schaufensterscheibe seines Ladens seinen Gaumen trocken werden ließ." [B, 241-243]

Und damit nicht genug: Nachdem die Deutschen am Beginn des 2. Weltkriegs die Freie Stadt besetzt hatten, begann die systematische Vernichtung der polnischen Intelligenz und Geistlichkeit: Viele wurden, wie die Verteidiger der Polnischen Post, noch im Herbst niedergeschossen, die übrigen wurden in das sofort nach der Einnahme Danzigs neu errichtete KZ Stutthof (gelegen auf dem Gebiet der ehemaligen Freien Stadt) verbracht und kamen dann dort ums Leben. Die Kaschuben wurden „eingedeutscht", die übrigen polnischen Bürger/innen Danzigs ins „Generalgouvernement Polen" ausgewiesen bzw. als Zwangsarbeiter verpflichtet. Das für die Stadt so fruchtbare Miteinander verschiedener Sprachen und Nationalitäten war endgültig zerstört. Heute erinnert – neben der Gedenkstätte Stutthof – in Gdańsk besonders der Friedhof in Zaspa an den Massenmord an der polnischen Bevölkerung Danzigs.

„Oskar sah seine Großeltern aus anderen Gründen wieder. Man hatte die beiden alten Leutchen eingedeutscht. Sie waren keine Polen mehr und träumten nur noch kaschubisch. Volksdeutsche nannte man sie, Volksgruppe drei. Dazu kam, daß Hedwig Bronski, Jans Witwe, einen Baltendeutschen, der in Ramkau Ortsbauernführer war, geheiratet hatte. [...]
So fand also Hedwig Bronski als Hedwig Ehlers wieder in unsere Wohnung und brachte zur Taufe meines Sohnes Kurt außer ihrem Ortsbauernführer ihren ehemaligen Schwiegervater Vinzent Bronski und dessen Schwester Anna mit. Matzerath schien Bescheid zu wissen, begrüßte die beiden alten Leutchen laut und herzlich auf der Straße unter den Fenstern der Nachbarn und sagte im Wohnzimmer, als meine Großmutter unter die vier Röcke griff und das Taufgeschenk, eine ausgereifte Gans, hervorholte: »*Das wär nun aber nicht*

miasta obcowanie ze sobą różnych języków i narodowości zostało definitywnie zburzone. Dziś o masowym morderstwie dokonanym na polskiej ludności Gdańska przypomina – obok miejsca pamięci narodowej Stutthof – szczególnie cmentarz na Zaspie.

"Oskar zobaczył swoich dziadków z innych powodów. Oboje staruszków zniemczono. Nie byli już Polakami i tylko śnili po kaszubsku. Nazwano ich volksdeutschami trzeciej grupy. W dodatku Jadwiga Brońska, wdowa po Janie, wyszła za mąż za bałtyckiego Niemca, który był w Rębiechowie ortsbauernführerem.
W ten sposób Jadwiga Brońska jako Jadwiga Ehlers ponownie zjawiła się w naszym mieszkaniu i na chrzciny mego syna Kurta prócz swojego ortsbauernführera przywiozła swego dawnego teścia, Wincentego Brońskiego i jego siostrę Annę. Matzerath był chyba uprzedzony, głośno i serdecznie powitał oboje staruszków na ulicy pod oknami sąsiadów, a w bawialni, gdy babka sięgnęła pod cztery spódnice i wyciągnęła prezent chrzestny, dorodną gęś, powiedział:
– Po co było robić sobie tyle kłopotu, mamusiu? Rad ci będę i wtedy, kiedy nic nie przyniesiesz, a mimo to przyjedziesz.
To z kolei nie dogadzało mojej babce, która chciała usłyszeć, co warta jest jej gęś. Chlasnęła tłustego ptaka dłonią na płask i zaprotestowała:
– A nie gadajże tak, Alfredku. Przecież to nie kaszubska gęś, ale niemiecka, a smakuje tak samo jak przed wojną!" [Bb, s. 258–259]

"A gdzie Ty byłaś latem?
Hen, w Brzeźnie, z pięcioklasistami. Kto Cię szukał, znajdował Cię na wraku polskiego trałowca, który leżał na dnie niedaleko wejścia do portu. Piątoklasiści nurkowali i wydobywali z wraku różne rzeczy. Ja kiepsko pływałem i pod wodą nigdy nie miałem odwagi otworzyć oczu. Dlatego szukałem Cię gdzie indziej, nie na łajbie. Poza tym miałem Jenny; a ty chciałaś wciąż jednego i tego samego: dziecka. Zrobili Ci je na wraku?" [Pl, s. 260]

"Nic po Tobie nie było znać. A chłopaki z Indiańskiej Wioski? Nie zostawili w Tobie żadnych śladów. Dwaj Ukraińcy z naszej stolarni, z tymi wiecznie wystraszonymi kartoflanymi twarza-

nötich jewesen, Muttchen. Ich freu mich auch, wenn de nix bringst und trotzdem kommst.« Das war wieder meiner Großmutter nicht recht, die wissen wollte, was ihre Gans wert war. Auf den fetten Vogel klatschte sie mit flacher Hand und protestierte; »Nu hab dä man nich so, Alfrädchen. Das is ja keine kaschubsche Gans nicht, das is nu ne Volksdeitsche und schmeckt dech jenau so wie vorm Kriech!«" [B, 368/369]

"Und wo warst Du im Sommer?
Weg, in Brösen, mit Tertianern. Wer Dich suchte, fand Dich auf dem Wrack eines polnischen Minensuchbootes, das nahe der Hafeneinfahrt auf Grund lag. Die Tertianer tauchten in dem Wrack und holten Zeug hoch. Ich schwamm schlecht und wagte unter Wasser nie, die Augen zu öffnen. Deshalb suchte ich Dich woanders und nie auf dem Kahn. Außerdem hatte ich Jenny; und Du wolltest immer nur einunddasselbe: ein Kind. Machten sie Dir eines auf dem Wrack?
Nichts war Dir anzusehen. Oder die Jungs im Indianerdorf? Sie hinterließen bei Dir keine Spuren. Die beiden Ukrainer in unserer Tischlerei, mit ihren immer verängstigten Kartoffelgesichtern? Keiner von beiden nahm Dich in den Schuppen, und dennoch stellte Dein Vater mit ihnen Verhöre an. Und den einen, Kleba gerufen, weil er immer nach Brot bettelte, schlug August Pokriefke zwischen Gleichrichter und Fräse mit einer Wasserwaage zusammen. Da warf mein Vater Deinen Vater aus dem Betrieb. Dein Vater drohte mit einer Anzeige: aber mein Vater, der bei der Handelskammer und auch bei der Partei einiges Ansehen hatte, machte die Anzeige. Man veranstaltete eine Art Ehrengericht. August Pokriefke und der Tischlermeister Liebenau hatten sich zu vergleichen; die Ukrainer wurden gegen zwei andere eingetauscht – es hatte ja genug – und die beiden ersten Ukrainer, so hieß es, brachte man nach Stutthof.

Deinetwegen: Stutthof!
Dieses Wörtchen bekam mehr und mehr Bedeutung. »Du hast wohl Sehnsucht nach Stutthof?« – »Wenn Du nicht die Klappe hältst, wirst Du noch nach Stutthof kommen.« Ein dunkles Wort lebte in Mietshäusern, stieg treppauf treppab, saß in Wohnküchen bei Tisch, sollte ein Witz sein, und manche lachten auch: »Die machen jetzt Seife in Stutthof, man möcht sich schon nich mehr waschen.«

mi? Żaden z nich nie wziął Cię do szopy, a mimo to Twój ojciec brał ich na spytki. I jednego, którego nazywano Kleba, bo ciągle żebrał o chleb, August Pokriefke między szlifierką a frezarką obił poziomnicą. Wtedy mój ojciec wyrzucił Twojego ojca ze stolarni. Twój ojciec groził złożeniem skargi; ale to mój ojciec, który cieszył się niejakim poważaniem w izbie handlowej, a także w partii, złożył skargę. Odbyło się coś w rodzaju sądu honorowego. August Pokriefke i majster stolarski Liebenau mieli się pogodzić; Ukraińców wymieniono na dwóch innych – było ich przecież pod dostatkiem – a tych pierwszych, jak mówiono, wywieziono do Stutthofu.
Niech ci będzie: Stutthof!
To słówko nabierało coraz większego znaczenia. »Tęskno ci do Stutthofu?« – »Jak nie zamkniesz gęby na kłódkę, to jak nic trafisz do Stutthofu.« Mroczne słowo żyło w czynszowych kamienicach, wdrapywało się na górę, schodziło w dół, siadywało w kuchniach mieszkalnych przy stole, miało być dowcipem i niektórych faktycznie pobudzało do śmiechu: »Mydło teraz robią w Stutthofie, człowiekowi odechciewa się myć«.
My oboje nie byliśmy nigdy w Stutthofie.
Tulla nie znała nawet Mikoszewa; ja z obozem namiotowym Jungvolku dotarłem do Stegny; ale pan Brauxel, który wypłaca mi zaliczki i moje listy do Tulli nazywa ważnymi, dobrze zna krainę między Wisłą a Zalewem Wiślanym. Za jego czasów Stutthof był bogatą wsią, większą od Świbna i Mikoszewa, mniejszą od miasta powiatowego Nowy Staw. Dwa tysiące sześćset dziewięćdziesięciu ośmiu mieszkańców miał Stutthof. Zarabiali oni pieniądze, gdy wkrótce po rozpoczęciu wojny w pobliżu wsi wybudowano obóz koncentracyjny, stale później powiększany. W obozie położono nawet tory kolejowe. Te tory łączyły z linią kolejki żuławskiej dochodzącej do Dolnego Miasta w Gdańsku. Wszyscy o tym wiedzieli, a kto zapomniał, niech sobie przypomni: Stutthof, powiat Gdańskie Niziny, okręg Gdańsk Prusy Zachodnie, właściwy sąd okręgowy: Gdańsk, znany z pięknego kościoła z muru pruskiego, lubiany jako spokojne kąpielisko prastary obszar niemieckiego osadnictwa – w czternastym wieku Zakon Krzyżacki osuszył Niziny; w szesnastym wieku przybyli z Holandii skrzętni menonici; w siedemnastym wieku Szwedzi kilkakrotnie pląd-

Wir beide waren nie in Stutthof.
Tulla kannte nicht einmal Nickelswalde; mich brachte ein Jungvolk-Zeltlager nach Steegen; aber Herr Brauxel, der mir die Vorschüsse zahlt und meine Briefe an Tulla wichtig nennt, kennt die Gegend zwischen der Weichsel und dem Frischen Haff. Zu seiner Zeit war Stutthof ein reiches Dorf, größer als Schiewenhorst und Nickelswalde und kleiner als die Kreisstadt Neuteich. Zweitausendsechshundertachtundneunzig Einwohner hatte Stutthof. Die verdienten Geld, als bald nach Kriegsbeginn nahe dem Dorf ein Konzentrationslager gebaut wurde und immer wieder vergrößert werden mußte. Sogar Eisenbahngleise wurden in dem Lager verlegt. Diese Gleise hatten Anschluß zur Strecke der Werderkleinbahn nach Danzig-Niederstadt. Das wußten alle, und wer es vergessen hat, mag sich erinnern: Stutthof, Kreis Danziger Niederung, Reichsgau Danzig-Westpreußen, zuständiges Amtsgericht Danzig, bekannt durch seine schöne Fachwerkkirche, beliebt als ruhiger Badeort, uraltes deutsches Siedlungsgebiet – im vierzehnten Jahrhundert legte der Deutsche Ritterorden die Niederung trocken; im sechzehnten Jahrhundert kamen fleißige Mennoniten aus Holland; im siebzehnten Jahrhundert plünderten die Schweden mehrmals das Werder; achtzehnhundertdreizehn lief quer durch die Niederung Napoleons Rückzugstraße; und zwischen neunzehnhundertneunundreißig und neunzehnhundertfünfundvierzig starben im Konzentrationslager Stutthof, Kreis Danziger Niederung, Menschen, ich weiß nicht, wie viele." [H, 469-470]

Ende 1944 wohnten laut deutscher Statistik in der Stadt noch 260.000 Menschen. Mit dem Näherrücken der russischen Armee begann 1945 die Flucht vieler Deutscher. Bei der Kapitulation sollen noch ca. 200.000 Menschen in Danzig gelebt haben, darunter nur wenige Tausend Polen, vermutlich hauptsächlich Zwangsarbeiter (auch diese Zahlen sind zwischen polnischen und deutschen Historikern umstritten). Im Laufe des Jahres 1945 verließen fast alle deutschen Bürger/innen Danzigs die Stadt – und mußten sie entsprechend der Vereinbarungen des Potsdamer Abkommens verlassen. Dann kamen aus allen Teilen Polens, besonders aber aus den der Sowjetunion zugeschlagenen polnischen Gebieten um Wilna und Lemberg/Lwów, neue Bewoh-

rowali Żuławy; w tysiąc osiemset trzynastym przez Niziny wiódł szlak napoleońskiego odwrotu; a między tysiąc dziewięćset trzydziestym dziewiątym a tysiąc dziewięćset czterdziestym piątym w obozie koncentracyjnym Stutthof, powiat Gdańskie Niziny, umierali ludzie, nie wiem, ilu." [Pl, s. 260/261]

Pod koniec 1944 roku mieszkało w samym mieście według niemieckich statystyk 236 tysięcy osób. Wraz z nadciąganiem Armii Czerwonej w 1945 roku zaczęła się ucieczka wielu Niemców. W momencie kapitulacji miało mieszkać w Gdańsku około 200 tysięcy osób. Wśród nich tylko kilka tysięcy Polaków, przypuszczalnie głównie przymusowych robotników. Także i te liczby pozostają kwestią sporną w polsko-niemieckich badaniach historycznych. W roku 1945 opuścili miasto prawie wszyscy obywatele niemieccy – i musieli je opuścić zgodnie z postanowieniami układu w Poczdamie. Potem, z wszystkich części Polski, szczególnie zaś z polskich terenów dołączonych do ZSRR wokół Wilna i Lwowa, przybywała ludność do Gdańska. W lutym 1946 żyło już w Gdańsku 93 500 Polaków i tylko 34 tysiące Niemców; w 1950 było już 194 600 mieszkańców, a w 1956 liczba ludności była wyższa niż przed wybuchem wojny.

"Oskar jednak da temu spokój i powie po prostu: potem, jak się dowiedzieliśmy, przyszedł marszałek Rokossowski. Ten na widok nietkniętego miasta przypomniał sobie o swoich wielkich międzynarodowych poprzednikach i z miejsca podpalił wszystko bombardowaniem artyleryjskim, żeby ci, co przyszli po nim, mogli wyszaleć się w odbudowie.
Dziwnym sposobem tym razem po Rosjanach nie przyszli Prusacy, Szwedzi, Sasowie czy Francuzi; przyszli Polacy.
Z całym dobytkiem przyszli Polacy z Wilna, Białegostoku i Lwowa i szukali sobie mieszkań. Do nas przyszedł pan, który nazywał się Fajngold, był samotny, ale stale zachowywał się tak, jakby otaczała go liczna rodzina, której musiał wydawać polecenia. Pan Fajngold od razu objął sklep kolonialny." [Bb, s. 351]
"Wróciwszy z cmentarza na Zaspie, zastaliśmy w mieszkaniu matki Truczinskiej nowych lokatorów. Ośmioosobowa rodzina polska zaludniła kuchnię i oba pokoje. Ludzie byli mili, chcieli nas przyjąć, póki nie znajdziemy czegoś innego, ale pan Fajngold sprzeciwił się takiemu zagęszczeniu, chciał nam oddać

ner/innen nach – nun – Gdańsk. Im Februar 1946 schon lebten 93.500 Polen und nur mehr 34.000 Deutsche in Gdańsk; 1950 waren es 194.600 Einwohner/innen, 1956 war die Bevölkerung größer als vor dem Krieg.

> *"Das jedoch unterläßt Oskar und sagt schlicht: dann kam, wie wir erfahren haben, der Marschall Rokossowski. Der erinnerte sich beim Anblick der heilen Stadt an seine großen internationalen Vorgänger, schoß erst einmal alles in Brand, damit sich jene, die nach ihm kamen, im Wiederaufbau austoben konnten.*
> *Merkwürdigerweise kamen diesmal nach den Russen keine Preußen, Schweden, Sachsen oder Franzosen; es kamen die Polen.*
> *Mit Sack und Pack kamen die Polen aus Wilna, Bialystok und Lemberg und suchten sich Wohnungen. Zu uns kam ein Herr, der sich Fajngold nannte, alleinstehend war, doch immer so tat, als umgäbe ihn eine vielköpfige Familie, welcher er Anweisungen zu geben hätte. Herr Fajngold übernahm sofort das Kolonialwarengeschäft, [...]"* [B, 490]

> *"Vom Friedhof Saspe zurückkommend, fanden wir neue Mieter in Mutter Truczinskis Wohnung vor. Eine polnische achtköpfige Familie bevölkerte die Küche und beide Zimmer. Die Leute waren nett, wollten uns, bis wir etwas anderes gefunden hatten, aufnehmen, doch der Herr Fajngold war gegen dieses Massenquartier, wollte uns wieder das Schlafzimmer überlassen und sich vorläufig mit dem Wohnzimmer behelfen. Das jedoch wollte hinwiederum Maria nicht. Sie fand, ihrer frischen Witwenschaft komme es nicht zu, mit einem alleinstehenden Herrn so vertraulich beisammen zu wohnen. Fajngold, dem es zeitweilig nicht bewußt war, daß es keine Frau Luba und keine Familie um ihn herum gab, der oft genug die energische Gattin im Rücken spürte, hatte Gelegenheit, Marias Gründe einzusehen. Der Schicklichkeit und der Frau Luba wegen ging es nicht, aber den Keller wollte er uns einräumen. Er half sogar bei der Einrichtung des Lagerraumes mit, duldete jedoch nicht, daß auch ich in den Keller zog. Weil ich krank war, erbärmlich krank war, wurde mir ein Notlager im Wohnzimmer neben dem Klavier meiner armen Mama errichtet."* [B, 505]

z powrotem sypialnię i samemu zadowolić się bawialnią. Na to jednak nie chciała się zgodzić Maria. Uważała, że jej świeżemu wdowieństwu nie wypada mieszkać pod jednym dachem z samotnym panem. Fajngold, który chwilami nie zdawał sobie sprawy, że nie było przy nim żadnej pani Luby i żadnej rodziny, który dość często czuł za plecami obecność energicznej małżonki, zrozumiał powody Marii. Ze względu na przyzwoistość i panią Lubę nie uchodziło mieszkać razem, więc odstąpił nam piwnicę. Pomógł nam nawet urządzić się tam, nie pozwolił jednak, żebym i ja przeniósł się do piwnicy. Ponieważ byłem chory, strasznie chory, położyli mnie na prowizorycznym łóżku w bawialni koło fortepianu mojej biednej mamy." [Bb, s. 362]

"W początku czerwca pierwsze transporty odjechały na zachód. Maria nic nie mówiła, ale zauważyłem, że i ona żegna się z meblami, ze sklepem, z kamienicą, z grobami po obu stronach Alei Hindenburga i z pagórkami na cmentarzu na Zaspie." [Bb, s. 367]

"Oskara i bagaż – wolno nam było zabrać pięćdziesiąt funtów na osobę – załadowano na dwukołową przyczepę, która chodziła na gumach. Pan Fajngold pchał rower. Maria prowadziła Kurtusia za rękę i na rogu ulicy Elzy, gdy skręcaliśmy w lewo, jeszcze raz się odwróciła. Ja nie mogłem już odwrócić się w stronę Labesa, bo odwracanie się sprawiało mi ból. Głowa Oskara pozostała więc spokojnie między ramionami. Tylko oczyma, które zachowały swoją ruchliwość, pozdrawiałem ulicę Marii, potok Strzyżę, park na Kuźniczkach, podziemne przejście do Dworcowej, w którym po staremu kapało obrzydliwie, mój nie zniszczony kościół Serca Jezusowego i dworzec podmiejski we Wrzeszczu, który nosił teraz tę niemożliwą do wymówienia nazwę.
Musieliśmy czekać. Gdy potem podstawiono pociąg, był to pociąg towarowy. Tłum ludzi, mnóstwo dzieci. Bagaż kontrolowano i ważono. Żołnierze wrzucali do każdego wagonu wiązkę słomy. Nie było orkiestry. Ale deszcz też nie padał. Było zachmurzenie niewielkie lub umiarkowane i wiał wschodni wiatr." [Bb, s. 368/369]

„Anfang Juni fuhren die ersten Transporte in Richtung Westen. Maria sagte nichts, aber ich merkte, daß auch sie von den Möbeln, vom Laden, von dem Mietshaus, von den Gräbern beiderseits der Hindenburgallee und von dem Hügel auf dem Friedhof Saspe Abschied nahm. [...]
Oskar und das Gepäck – wir durften pro Person fünfzig Pfund mitnehmen – wurden in dem zweirädrigen Anhänger, der auf Gummireifen lief, verladen. Herr Fajngold schob das Rad. Maria hielt Kurtchens Hand und drehte sich Ecke Elsenstraße, als wir links einbogen, noch einmal um. Ich konnte mich nicht mehr in Richtung Labesweg drehen, da mir das Drehen Schmerzen bereitete. So blieb Oskars Kopf ruhig zwischen den Schultern. Nur mit den Augen, die sich ihre Beweglichkeit bewahrt hatten, grüßte ich die Marienstraße, den Strießbach, den Kleinhammerpark, die immer noch ekelhaft tropfende Unterführung zur Bahnhofstraße, meine unzerstörte Herz-Jesu-Kirche und den Bahnhof des Vorortes Langfuhr, den man jetzt Wrzeszcz nannte, was sich kaum aussprechen ließ. Wir mußten warten. Als dann der Zug einrollte, war es ein Güterzug. Menschen gab es, viel zu viel Kinder. Das Gepäck wurde kontrolliert und gewogen. Soldaten warfen in jeden Güterwagen einen Strohballen. Keine Musik spielte. Es regnete aber auch nicht. Heiter bis wolkig war es, und der Ostwind wehte." [B, 513-515]

„Herr Matzerath fuhr am zwölften Juni fünfundvierzig, etwa um elf Uhr vormittags von Danzig, das zu jenem Zeitpunkt schon Gdańsk hieß, ab. Ihn begleiteten die Witwe Maria Matzerath, die mein Patient als seine ehemalige Geliebte bezeichnet, Kurt Matzerath, meines Patienten angeblicher Sohn. Außerdem sollen sich in dem Güterwagen noch zweiunddreißig andere Personen befunden haben, darunter vier Franziskanerinnen in Ordenstracht und ein junges Mädchen mit Kopftuch, in welchem Herr Oskar Matzerath ein gewisses Fräulein Luzie Rennwand erkannt haben will. Nach mehreren Anfragen meinerseits gibt mein Patient aber zu, daß jenes Mädchen Regina Raeck hieß, spricht aber weiterhin von einem namenlos dreieckigen Fuchsgesicht, das er dann doch immer wieder beim Namen nennt, Luzie ruft; was mich nicht hindert,

"Pan Matzerath wyjechał z Gdańska, który w tym momencie nosił już polską nazwę, dwunastego czerwca dziewięćset czterdziestego piątego, mniej więcej o jedenastej przed południem. Towarzyszyła mu wdowa Maria Matzerath, którą mój pacjent nazywa swoją dawną ukochaną, i Kurt Matzerath, rzekomy syn mojego pacjenta. Poza tym w wagonie towarowym miały się znajdować jeszcze trzydzieści dwie inne osoby, między nimi cztery franciszkanki w habitach i młoda dziewczyna w chustce na głowie, w której pan Oskar Matzerath rozpoznał jakoby niejaką pannę Luzie Rennwand. Po kilku zapytaniach z mojej strony mój pacjent przyznał jednak, że owa dziewczyna nazywała się Regina Raeck, ale nadal mówi o bezimiennej trójkątnej lisiej twarzy, którą potem znów raz po raz nazywa po imieniu, wołając na nią Luzie; co mi nie przeszkadza wpisać tutaj ową dziewczynę jako pannę Reginę. Regina Raeck podróżowała z rodzicami, dziadkami i chorym wujem, który prócz swojej rodziny wiózł na zachód raka żołądka, dużo mówił i zaraz po odjeździe podał się za starego socjaldemokratę.
O ile mój pacjent pamięta, jazda do Gdyni, która przez cztery i pół roku nazywała się Gotenhafen, przebiegła spokojnie. Dwie kobiety z Oliwy, kilkoro dzieci i jeden starszy pan z Wrzeszcza płakali do samego Sopotu, podczas gdy zakonnice zajęły się modlitwą.
W Gdyni pociąg miał pięć godzin postoju. Do wagonu wprowadzono jeszcze dwie kobiety z sześciorgiem dzieci. Zapomniałem napisać, że wszyscy ludzie siedzieli albo leżeli na słomie. Gdy późnym popołudniem pociąg ruszył, parę kobiet zawołało:
– Jedziemy z powrotem do Gdańska. – Ale to była pomyłka. Pociąg został tylko przetoczony na inny tor i pojechał potem na zachód w kierunku Słupska. Podróż do Słupska trwała podobno cztery dni, bo pociąg raz po raz przystawał w szczerym polu zatrzymywany przez dawnych partyzantów i zgraje polskich wyrostków." [Bb, s. 371]

Do dziś miasto wciąż się rozrasta, razem z powstałą w latach dwudziestych Gdynią, która już w pierwszym dziesięcioleciu swego istnienia liczyła około 100 tysięcy mieszkańców! Obecnie w Trójmieście żyje około 900 tysięcy osób, prawie wyłącznie

> *jenes Mädchen hier als Fräulein Regina einzutragen. Regina Raeck reiste mit ihren Eltern, den Großeltern und einem kranken Onkel, der außer seiner Familie einen üblen Magenkrebs mit sich gen Westen führte, viel sprach und sich sofort nach der Abfahrt als ehemaliger Sozialdemokrat ausgab. Soweit sich mein Patient erinnern kann, verlief die Fahrt bis Gdynia, das viereinhalb Jahre lang Gotenhafen hieß, ruhig. Zwei Frauen aus Oliva, mehrere Kinder und ein älterer Herr aus Langfuhr sollen bis kurz hinter Zoppot geweint haben, während sich die Nonnen aufs Beten verlegten. In Gdynia hatte der Zug fünf Stunden Aufenthalt. Zwei Frauen mit sechs Kindern wurden noch in den Waggon eingewiesen. [...]*
> *Ich habe vergessen, zu schreiben, daß alle Leute auf Stroh saßen oder lagen. Als der Zug am späten Nchmittag abfuhr, riefen einige Frauen: »Wir fahren wieder zurück nach Danzig.« Aber das war ein Irrtum. Der Zug wurde nur rangiert und fuhr dann westwärts in Richtung Stolp. Die Reise bis Stolp soll vier Tage gedauert haben, weil der Zug auf freier Strecke ständig von ehemaligen Partisanen und polnischen Jugendbanden aufgehalten wurde."* [B, 518/519]

Bis heute ist die Stadt stetig weitergewachsen, zusammen mit der in den 20er Jahren entstandenen Hafenstadt Gdynia im Norden von Sopot (die schon nach den ersten zehn Jahren ihres Bestehens ca. 100.000 Einwohner/innen hatte) leben in der Dreistadt (Trójmiasto) heute ca. 900.000 Menschen, fast ausschließlich polnischer Nationalität. Diese Bevölkerungsexpansion hat die Veränderung weiter Teile des Stadtgebietes nach sich gezogen – überall entstanden in den 60er und 70er Jahren Hochhaussiedlungen, nicht nur auf den umliegenden Hügeln, sondern auch auf dem ehemaligen Flughafengelände in Saspe/Zaspa oder nordöstlich davon in Przymorze, das sich rühmen kann, mit über 1 km das längste Hochhaus Europas zu besitzen. Diese z.T. erschreckend eintönigen und riesigen Neubauten reichen aber bis heute nicht aus, um die Wohnungsnot der Dreistadt aufzufangen.

Langfuhr/Wrzeszcz, der Stadtteil, in dem Grass geboren wurde und die Hauptteile der *Danziger Trilogie* spielen, war schon sehr früh besiedelt: Im 13. Jahrhundert war es Eigentum des Zisterzienserordens, dann wurde es von den Kreuzrittern be-

polskiej narodowści. Ta ekspansja ludności pociągnęła za sobą zmianę dalszych części obszaru miasta – w latach sześćdziesiątych i siedemdziesiątych powstały osiedla mieszkaniowe (wysokie budownictwo), nie tylko na leżących wokół wzgórzach, lecz także na byłym pasie startowym na Zaspie, czy na Przymorzu, które może poszczycić się najdłuższym budynkiem mieszkalnym na świecie. Jest to falowiec (o długości ponad 1 km). Te właściwie przerażająco monotonne i olbrzymie nowe budowle nie rozwiązują jednak problemu mieszkaniowego w Trójmieście.

Wrzeszcz – dzielnica, w której urodził się Grass, i gdzie rozgrywają się główne wątki trylogii gdańskiej zasiedlony był bardzo wcześnie. W XIII wieku był własnością zakonu cystersów. Potem został zarekwirowany przez Krzyżaków, następnie znalazł się w posiadaniu świeckich obywateli miasta. W XVII i XVIII wieku stał się letnią siedzibą patrycjuszy. Ta piękna okolica przyciągała najznakomitsze rodziny Gdańska – Speymanów, Uphagenów, Steffenów, Wejherów ... W 1807 roku przyłączony do gminy miasta Gdańsk i około połowy XIX wieku rozwinął się w dzielnicę wielkomiejską.

Na przełomie wieków centrum Wrzeszcza zostało przebudowane. Powstały liczne szkoły i instytucje, m.in. Conradinum, Politechnika i klinika dla kobiet. W okresie międzywojennym stał się największą dzielnicą Gdańska. W czasie wojny prawie nie zniszczony pozostał piękną częścią miasta. Do dziś odczuwa się tu jeszcze w dużej mierze atmosferę starego, ciasnego, drobnomieszczańskiego przedmieścia. I choć nie odnawiany, bo zawsze było coś pilniejszego, Wrzeszcz zachował swój nieco zszarzały urok.

Brzeźno, proletariackie kąpielisko na wschód od Sopotu, służyło wrzeszczanom, jak na przykład rodzinie Matzeratha czy Mahlkego i jego przyjaciołom, w wolne dni i latem jako cel wycieczek. Dziś można tu wprawdzie wciąż jeszcze spotkać stare domki rybackie i wyboiste brukowane uliczki, jednak, bezpośrednio obok, wzniesiono wiele nowych bloków: specyficzne zbiorowisko "pozostałych" starych czasów i budownictwa płytowego.

To, co Grass napisał w gdańskiej trylogii – o Gdańsku swojego dzieciństwa przed i w czasie drugiej wojny światowej – trafnie określił Hans Magnus Enzensberger: "to saga upadłego Wolnego Miasta Gdańska, poetycka próba ocalenia przed zapo-

schlagnahmt und ging später in den Besitz der weltlichen Bürger der Stadt über. So wurde Langfuhr/Wrzeszcz im 17. und 18. Jahrhundert Sommersitz der Patrizier – diese schöne Gegend zog die wichtigsten Familien Danzigs an: Speymans, Uphagens, Steffens, Wejhers... 1807 wurde Langfuhr von Napoleon in die Stadt Danzig eingemeindet und entwickelte sich um die Mitte des 19. Jahrhunderts zu einem Großstadtviertel. Um die Jahrhundertwende wurde das Zentrum von Langfuhr umgebaut; es entstanden zahlreiche Schulen und Institutionen, u.a. das Conradinum, die Technische Hochschule und die Frauenklinik, so daß Langfuhr in der Zwischenkriegszeit zum größten Vorort von Danzig wurde.

Dieses schöne Viertel Danzigs ist von der baulichen Expansion der Stadt Gdańsk in den vergangenen Jahrzehnten fast völlig unberührt geblieben: Im Krieg nicht zerstört, hat sich hier die Atmosphäre eines alten, engen, kleinbürgerlichen Vorortes noch weitgehend erhalten – Langfuhr wurde einfach mehr oder weniger sich selbst überlassen (es gab dringlichere Restaurationsaufgaben) und hat seinen Charme – etwas verlottert – behalten.

In Brösen/Brzeźno, dem proletarischen Badeort östlich von Zoppot/Sopot, der den Langfuhrern wie z.B. Familie Matzerath oder Mahlke und seinen Freunden feiertags und im Sommer als Ausflugsziel diente, kann man heute zwar noch die alten Fischerhäuschen und holprigen Kopfsteinpflastersträßchen sehen – direkt daneben aber sind viele Neubaublocks hochgezogen worden: ein merkwürdiges Ensemble aus ,,übriggebliebenem" Altem und Plattenbauweise.

Was Grass mit der *Danziger Trilogie* über das Danzig seiner Kindheit vor und im 2. Weltkrieg schrieb, hat Hans Magnus Enzensberger treffend eine ,,Saga der untergegangenen Freien Stadt Danzig, eine poetische Rettung jener kleinen Welt, in der Deutsche und Polen, Juden und Kaschuben zusammenlebten, vor dem Vergessenwerden" genannt.

mnieniem owego małego świata, w którym żyli obok siebie Polacy i Niemcy, Żydzi i Kaszubi".

ZAMEK Z PIASKU

*Ustawienia muszki, trafnych pytań
żąda celownik przez całe życie:
Gdy opuściłem pozycję świadka,
pod ścianę, przed sąd postawiony,
sześć kilometrów nad całym tym smrodem,
gdzie granice rzeki na pół rozdzierają,
w domu, fryzjer lustro ochuchał,
a jego palec napisał:*
    *Kiedy urodzony? I powiedz też, gdzie?
    Leży na północnym wschodzie, na zachód od
    i ciągle jest pożywką fotografów.
    Dawniej zwał się tak, dzisiaj zwie się tak.
    Mieszkali tam do, a potem mieszkali.
    Przeliteruję: Wrzeszcz – to dawna nazwa.
    Dom ciągle stoi i tylko tynk.
    Cmentarza, który ja, już nie ma.
    Gdzie kiedyś płoty, mogą dzisiaj wszyscy.
    Coś tak gotyckiego wymyślił Bóg wie kto.
    Bo oto znowu za wielką forsę.
    Liczyłem frontony i żadnego nie brak:
    tak średniowiecze dościga siebie.
    Jedynie tamten pomnik z ogonem
    pogalopował stąd na zachód.*
*I każdy znak przestankowy pyta:
bo kiedyś pośród muszli babrałem się w piasku,
gdy pod Brętowem znalazłem nagrobek,
gdy poruszyłem papiery w archiwum,
a w hotelu pytanie w pięciu językach:
urodzony, gdzie, kiedy, dlaczego?
dysząc szukało odpowiedzi, długopis mój spowiadał się:*
    *Było to w czasach marki inflacyjnej.
    Tu, przy Motławie, co dorzeczem,
    gdzie wrzeszczał Forster i Hirsch Fajngold milczał,*

KLECKERBURG

Gestrichnes Korn, gezielte Fragen
verlangt die Kimme lebenslang:
Als ich verließ den Zeugenstand,
an Wände, vor Gericht gestellt,
wo Grenzen Flüsse widerlegen,
sechstausend Meter überm Mief,
zuhause, der Friseur behauchte
den Spiegel und sein Finger schrieb:
Geboren wann? Nun sag schon, wo?

> *Das liegt nordöstlich, westlich von*
> *und nährt noch immer Fotografen.*
> *Das hieß mal so, heut heißt es so.*
> *Dort wohnten bis, von dann an wohnten.*
> *Ich buchstabiere: Wrzeszcz hieß früher.*
> *Das Haus blieb stehen, nur der Putz.*
> *Den Friedhof, den ich, gibts nicht mehr.*
> *Wo damals Zäune, kann heut jeder.*
> *So gotisch denkt sich Gott was aus.*
> *Denn man hat wieder für viel Geld.*
> *Ich zählte Giebel, keiner fehlte:*
> *das Mittelalter holt sich ein.*
> *Nur jenes Denkmal mit dem Schwanz*
> *ist westwärts und davon geritten.*

Und jedes Pausenzeichen fragt;
denn als ich, zwischen Muscheln, kleckerte mit Sand,
als ich bei Brentau einen Grabstein fand,
als ich Papier bewegte im Archiv
und im Hotel die Frage in fünf Sprachen:
Geboren wann und wo, warum?
nach Antwort schnappte, beichtete mein Stift:

> *Das war zur Zeit der Rentenmark.*
> *Hier, nah der Mottlau, die ein Nebenfluß,*
> *wo Forster brüllte und Hirsch Fajngold schwieg,*
> *hier, wo ich meine ersten Schuhe*
> *zerlief, und als ich sprechen konnte,*
> *das Stottern lernte: Sand, klatschnaß,*
> *zum Kleckern, bis mein Kinder-Gral*

*tu, gdzie zdzierałem moje pierwsze
buty, a kiedy już umiałem mówić,
uczyłem się jąkania: piasek mokra bryja,
w sam raz, by się w nim babrać, aż dziecięcy Graal
gotycko piętrzył się i rozsypywał.
Było to ledwie dwadzieścia lat po Verdun,
i lat trzydzieści, zanim synowie
ojcem mnie uczynili; stajenny zapach
jest w tej mowie, zbieracka żądza,
gdy opowieści, motyle przyszpilałem
i łowiłem słowa, które niczym koty
na tratwie drżały, a na ląd wysadzone
dwanaścioro młodych wydały: szarych i ślepych.
Kiedy urodzony? Gdzie i dlaczego?
Wlokłem to z sobą tu i tam,
topiłem w Renie, zakopywałem pod Hildesheim,
lecz nurkowie znajdowali i czerpakami
wyciągali podwodne skarby, ładunki, na światło dnia.
Buczyna, bursztyn, lemoniada w proszku,
ten oto scyzoryk i ta kalkomania,
kawałek działa, liczby z wypornością,
wskazówki minut, guziki, monety,
w zamian za każde miejsce tytka wiatru.
Składować uczy moje biuro rzeczy zagubionych:
zapachy, wydeptane progi,
przedawnione winy, baterie,
szczęśliwe jedynie w latarkach
i nazwiska, które są tylko nazwiskami:
Elfriede Broschke, Simoneit,
Guschnerus, Lusch i Heinz Stanowski;
również Chodowiecki i Schopenhauer
tam się urodzili. Kiedy? Dlaczego?
Tak, z historii zawsze byłem dobry.
Spytajcie mnie o dżumę i podwyżki cen.
Jak pacierz wyklepię pakty pokoju,
Mistrzów Zakonu, potop szwedzki,
znam także wszystkich Jagiellonów*

> sich gotisch türmte und zerfiel.
> Das war knapp zwanzig Jahre nach Verdun;
> und dreißig Jahre Frist, bis mich die Söhne
> zum Vater machten; Stallgeruch
> hat diese Sprache, Sammeltrieb,
> als ich Geschichten, Schmetterlinge spießte
> und Worte fischte, die gleich Katzen
> auf Treibholz zitterten, an Land gesetzt,
> zwölf Junge warfen: grau und blind.

Geboren wann? Und wo? Warum?
Das hab ich hin und her geschleppt,
im Rhein versenkt, bei Hildesheim begraben;
doch Taucher fanden und mit Förderkörben
kam Strandgut Rollgut hoch, ans Licht.

> Bucheckern, Bernstein, Brausepulver,
> dies Taschenmesser und dies Abziehbild,
> ein Stück vom Stück, Tonnagezahlen,
> Minutenzeiger, Knöpfe, Münzen,
> für jeden Platz ein Tütchen Wind.
> Hochstapeln lehrt mein Fundbüro:
> Gerüche, abgetretne Schwellen,
> verjährte Schulden, Batterien,
> die nur in Taschenlampen glücklich,
> und Namen, die nur Namen sind:
> Elfriede Broschke, Siemoneit,
> Guschnerus, Lusch und Heinz Stanowski;
> auch Chodowiecki, Schopenhauer
> sind dort geboren. Wann? Warum?

Ja, in Geschichte war ich immer gut.
Fragt mich nach Pest und Teuerung.
Ich bete läufig Friedensschlüsse,
die Ordensmeister, Schwedennot,
und kenne alle Jagellonen
und alle Kirchen, von Johann
bis Trinitatis, backsteinrot.

> Wer fragt noch wo? Mein Zungenschlag
> ist baltisch tückisch stubenwarm.
> Wie macht die Ostsee? – Blubb, pifff, pschsch...
> Auf deutsch, auf polnisch: Blubb, pifff, pschsch...

oraz kościoły, od św. Jana
pod Trójcę Św., z czerwonej cegły.
Kto jeszcze pyta gdzie? Moja wymowa
jest bałtycka zdradziecka domowo ciepła.
Jak robi Bałtyk – Blubb, piff, pschpsch...
Po polsku, po niemiecku – Plupp, pifff, pszcz...
    Lecz gdy w Hanowerze, na zjeździe uchodźców
    zmęczonych narodową fetą, zasilaną
    przez autobusy specjalne oraz Bundesbahn,
    pytałem działaczy,
    nie pamiętali, jak robi Bałtyk
    i wydawali atlantycki bek,
    z uporem obstawałem przy: blupp, pifff, pschsz...
Wtedy podniósł się krzyk: Zatłuczcie go na śmierć!
On zrezygnował z praw człowieka oraz rent,
z rekompensat wojennych, z rodzinnego miasta,
posłuchajcie tej wymowy:
To nie jest Bałtyk, to jest zdrada.
Dręczcie go pytaniami, wznieście Katownię,
rozciągajcie, łamcie kołem, oślepiajcie, rozrywajcie,
                                    przypiekajcie,
    skręćcie pamięć w imadle.
    Chcemy wiedzieć, gdzie i kiedy.
Nie na Siennej Grobli i nie na Błoniach,
nie na Korzennej – ach, gdybym był się urodził
między spichrzami na Holmie!
stało się to w pobliżu browaru, nie opodal koszar,
dziś ta ulica nazywa się
po polsku Lelewela – jedynie numer
z lewej strony bramy jak był tak jest.
I piasek, mokra bryja, w sam raz do babrania: Graal...
Z zamku z piasku rodem, na zachód od.
Leży na północnym zachodzie, na południe od.
Tam światło zmienia się znacznie szybciej niż.
Mewy nie są mewami, lecz.
I nawet mleko, boczne ramię Wisły,
płynęło miodem pod wielu mostami.
    Chrzest, szczepienia, bierzmowanie, szkoła.
    Zabawy odłamkami bomb.

Doch als ich auf dem volksfestmüden,
von Sonderbussen, Bundesbahn
gespeisten Flüchtlingstreffen in Hannover
die Funktionäre fragte, hatten sie
vergessen, wie die Ostsee macht,
und ließen den Atlantik röhren;
ich blieb beharrlich: Blubb, pifff, pschsch...
Da schrien alle: Schlagt ihn tot!
Er hat auf Menschenrecht und Renten,
auf Lastenausgleich, Vaterstadt
verzichtet, hört den Zungenschlag:
Das ist die Ostsee nicht, das ist Verrat.
Befragt ihn peinlich, holt den Stockturm her,
streckt, rädert, blendet, brecht und glüht,
paßt dem Gedächtnis Schrauben an.
Wir wollen wissen, wo und wann.

Nicht auf Strohdeich und Bürgerwiesen,
nicht in der Pfefferstadt, – ach, wär ich doch
geboren zwischen Speichern auf dem Holm! –
in Strießbachnähe, nah dem Heeresanger
ist es passiert, heut heißt die Straße
auf polnisch Lelewela – nur die Nummer
links von der Haustür blieb und blieb.
Und Sand, klatschnaß, zum Kleckern: Gral...
In Kleckerburg gebürtig, westlich von.
Das liegt nordwestlich, südlich von.
Dort wechselt Licht viel schneller als.
Die Möwen sind nicht Möwen, sondern.
Und auch die Milch, ein Nebenarm der Weichsel,
floß mit dem Honig brückenreich vorbei.

Getauft geimpft gefirmt geschult.
Gespielt hab ich mit Bombensplittern.
Und aufgewachsen bin ich zwischen
dem Heilgen Geist und Hitlers Bild.
Im Ohr verblieben Schiffssirenen,
gekappte Sätze, Schreie gegen Wind,
paar heile Glocken, Mündungsfeuer
und etwas Ostsee: Blubb, pifff, pschsch...

[WAI, 206–209]

*A dorastałem pomiędzy
Duchem Świętym i portretem Hitlera.
W uszach syreny statków zostały,
strzępy zdań, wołania pod wiatr,
kilka ocalałych dzwonów, ogień z dział
i trochę Bałtyku: blubb, pifff, pschpsch...*

(Tł. Sława Lisiecka)
[Günter Grass "Wiersze wybrane", Gdańsk 1986]

III. Spaziergänge

1. Langfuhr/Wrzeszcz
„In Strießbachnähe, nah dem Heeresanger ist es passiert"

„Es war einmal eine Stadt,
die hatte neben den Vororten Ohra, Schidlitz, Oliva, Emaus, Praust, Sankt Albrecht, Schellmühl und dem Hafenvorort Neufahrwasser einen Vorort, der hieß Langfuhr. Langfuhr war so groß und so klein, daß alles, was sich auf dieser Welt ereignet oder ereignen könnte, sich auch in Langfuhr ereignete oder hätte ereignen können.
In diesem Vorort zwischen Schrebergärten, Exerzierplätzen, Rieselfeldern, leicht ansteigenden Friedhöfen, Werftanlagen, Sportplätzen und Kasernenblöcken, in Langfuhr, das rund zweiundsiebzigtausend gemeldete Einwohner beherbergte, das drei Kirchen und eine Kapelle, zwei Gymnasien, ein Lyzeum, eine Mittelschule, eine Gewerbe- und Haushaltschule, immer zuwenig Volksschulen, aber eine Bierbrauerei mit Aktienteich und Eiskeller besaß, in Langfuhr, dem die Schokoladenfabrik Baltic, der Flugplatz der Stadt, der Bahnhof und die berühmte Technische Hochschule, zwei ungleich große Kinos, ein Straßenbahndepot, die immer überfüllte Sporthalle und eine ausgebrannte Synagoge Ansehen gaben; in dem bekannten Vorort Langfuhr, dessen Behörden ein städtisches Spenden- und Waisenhaus und eine bei Heiligenbrunn malerisch gelegene Blindenanstalt verwalteten, im seit achtzehnhundertvierundfünfzig eingemeindeten Langfuhr, das sich unterhalb des Jäschkentaler Waldes, in dem das Gutenbergdenkmal stand, in guter Wohnlage hinzog, in Langfuhr, dessen Straßenbahnlinien den Badeort Brösen, den Bischofssitz Oliva und die Stadt Danzig berührten, in Danzig-Langfuhr also, einem durch die Mackensen-Husaren und den letzten Kronprinzen berühmt gewordenen Vorort, den in aller Breite der Strießbach durchfloß, [...]" [H, 519/20]

III. Spacery

1. Wrzeszcz/Langfuhr
"*stało się to w pobliżu browaru, nie opodal koszar...*"

"*Było sobie kiedyś miasto, które obok przedmieść Orunia, Siedlce, Oliwa, Emaus, Pruszcz, Święty Wojciech, Młyniska i Nowy Port miało przedmieście o nazwie Wrzeszcz. Wrzeszcz był tak duży i tak mały, że wszystko, co na tym świecie wydarza się lub mogłoby się wydarzyć, wydarzyło się też lub mogło byłoby się wydarzyć we Wrzeszczu. Na tym przedmieściu między ogródkami działkowymi, placami ćwiczeń, nawadnianymi polami, wznoszącymi się lekko cmentarzami, stoczniami, boiskami i blokami koszar, we Wrzeszczu, który dawał dach nad głową około siedemdziesięciu dwóm tysiącom zameldowanych mieszkańców, który miał trzy kościoły i jedną kaplicę, dwa gimnazja, jedno liceum, szkołę średnią, szkołę rzemiosł i gospodarstwa domowego, wciąż za mało szkół powszechnych, ale za to browar ze Stawem Browarnym i lodownią, we Wrzeszczu, któremu znaczenie nadawały fabryka czekolady »Baltic«, miejskie lotnisko, dworzec i sławna Politechnika, dwa niejednakowej wielkości kina, zajezdnia tramwajowa, wiecznie przepełniona hala sportowa i wypalona synagoga; na znanym przedmieściu Wrzeszcz, którego władze zarządzały miejskim sierocińcem i położonym malowniczo koło Studzienki zakładem dla niewidomych, we włączonym do miasta od roku tysiąc osiemset pięćdziesiątego czwartego Wrzeszczu, który rozciągał się u stóp Jaśkowego Lasu, gdzie stał pomnik Gutenberga, jako korzystnie położona dzielnica mieszkaniowa, we Wrzeszczu, którego linie tramwajowe docierały do kąpieliska Brzeźno, do siedziby biskupiej Oliwy i do miasta Gdańska, w Gdańsku-Wrzeszczu zatem, na przedmieściu sławnym za sprawą huzarów Mackensena i ostatniego następcy tronu, które na całej szerokości przepływał potok Strzyża,...*" [Pl, s. 298/299]

hier also spielen die meisten Grass'schen Geschichten, und auch deswegen schlagen wir Ihnen vor, die Wanderung durch Gdańsk auf den Spuren seiner Romanhelden in Langfuhr/Wrzeszcz zu beginnen. Nach Langfuhr kommt man sowohl aus Gdańsk als auch aus Gdynia mit der S-Bahn und aus Gdańsk auch mit den Straßenbahnlinien Nr. 6 oder 12. Man verläßt die S-Bahn an der Station Wrzeszcz und die Straßenbahn eine Haltestelle hinter dem „Manhattan", einem Markt mit vielen kleinen Buden und einem einzeln stehenden auffälligen Hochhaus mitten in Wrzeszcz. Von der Straßenbahnhaltestelle aus muß man, um zum Bahnhof zu gelangen, in Fahrtrichtung (von Gdańsk aus) rechts in den Ahornweg/ul. Klonowa einbiegen, der eigentlich mehr einem Parkplatz mit vielen Geschäften drumherum als einer

7. Blick auf Langfuhr von Süden *ca. 1930*
Widok Wrzeszca od południa *ok. 1930*

8. Rynek we Wrzeszczu *ok. 1930*
Langfuhr-Markt *ca. 1930*

...rozgrywała się większość historii Grassa, i dlatego też nasz spacer po Gdańsku śladami bohaterów jego powieści proponujemy zacząć właśnie we Wrzeszczu/Langfuhr. Do Wrzeszcza dojechać można zarówno z Gdańska jak i z Gdyni szybką kolejką miejską lub też z Gdańska tramwajem numer 6 i 12. Wysiadamy z kolejki na stacji Gdańsk–Wrzeszcz, a z tramwaju jeden przystanek za "Manhattanem" – rynkiem z wieloma małymi budkami i samotnie stojącym w centrum Wrzeszcza wpadającym w oczy wieżowcem.

Aby dojść do dworca z przystanku tramwajowego ("Klonowa") należy skręcić w prawo (jeśli bierzemy pod uwagę kierunek jazdy z Gdańska) w ulicę Klonową, która przypomina raczej parking z wieloma sklepami dookoła niż normalną ulicę. Idąc tą ulicą po około stu metrach docieramy do dworca; z jego prawej strony znajduje się przejście podziemne, którym należy przejść na drugą stronę, także jeśli przyjechało się kolejką SKM. Po drugiej stronie torów zaczynamy właściwy spacer po Wrzeszczu.

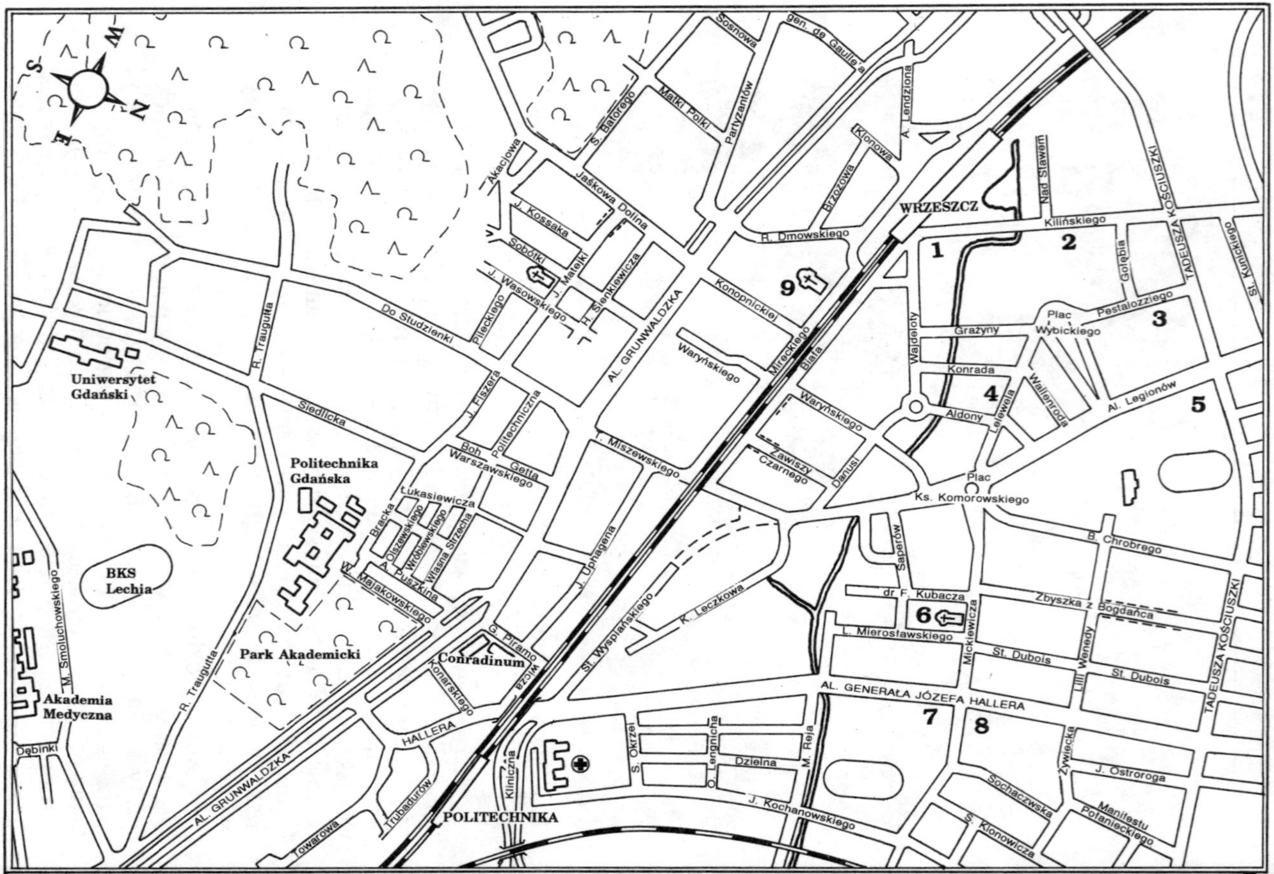

WRZESZCZ
POLITECHNIKA
Uniwersytet Gdański
Politechnika Gdańska
Park Akademicki
BKS Lechia
Akademia Medyczna
Conradinum
1
2
3
4
5
6
7
8
9
N
S
E
W
AL. GRUNWALDZKA
AL. GENERAŁA JÓZEFA HALLERA
TADEUSZA KOŚCIUSZKI
Al. Legionów
Plac Wybickiego
Plac Ks. Komorowskiego
R. Dmowskiego
Kilińskiego
Nad Stawem
Gołębia
St. Kunickiego
Pestalozziego
Grażyny
Konrada
Wajdeloty
Aldony
Wallenroda
Elewela
Konopnickiej
Mireckiego
Biała
Waryńskiego
Zawiszy Czarnego
Danusi
T. Miszewskiego
J. Upnagena
St. Wyspiańskiego
K. Leczkowa
Saperów
dr F. Kubacza
L. Mierosławskiego
Mickiewicza
B. Chrobrego
Zbyszka z Bogdańca
St. Dubois
Lilli Wenedy
Żywiecka
J. Ostroroga
Sochaczewska
S. Klonowicza
Manifestu Połanieckiego
J. Kochanowskiego
M. Reja
Dzielna
O. Lengnicha
S. Okrzei
Kliniczna
Trubadurów
Towarowa
HALLERA
Konarskiego
G. Piramowicza
W. Majakowskiego
A. Puszkina
Własna Strzecha
Wróblewskiego
Olszewskiego
Bracka
Łukasiewicza
Boh. Getta Warszawskiego
Politechniczna
J. Fiszera
Pileckiego
J. Wasowskiego
Sobótki
J. Matejki
H. Sienkiewicza
J. Kossaka
Jaśkowa Dolina
Akacjowa
S. Batorego
Matki Polki
Partyzantów
Sosnowa
gen. de Gaulle'a
Klonowa
A. Lendziona
Brzozowa
Do Studzienki
Siedlicka
R. Traugutta
M. Smoluchowskiego
Dębinki

1 Park na Kuźniczkach / Kleinhammerpark
2 Browar Gdański / Brauerei
3 Szkoła na ul. Pestalozziego / Pestalozzischule
4 Ulica Lelewela / Labesweg
5 Bratnia Pomoc
6 Kościół św. Andrzeja Boboli / Christus-Kirche
7 Dawna Szkoła Heleny Lange / Helene-Lange-Schule
8 Mały Kościół / Marienkapelle
9 Kościół Najświętszego Serca Jezusowego / Herz-Jesu-Kirche

Spis ważniejszych ulic:

Aldony	Luisenstr.	Konopnickiej	Baumbachallee
Al. Gen. Hallera	Ostseestr.	Konrada Wallenroda	Herthastr.
Al. Grunwaldzka	Adolf-Hitler-Str.	Kościuszki	Magdeburgerstr.
Al. Legionów	Heeresanger	Lelewela	Labesweg
S. Batorego	Steffensweg	Lilli Wenedy	Wolfsweg
B. Chrobrego	Brösener Weg	Mickiewicza	Bärenweg
Mireckiego	Schwarzer Weg	Partyzantów	Mirchauer Weg
Danusi	Anton Möller Weg	Pestalozziego	Pestalozzistr.
St. Dubois	Osterzeile	Plac Wybickiego	Neuer Markt
Gołębia	Fröbelstr.	Plac Ks. Komorowskiego	Max-Halbe-Platz
Grażyny	Elsenstr.	Wajdeloty	Marienstr.
Jaśkowa Dolina	Jäschkentaler Weg	Waryńskiego	Brunshöferweg
Kilińskiego	Kleinhammerweg	St. Wyspiańskiego	Neuschottland
Klonowa	Ahornweg	Zbyszka z Bogdańca	Westerzeile

Plan Wrzeszcza / Langfuhr

richtigen Straße gleicht. Dieser Straße folgend stößt man nach etwa 100 m auf den Bahnhof; rechts davon befindet sich eine Unterführung unter den Bahngleisen hindurch (die Sie auch benutzen sollten, wenn Sie mit der S-Bahn gekommen sind). Auf der anderen Seite der Gleise beginnt der eigentliche Rundgang durch Langfuhr/Wrzeszcz.

Sie stehen jetzt an einer Kreuzung, ziemlich direkt vor einem kleinen Park mit einer gut erhaltenen Umzäunung. An seinem zwischen Kiosks mit Getränken und Süßigkeiten halb versteckten Tor kann man mit ein bißchen Phantasie noch die alte Aufschrift „Kleinhammerpark" entziffern. Das Wort „Park" ist gut lesbar, aber beim Namen „Kleinhammer" wurden alle Quer- und Schrägbalken entfernt. Es ist ein schöner, kleiner Park, der wahrscheinlich sowohl damals als auch heute Spielplatz für Kinder aus der Umgebung ist. Viele alte Bäume bieten im Sommer Schutz vor der Hitze, allerdings scheint sich niemand um den Park zu kümmern, er wirkt etwas ungepflegt. Daneben befand sich in den 30er und 40er Jahren das Vereinslokal der Nazis, in dem auch Matzerath häufig anzutreffen war.

9. Tor zum ehm. Kleinhammerpark *1992*
Brama Parku na Kuźniczkach *w roku 1992*

Stoimy teraz na skrzyżowaniu ulic, prawie dokładnie naprzeciw małego parku z zachowanym starym ogrodzeniem, na którego bramie, nieomal całkowicie zasłoniętej przez kioski z napojami i słodyczami, przy odrobinie fantazji można jeszcze odczytać stary napis "Kleinhammerpark" (Park na Kuźniczkach). Jest to mały park, który prawdopodobnie dawniej tak jak i dziś jest miejscem zabaw okolicznych dzieci. Wiele starych drzew daje tu latem schronienie przed upałem. Park wygląda na opuszczony i wydaje się, że nikt o niego nie dba. Obok parku znajdował się w latach trzydziestych i czterdziestych nazistowski lokal związkowy, w którym często można było zastać także Matzeratha.

"Śmiejąc się, potrząsając głową, już nie na zewnątrz, lecz do środka zgrzytając wszystkimi zębami, wstąpił do wrzeszczańskiej kompanii szturmowej SA, której ulubioną knajpą i miejscem zebrań była gospoda »Na Kuźniczkach«: przestronny lokal z parkiem o tej samej nazwie, salą taneczną, kręgielnią i domową kuchnią, położony między Browarem Akcyjnym a dworcem we Wrzeszczu.
Studenci Politechniki stanowili trzon tej w większości drobnomieszczańskiej kompanii SA. W czasie manifestacji na Łące Majowej koło hali sportowej kompania zaciągała straż wokół całego terenu. Przez lata jej główne zadanie polegało na wszczynaniu bójek z Polakami z Bratniej Pomocy, w pobliżu polskiego domu akademickiego na Poligonowej, i demolowaniu lokalu ich stowarzyszenia." [Pl, s. 183]

"Tulla i ja byliśmy przy tym, kiedy w pierwszym tygodniu adwentu przy ulicy Marii pod trzynastym, w największym i najpiękniejszym lokalu ogródkowym Wrzeszcza, »Na Kuźniczkach«, dyrektor: August Koschinski, telefon: czterdzieści jeden zero dziewięć czterdzieści – w każdy wtorek świeże wafle – doszło do bijatyki, ..." [Pl, s. 185/186]

Wychodząc z parku, idziemy w prawo ulicą Kilińskiego/ Kleinhammerweg, która biegnie koło browaru i należącego do niego stawu. Staw Browarny opisywany w *Psich latach*, został zasypany.

"Lodownia odbijała się w Stawie Browarnym i nadawała wodzie mroczne zabarwienie. Mimo to w stawie były ryby.[...]

„Lachend, kopfschüttelnd, nicht mehr äußerlich, sondern nach innen mit allen Zähnen knirschend, trat er (Walter Matern, die Verf.) in einen Langfuhrer SA-Sturm ein, dessen Stammlokal und Versammlungsort die Gaststätte Kleinhammerpark war: ein geräumiges Lokal mit gleichnamigem Park, mit Tanzsaal, Kegelbahn und bürgerlicher Küche, zwischen der Aktien-Brauerei und dem Bahnhof Langfuhr gelegen.
Studenten der Technischen Hochschule bildeten den Stamm dieses in der Masse kleinbürgerlichen SA-Sturmes. Bei den Kundgebungen auf der Maiwiese neben der Sporthalle leistete der Sturm Absperrdienste. Während Jahren bestand die Hauptaufgabe des Sturmes darin, auf dem Heeresanger, nahe dem polnischen Studentenheim, mit den Mitgliedern der Studentenvereinigung 'Bratnia Pomoc' Schlägereien zu beginnen und das Vereinslokal der Polen zu demolieren." [H, 183]

„Tulla und ich waren dabei,
als es in der Adventwoche in der Marienstraße dreizehn, in Langfuhrs größtem und schönstem Gartenetablissement 'Kleinhammerpark', Direktor: August Koschinski, Telefon: viereinsnullneunundvierzig – Jeden Dienstag frische Waffeln – zu einer Schlägerei kam." [H, 372-373]

Wenn man aus dem Park kommt, geht man nach rechts den Kleinhammerweg/ul. Kilińskiego entlang, der an der Brauerei und ihrem Teich vorbeiführt. Der Aktienteich, der in den *Hundejahren* beschrieben wird und auf dem Gelände der Brauerei lag, ist zugeschüttet worden.

„Der Eiskellerbau spiegelte sich im Aktienteich und machte das Wasser düster. Trotzdem gab es Fische im Aktienteich. [...] Sie waren durch und durch modrig und verloren auch in frischem Wasser nichts von ihrer lebendigen Fäule. Zweimal wurden Leichen aus dem Aktienteich gefischt. Vor dem Ausfluß des Strießbachs hielt ein Eisenwehr Treibholz an. Dort trieben die Leichen an: einmal war es ein alter Mann, einmal eine Hausfrau aus Pelonken. [...] Aber nicht deshalb stank der Aktienteich, er stank, weil die Abwässer der Brauerei in ihn flossen. 'Baden verboten' stand auf einer Holztafel. Wir nicht, nur die Jungens aus dem Indianerdorf badeten trotzdem und rochen immer, auch im Winter, nach Aktienbier." [H, 456/457]

10. Staw naprzeciwko browaru *w roku 1992*
    Teich gegenüber der Brauerei *1992*

Cuchnęły jak diabli i nawet moczone w świeżej wodzie nie traciły nic ze swej żywej zgnilizny. Dwukrotnie ze Stawu Browarnego wyłowiono trupy. Przed wypływem Strzyży żelazny jaz zatrzymywał dryfujące drewno. Tam dopływały trupy: raz był to stary mężczyzna, raz gospodyni z Polanek. [...] Ale to nie dlatego śmierdział Staw Browarny, śmierdział, ponieważ spływały do niego ścieki z browaru. »Kąpiel wzbroniona« było napisane na drewnianej tablicy. My nie, ale chłopaki z Indiańskiej Wioski kąpali się mimo to i zawsze, również zimą, zalatywało od nich akcyjnym piwem." [Pl, s. 250/251]

Dużo większy staw leży po drugiej stronie ulicy i jest zasilany przez strumień Strzyżę/Strießbach; istnieje on dotychczas i także nie zachęca do kąpieli, co sugeruje znak zakazu znajdujący się na jego brzegu. Ulicę przecinają stare tory kolejowe, które łączyły niegdyś browar z dworcem. Zbudowany z czerwonej cegły budynek browarny, znajdujący się po prawej stronie ulicy, jest już stary. Niestety oglądać go można tylko przez mur, ponieważ wstęp na teren browaru jest zabroniony. Nad wejściem wisi szyld z podobizną Heveliusa i napisem: "Hevelius Brewing Company Ltd.", oraz datą założenia browaru – 1871; inny szyld "121 lat browaru"

Der weit größere Teich liegt gegenüber auf der anderen Straßenseite und speist sich aus der Strzyża/Strießbach; er existiert immer noch und ist ebenfalls alles andere als eine Einladung zum Schwimmen, was ein Schild am Ufer bestätigt. Quer über die Straße führen hier die alten Bahngleise, die die Brauerei mit dem Bahnhof verbanden. Die aus rotem Backstein gebauten Brauereigebäude auf der anderen Straßenseite sind schon alt – leider kann man sie nur über die Mauer sehen, denn das Betreten des Brauereigeländes ist verboten. Über dem Eingang schwebt ein Schild mit dem Bild von Hevelius, der Aufschrift „Hevelius Brewing Company Ltd." und dem Gründungsdatum 1871; noch ein weiteres Schild beweist den Stolz der Brauerei auf ihr Alter: „121 lat browaru". Hevelius (1611–1678) war übrigens einer der berühmtesten Astronomen seiner Zeit und lebte in Danzig. Der Brauereischornstein ist damals wie heute von jeder Stelle in Wrzeszcz aus zu sehen.

„Vielleicht türmte sich der Komplex burgähnlich hinter der Mauer aus düsterem Backstein. Gewiß faßten blanke Klinker die hohen Kirchenfenster des Maschinenhauses ein. Der untersetzte Schornstein überragte dennoch Langfuhr, von allen Seiten gesehen. Beschwören möchte ich: der Aktien-Schorn-

11. Die Heveliusbrauerei *1992*/Browar Heveliusza *w roku 1992*

dumnie informuje o jego wieku. Komin browaru jak dawniej widoczny jest z każdego punktu Wrzeszcza.

"Chyba ów kompleks wznosił się niczym zamek za murem z ciemnej wypalanej cegły. Na pewno wysokie jak w kościele okna maszynowni były obramowane błyszczącym klinkierem. Przysadzisty komin mimo wszystko górował nad całym Wrzeszczem, widoczny ze wszystkich stron. Mógłbym przysiąc, że komin browarny był zwieńczony skomplikowanym hełmem rycerskim. Regulowany przez wiatr, wypuszczał on czarny, skręcony dym i musiał być czyszczony dwa razy do roku. Kiedy zmrużę oczy, sponad najeżonego szkłem muru spogląda na mnie nowy, jaśniejący ceglasto budynek zarządu. Dwukonne wozy na gumowych kołach regularnie, jak mniemam, opuszczają podwórze browaru. [...] Żelazne litery biegnące łukiem nad bramą : D.A.B." [Pl, s. 253]

Niestety dzisiaj piwa nie wywozi się już stąd wozami konnymi, lecz ciężarówkami, które stoją przeważnie na ulicy przed browarem i zakłócają ruch samochodowy. W Gdańsku jest to jedyny browar, za to produkujący wiele dobrych gatunków piwa, m.in.: "Hevelius", "Gdańskie", "Kaper" (ciemne, mocne piwo godne polecenia). Naprzeciw browaru znajduje się fabryka Pepsi Coli.

Na ulicy Kilińskiego mieszkała Gretchen Scheffler, najlepsza przyjaciółka mamy Oskara. U niej to Oskar uczył się czytać. Idziemy Kilińskiego aż do rogu ulicy Gołębiej/Fröbelstr. Znajduje się tu sklep, w którym można kupić piwo ze wspomnianego browaru.

Następnie skręcamy w prawo w ulicę Gołębią. Jeszcze krótko po drugiej wojnie światowej znajdowała się tu łąka (Łąka Fröbela/Fröbelwiese). Dzisiaj spotkamy tu dość chaotyczną mieszaninę niskich domków, trawników, kilku małych sklepów i garaży. Następna przecznica to ulica Pestalozziego/Pestalozzistr., przy której stała i stoi jeszcze szkoła Pestalozziego, gdzie Oskar Matzerath spędził swój pierwszy i jedyny dzień nauki. Także Grass chodził tu do szkoły. Ten budynek z czerwonej cegły nie zmienił się szczególnie od tamtego czasu. Znajdują się w nim oprócz szkoły podstawowej także II Liceum Ogólnokształcące i Studium Nauczycielskie.

stein trug einen komplizierten Ritterhelm. Vom Wind reguliert, entließ er schwarzen, in sich wühlenden Rauch und mußte zweimal im Jahr geputzt werden. Neu und in Ziegelrot schaut mir, wenn ich die Augen verkneife, das Verwaltungsgebäude über die glasgespickte Mauer. Regelmäßig, nehme ich an, verließen Zweispänner auf Gummirädern den Brauereihof. [...] Eiserne Buchstaben im Bogen über dem Tor: D.A.B." [H, 460]

Leider wird das Bier heute nicht mehr mit Pferdewagen weggefahren, sondern von den Lastwagen, die meistens dort am Straßenrand stehen und den Verkehr behindern. Die Hevelius-Brauerei ist heute die einzige Brauerei in Gdańsk, dafür werden dort aber viele und gute Sorten Bier produziert, u.a. „Hevelius", „Gdańskie", „Kaper" (ein dunkles Starkbier, sehr empfehlenswert). Der Brauerei gegenüber befindet sich heute eine Pepsi-Cola-Fabrik.

Sie gehen den Kleinhammerweg/Kilińskiego, in dem übrigens auch Gretchen Scheffler, die beste Freundin von Oskars Mama und seine Lehrerin fürs Lesen, wohnte, bis zur Ecke Fröbelstraße/Gołębia. An dieser Ecke befindet sich ein Laden, in dem man das Bier der Hevelius-Brauerei kaufen kann. Hier biegen Sie am besten rechts in die Fröbelstraße ein; dort befand sich bis nach dem 2. Weltkrieg eine Wiese (die Fröbelwiese). Heute sehen Sie dort ein etwas unübersichtliches Gewirr von Freiflächen, niedrigen Häuschen, ein paar kleinen Geschäften und einigen Garagen. Die nächste Querstraße ist die Pestalozzistraße/Pestalozziego; auf der anderen Straßenseite stand und steht die Pestalozzi-Schule, in der Oskar Matzerath seinen ersten und einzigen Schultag verbrachte. Auch Grass ist hier zur Schule gegangen. Das rote Backsteingebäude hat sich bis heute nicht wesentlich verändert. Es beherbergt inzwischen neben einer Grundschule noch etliche andere Einrichtungen, die alle mit dem Lehrbetrieb zu tun haben, z.B. ein Lyzeum und eine Pädagogische Hochschule.

„Die Pestalozzischule war ein neuer, ziegelroter, mit Sgraffitos und Fresken modern geschmückter, dreistöckiger, länglicher, oben flacher Kasten, der auf lautes Drängen der damals noch recht aktiven Sozialdemokraten hin vom Senat der kinderreichen Vorstadt gebaut wurde. Mir gefiel der Kasten, bis auf

Spacery

12. Lokal we Wrzeszczu *1944*
Gaststätte in Langfuhr *1944*

"*Szkoła Pestalozziego był to nowy, ozdobiony nowocześnie sgraffitami i freskami, trzypiętrowy, podłużny gmach z płaskim dachem, wybudowany przez senat wielodzietnemu przedmieściu na usilne naleganie wówczas jeszcze bardzo aktywnych socjaldemokratów. Gmach podobał mi się, z wyjątkiem zapachu i uprawiających sport secesyjnych chłopców na sgraffitach i freskach.*
Nienaturalne małe, a ponadto zieleniejące drzewka stały w żwirze przed głównym wejściem między zabezpieczającymi, podobnymi do pastorałów żelaznymi prętami.[...]
Po monumentalnych, wzniesionych dla olbrzymów schodach, przez gwarne korytarze mama zaprowadziła mnie do sali, na której drzwiach wisiała tabliczka z napisem "I a". [Bb, s. 63-64]

Idąc dalej w prawo przechodzimy przez plac Wybickiego/Neuer Markt, otoczony domami i drzewami. Po jego prawej stronie znajduje się browarniany lokal z dyskoteką, jednak bez bliżej określonych godzin otwarcia. W lewo od placu biegnie ulica Lelewela/Labesweg. Tu pod numerem 13 mieszkał Günter Grass, a więc nie tylko bohaterowie jego książek spędzili tutaj swoją młodość. Przy ulicy tej stoją dwu–trzypiętrowe, trochę zaniedbane domy, przed którymi (niestety tylko po lewej stronie) zieleni się

seinen Geruch und die sporttreibenden Jugendstilknaben auf den Sgraffitos und Fresken nicht schlecht.
Unnatürlich winzige und obendrein grünwerdende Bäumchen standen zwischen schützenden, dem Krummstab ähnlichen Eisenstäben im Kies vor dem Portal. [...]
Mama führte mich monumentale, für Riesen geschlagene Treppen hoch, durch hallende Korridore in einen Raum, über dessen Tür ein Schildchen mit der Aufschrift 1a hing." [B, 84/85]

Die Pestalozzistraße führt Sie nach rechts bis zum Neuen Markt/Plac Wybickiego. Dieser dreieckige Platz ist gesäumt von Häusern und Bäumen; an seiner oberen, breiteren Seite befindet sich übrigens eine Brauereikneipe und -disco, die leider völlig unerfindliche Öffnungszeiten hat.
Die Straße, die links vom Platz wegführt, ist der Labesweg/ul. Lelewela. Hier wohnte unter der Nummer 13 Günter Grass – nicht nur die Helden seiner Bücher verbrachten also hier ihre Jugend. Drei- bis vierstöckige, ein bißchen verwitterte, schmucklose Häuser umrahmen den Labesweg, nur auf der linken Straßenseite gibt es winzige Vorgärten – die von Grass so oft erwähnten kleinbürgerlichen Verhältnisse werden einem hier sehr deutlich vor Augen geführt. Nur ein hoher, kahler Neubau am Ende der Straße sowie ein Nachtclub und eine Pizzeria dort stören diesen Gesamteindruck.

„Oskar konnte die Wohnung seiner Eltern entweder durch den Laden verlassen, dann stand er auf dem Labesweg, oder er schlug die Wohnungstür hinter sich zu, befand sich im Treppenhaus, hatte links die Möglichkeit zur Straße geradeaus, die vier Treppen hoch zum Dachboden, wo der Musiker Meyn die Trompete blies, und als letzte Wahl bot sich der Hof des Mietshauses. Die Straße, das war Kopfsteinpflaster. Auf dem gestampften Sand des Hofes vermehrten sich Kaninchen und wurden Teppiche geklopft. Der Dachboden bot außer gelegentlichen Duetten mit dem betrunkenen Herrn Meyn, Ausblick, Fernsicht und jenes hübsche, aber trügerische Freiheitsgefühl, das alle Turmbesteiger suchen, das Mansardenbewohner zu Schwärmern macht.
Während der Hof für Oskar voller Gefahren war, bot ihm der Dachboden Sicherheit, bis Axel Mischke und sein Volk ihn

trawa. Idąc tą ulicą można tu odnaleźć drobnomieszczańską atmosferę opisywaną przez Grassa, którą psują jedynie wznoszący się na końcu ulicy wysoki, nagi betonowy blok mieszkalny oraz nocny klub i pizzeria.

"Oskar mógł wyjść z mieszkania rodziców przez sklep, wtedy od razu był na Labesa, albo zatrzasnąć za sobą drzwi mieszkania, wtedy znajdował się na klatce schodowej, miał po lewej wejście na ulicę, cztery piętra wyżej poddasze, gdzie muzyk Meyn grał na trąbce, a ostatnią możliwość stanowiło podwórze kamienicy. Ulica to były kocie łby. Na ubitym piachu podwórza mnożyły się króliki i trzepano dywany. Poddasze prócz okazyjnych duetów z pijanym panem Meynem ofiarowywało widok, perspektywę i owo piękne, lecz złudne uczucie wolności, którego szukają ci wszyscy, co wspinają się na wieże, które z mieszkańców mansard czyni marzycieli.
O ile podwórze było dla Oskara pełne niebezpieczeństw, o tyle poddasze dawało mu pewne schronienie, póki i stamtąd nie wypłoszył go Aksel Mischke ze swoją zgrają. Podwórze miało

13. Szkoła Pestalozziego/II Liceum Ogólnokształcące *1992*
Pestalozzischule/II. Allgemeinbildende Oberschule *1992*

14. Günter Grass vor seinem früheren Wohnhaus im Labesweg *1991*
Günter Grass przed swoim dawnym domem na ulicy Lelewela
w roku 1991

> *auch dort vertrieben. Der Hof hatte die Breite des Mietshauses, maß aber nur sieben Schritte in die Tiefe und stieß mit einem geteerten, oben Stacheldraht treibenden Bretterzaun an drei andere Höfe. Vom Dachboden aus ließ sich dieses Labyrinth gut überschauen: die Häuser des Labesweges, der beiden Querstraßen Hertastraße und Luisenstraße und der entfernt gegenüberliegenden Marienstraße schlossen ein aus Höfen bestehendes beträchtliches Viereck ein, in dem sich auch eine Hustenbonbonfabrik und mehrere Krauterwerkstätten befanden. Hier und da drängten Bäume und Büsche aus den Höfen und zeigten die Jahreszeit an. Sonst waren die Höfe zwar in der Größe unterschiedlich, was aber die Kaninchen und Teppichklopfstangen anging, von einem Wurf."* [B, 109/10]

szerokość kamienicy, w głąb jednak sięgało tylko na siedem kroków i wysmołowanym, zbrojnym u góry w drut kolczasty płotem z desek przylegało do trzech innych podwórzy. Z poddasza można było ogarnąć wzrokiem ten labirynt: domy na Labesa, obu przecznicach: Herty i Luizy i na dalekiej przeciwległej ulicy Marii otaczały złożony z podwórzy obszerny czworobok, w którym znajdowały się również fabryka cukierków od kaszlu i liczne tandetne warsztaty. Tu i ówdzie z podwórzy wyrastały drzewa i krzaki wskazując porę roku. Poza tym podwórza różniły się co prawda wielkością, ale jeśli chodzi o króliki i trzepaki, były jednakowe." [Bb, s. 80] "

„I zacząłem bębnić. Nasza kamienica miała cztery piętra. Z parteru wspinałem się bębnieniem na strych i wracałem schodami na dół. Z Labesa podążałem na plac Maksa Halbego, stamtąd na Nowe Szkoty, ulicami Antona Möllera i Marii, przez park na Kuźniczkach, obok browaru, nad stawem, przez Łąkę Fröbela, obok szkoły Pestalozziego, Nowym Targiem i z powrotem na Labesa." [Bb, s. 52]

Nie tylko Oskar Matzerath bębnił od sklepu kolonialnego swoich rodziców przez Labesa, przez przylegające uliczki i po-

15. Podwórze przy ul. Lelewela *1992*
Hinterhof im ehem. Labesweg *1992*

„Und ich begann zu trommeln. Unser Mietshaus zählte vier Etagen. Vom Parterre bis zu den Bodenverschlägen trommelte ich mich hoch und wieder treppab. Vom Labesweg zum Max-Halbe-Platz, von dort nach Neuschottland, Anton-Möller Weg, Marienstraße, Kleinhammerpark, Aktienbierbrauerei, Aktienteich, Fröbelwiese, Pestalozzischule, Neuer Markt und wieder hinein in den Labesweg." [B, 67/68]

Nicht nur Oskar Matzerath lebte hier und trommelte sich vom elterlichen Kolonialwarenladen aus durch den Labesweg, die angrenzenden Sträßchen und den Hof: im Haus Nummer 24 wohnte der Gemüsehändler Greff; auch Tulla Pokriefke, Harry Liebenau und Jenny Brunies aus den *Hundejahren* wuchsen hier auf – Tulla wurde in der Elsenstraße/ul. Grażyny geboren, im Hof des Hauses stand die Hundehütte von Harras, in der sie die Zeit nach dem Tod ihres Bruders verbrachte, gegenüber war das Haus der Brunies:

16. Hier (Labesweg 24) wohnte laut *Blechtrommel* der Gemüsehändler Greff *1992*
Tu (przy ul. Lelewela 24) mieszkał bohater *Blaszanego bębenka* handlarz warzywami Greff *1992*

17. Typowa brama w tej części Wrzeszcza *1992*
Typischer Hauseingang in diesem Teil von Wrzeszcz *1992*

dwórza: w domu numer 24 mieszkał sprzedawca warzyw Greff, a także Tulla Pokriefke, Harry Liebenau i Jenny Brunies z *Psich lat* dorastali tutaj – Tulla urodziła się przy ulicy Grażyny/Elsenstr., w podwórzu tego domu stała psia buda Harrasa, w której Tulla spędzała czas po śmierci swego brata, naprzeciwko znajdował się dom państwa Brunies:

*"Kochana Kuzynko,
Ty przyszłaś na świat przy ulicy Elzy. [...] Czynszowa kamienica była własnością mojego ojca, stolarza Liebenaua. Naprzeciwko, w tak zwanym Domu Browarnym, mieszkał mój późniejszy nauczyciel, profesor Oswald Brunies."* [Pl, s. 116]

Na Lelewela i przecznicach – ulicy Grażyny/Elsenstr., ulicy Wallenroda/ Hertastr., ulicy Aldony/Luisenstr., ulicy Wajdeloty/Marienstr. oraz na wielkiem podwórzu w zupełnie zdumiewający sposób zachowała się atmosfera lat trzydziestych – gdyby nie tak wiele samochodów, można by się czuć przeniesionym wstecz

*„Liebe Cousine,
in der Elsenstraße kamst Du auf die Welt. Das Mietshaus gehörte meinem Vater, dem Tischlermeister Liebenau. Schräg gegenüber, im sogenannten Aktienhaus, wohnte mein späterer Lehrer, der Studienrat Oswald Brunies."* [H, 281]

Die Lelewela, ebenso wie ihre Nebenstraßen (Elsenstr., Hertastr./ul. Wallenroda, Luisenstr./ul. Aldony, Marienstr./ul. Wajdeloty) und der große Hof, hat sich ihren Charakter aus den 30er Jahren in ganz verblüffender Weise bewahrt. Wären da nicht die vielen Autos, könnte man sich um Jahrzehnte zurückversetzt fühlen. Hier lohnt es sich auf jeden Fall, einfach etwas herumzuschlendern, vor allem auch von der ul. Aldony aus in den Hof zu schauen. Lassen Sie dieses alte und ursprüngliche Stadtviertel auf sich wirken, bevor Sie den vorgeschlagenen Rundgang fortsetzen!

Der nächste wichtige Punkt des Wegs durch Wrzeszcz ist der Max-Halbe-Platz/Komorowskiego, der aus der Kreuzung von Labesweg, Heeresanger/Al. Legionów, Bärenweg/Mickiewicza, Neuschottland/Wyspiańskiego und Brösener Weg/Chrobrego ge-

18. Polnisches Studentenwohnheim „Bratnia Pomoc" *1930*
Polski Dom Akademicki „Bratnia Pomoc" w roku *1930*

o dziesiątki lat. Tutaj na pewno warto trochę się powłóczyć, przede wszystkim zaś zajrzeć od ulicy Aldony na podwórze i nim wyruszy się dalej, poddać się czarowi tej starej dzielnicy miasta.

Następnym ważnym punktem drogi przez Wrzeszcz jest plac Ks. Komorowskiego /Max–Halbe–Platz, który tworzą krzyżujące się ulice Lelewela/Labesweg, aleja Legionów/Heeresanger, Mickiewicza/Bärenweg, Wyspiańskiego/Neuschottland i B. Chrobrego/Brösener Weg. W lewo od placu biegnie aleja Legionów/Heeresanger, której następną przecznicą jest ulica Kościuszki/Magdeburgerstr. Tam znajdował się, w czasie gdy Gdańsk był wolnym miastem, prężny ośrodek polskości. W dzisiejszej szkole podstawowej (budynek z czerwonej cegły) mieścił się polski Dom Studencki "Bratnia Pomoc", w którym mieszkali polscy studenci Politechniki Gdańskiej. W piwnicy i na parterze tego budynku miały siedzibę organizacje polskie, m.in. Gmina Polska i Klub Sportowy "Gedania". W pobliżu usytuowany był stadion, poza tym w okolicy tej znajdował się jeden z dwóch polskich kościołów w Wolnym Mieście Gdańsku. Wszystko to wciąż jeszcze można oglądać. Domy przy ulicy Kościuszki/Magdeburgerstr. zamieszkiwali Polacy, przeważnie urzędnicy, jak Jan Broński – wuj i domniemany ojciec Oskara Matzeratha ze swoją rodziną:

"Okazja do tego zdjęcia nadarzyła się na rogu Magdeburskiej i Poligonowej koło polskiego domu akademickiego, a więc w mieszkaniu Brońskich, bo w głębi widać zalany słońcem, do połowy opleciony pnącą fasolą balkon, taki jakie były przyklejone tylko do mieszkań polskiego osiedla." [Bb, s. 44]

Przez plac Komorowskiego jeździł przed wojną tramwaj do miasta (numer 5) i do Brzeźna/Brösen, nad morze (numer 9). Tramwaj numer 9 przewoził na plażę amatorów kąpieli, m.in. także Matzerathów, Oskara i Marię, Joachima Mahlke i Tullę Pokriefke. Jechał on z placu Komorowskiego/Max–Halbe–Platz ulicą B.Chrobrego/Brösener Weg przy cmentarzu na Zaspie. Dzisiaj jedzie się do Brzeźna aleją Gen. Hallera/Ostseestr., a po linii tramwajowej na ulicy B. Chrobrego nie ma już ani śladu.

W kierunku miasta jeździło się wtedy tak jak jeździ się dziś – ulicą Mickiewicza/Bärenweg, i tą też drogą idziemy dalej.

Po prawej widzimy starą pocztę, za nią znajduje się kościół pod wezwaniem Św. Andrzeja Boboli/Christuskirche – wcześniej

bildet wird. Wenn Sie sich hier nach links wenden, sehen Sie in den Heeresanger, dessen nächste Querstraße ist die Magdeburger Straße/ul. Kościuszki. Dort befand sich zu der Zeit, als Danzig Freie Stadt war, ein lebendiges Zentrum der polnischsprachigen Bürger/innen Danzigs. In dem roten Backsteingebäude „Bratnia Pomoc", heute eine Grundschule, wohnten die polnischen Studenten der Technischen Hochschule/Politechnika. Im Keller und im Erdgeschoß dieses Hauses gab es zahlreiche polnische Organisationen, u.a. den Sitz der Polnischen Gemeinde und des Sportclubs „Gedania", in der Nähe lag das dazugehörige Stadion; außerdem befand sich in dieser Gegend die eine der beiden polnischen Kirchen in der Freien Stadt. Alles dies kann man heute dort immer noch so antreffen. Die Häuser in der Magdeburger Straße bewohnten Polen, vor allem Beamte wie Jan Bronski, Onkel bzw. mutmaßlicher Vater Oskars, mit seiner Familie:

> *„Die Gelegenheit für dieses Bild wird sich Ecke Magdeburger Straße – Heeresanger neben dem polnischen Studentenheim, also in der Wohnung der Bronskis ergeben haben, denn es zeigt den Hintergrund eines sonnenbeschienenen, mit Kletterbohnen halbzugerankten Balkons solcher Machart, wie sie nur den Wohnungen der Polensiedlung vorklebten."* [B, 57]

Über den Max-Halbe-Platz fuhren vor dem Krieg die Straßenbahnen Richtung Stadt (Linie 5) und Richtung Brösen/Brzeźno an die Ostsee (Linie 9). Die Linie 9 beförderte unter anderen Badelustigen auch die Matzeraths, Oskar und Maria, Joachim Mahlke und Tulla Pokriefke ins Strandbad. Sie fuhr vom Max-Halbe-Platz aus den Brösener Weg entlang und am Friedhof Saspe/Zaspa vorbei – heute muß man über die Ostseestraße/Al. Hallera nach Brzeźno fahren, von einer Straßenbahnlinie ist auf der ul. Chrobrego nichts mehr zu sehen. Richtung Stadt fährt man nach wie vor den Bärenweg/Mickiewicza entlang, und diesen Weg nehmen Sie am besten jetzt auch – allerdings zu Fuß.

Rechts befindet sich zunächst die alte Post, dahinter dann die Christuskirche/Kościół św. A. Boboli – früher eine evangelische Kirche, die auch heute noch ein Zwiebeldach mit Uhren hat. Links biegen Sie in die Westerzeile/Zbyszka z Bogdańca ein. Dort wohnte der Ich-Erzähler aus *Katz und Maus*, Pilenz. Dieses Sträßchen ist von kleinen zweistöckigen Reihenhäuschen mit

19. Kościół pod wezwaniem Św. A. Boboli *1993*
Christuskirche *1930*

20. Dom Joachima Mahlke (Dubois 24) *1992*
Wohnhaus Joachim Mahlkes (Osterzeile 24) *1992*

Mansarden gesäumt. Sie haben ein winziges Vorgärtchen und sehen alle gleich aus. Außerdem gibt es hier eine sehr empfehlenswerte Konditorei. Die nächste Querstraße gehen Sie nach rechts (Wolfsweg/Lilli Wenedy) und biegen dann gleich wieder nach rechts ab – das ist die Osterzeile/ Dubois. Hier wohnte unter der Nummer 24 der Held von *Katz und Maus*, Joachim Mahlke.

„Er wohnte in der Osterzeile und nicht in der Westerzeile. Das Einfamilienhaus stand neben, zwischen und gegenüber gleichgearteten Einfamilienhäusern, die nur durch Hausnummer, eventuell dank unterschiedlich gemusterter oder gerraffter Gardinen, kaum aber durch gegensätzliche Bepflanzung der schmalen Vorgärten zu unterscheiden waren. Auch hielt sich jeder Vorgarten Vogelhäuschen auf Stangen und glasierten Gartenschmuck: entweder Frösche, Fliegenpilze oder Zwerge. Vor Mahlkes Haus hockte ein keramischer Frosch. Aber auch vor dem nächsten und übernächsten Haus hockten grüne keramische Frösche.

Kurz, es war die Nummer vierundzwanzig, und Mahlke wohnte, wenn man vom Wolfsweg kam, im vierten Haus der linken Straßenseite. Die Osterzeile stieß, gleich der parallellaufenden Westerzeile, im rechten Winkel auf den Bärenweg, der parallel zum Wolfsweg lief. Wer vom Wolfsweg her die Westerzeile hinunterging, sah über ziegelroten Dächern zur linken Hand die Vorderseite und westliche Seite eines Turmes mit oxydiertem Zwiebeldach. Wer in gleicher Richtung die Osterzeile hinunterlief, sah über den Dächern zur rechten Hand die Vorderseite und Ostseite desselben Glockenturmes; denn die Christuskirche lag genau zwischen Osterzeile und Westerzeile auf der gegenüberliegenden Straßenseite des Bärenweges und gab mit vier Zifferblättern unterhalb des grünen Zwiebeldaches dem ganzen Viertel, vom Max-Halbe-Platz bis zur katholischen Marienkapelle, die keine Uhr hatte, von der Magdeburger Straße bis zum Posadowskiweg, nahe Schellmühl, die Uhrzeit an und ließ evangelische wie katholische Arbeiter, Angestellte, Verkäuferinnen, Volksschüler und Gymnasiasten immer pünktlich und nie konfessionell geordnet zum Arbeitsplatz oder zur Schule kommen.

Von seinem Zimmer aus sah Mahlke das Zifferblatt der östlichen Turmseite." [KuM, 20/21]

kościół ewangelicki, który do dziś wieńczy cebulasta wieża z zegarami. Skręcając w lewo wchodzimy w ulicę Zbyszka z Bogdańca/Westerzeile. Po obu stronach tej uliczki stoją małe jednopiętrowe domki z mansardami. Wszystkie mają maleńkie ogródki i są do siebie do złudzenia podobne. Znajduje się tu także godna polecenia cukiernia.

Następna przecznica (ulica Lilii Wenedy/Wolfsweg), gdy skręcimy w nią w prawo, zaprowadzi nas na ulicę Dubois (skręcamy znowu w prawo). Tutaj pod numerem 24 mieszkał bohater *Kota i myszy* Joachim Mahlke.

"Mieszkał przy Osterzeile, a nie przy Westerzeile. Jednorodzinny dom znajdował się obok, pomiędzy i naprzeciw takich samych domków jednorodzinnych, które różniły się tylko numeracją, ewentualnie różnymi wzorami lub sposobem podpięcia firanek, ale bynajmniej nie roślinnością w wąskich ogródkach przed domami. W każdym takim ogródku był też umieszczony na słupku domek dla ptaków i glazurowane ozdoby: żaby, muchomory albo karzełki. Przed domem Mahlkego przykucnęła ceramiczna żaba. Ale również przed następnym i jeszcze dalszym domkiem siedziały zielone ceramiczne żaby.

Krótko mówiąc, był to numer dwudziesty czwarty i Mahlke mieszkał, jeśli szło się od strony Wolfsweg, w czwartym domu po lewej stronie ulicy. Osterzeile, podobnie jak równoległa do niej Westerzeile, stykała się pod kątem prostym z Bärenweg, równoległą do Wolfsweg. Kto szedł przez Westerzeile od strony Wolfsweg, widział, ponad czerwonymi dachówkami, po lewej ręce przednią i zachodnią stronę wieży z oksydowaną cebulastą kopułą. Kto szedł w tym samym kierunku przez Osterzeile, widział ponad dachami po prawej ręce przednią i wschodnią stronę tej samej dzwonnicy; kościół Serca Jezusowego znajdował się bowiem dokładnie pomiędzy Osterzeile a Westerzeile, po przeciwległej stronie Bärenweg, i czterema tarczami zegarowymi pod zieloną cebulastą kopułą wskazywał czas całej dzielnicy, od placu Maxa Halbego po katolicką kaplicę Marii Panny, która nie miała zegara, od Magdeburger Strasse po Posadowskiweg, w pobliżu Schellmühl, i dzięki niemu zarówno ewangeliccy jak i katoliccy robotnicy, urzędnicy, sprzedaw-

Die Osterzeile ist ein bißchen schmaler als die Westerzeile. Sie hat genauso wie diese ihren Charakter bis heute weitgehend bewahrt. Zwar gibt es keinen „Gartenschmuck" mehr, aber die kleinen Gärtchen sind sich immer noch zum Verwechseln ähnlich. Um als Schauplatz von *Katz und Maus* dem Namen alle Ehre zu machen, wimmelt es hier tatsächlich nur so von Katzen (und Mäusen?). An der Ecke Osterzeile/Bärenweg befindet sich eine Filiale der Buchhandlung „Bestseller", in der man alle Werke von Grass, die ins Polnische übersetzt wurden, kaufen kann.

Weiter geht es den Bärenweg nach links, Richtung Marienkapelle:

(Mahlke) „und sein englischer Schraubenzieher hatten es nicht weit zur Marienkapelle: raus aus der Osterzeile, den Bärenweg hinunter. Viel Zweistöckiges, auch Villen mit Doppeldächern, Säulenportalen und Spalierobst. Dann zwei Reihen Siedlung, unverputzt oder verputzt mit Wasserflecken. Rechts bog die Straßenbahn ab und mit ihr die Oberleitung vor zumeist halbbedecktem Himmel. Links sandig magere Schrebergärten der Eisenbahner: Lauben und Kaninchenställe aus dem schwarzroten Holz ausrangierter Güterwagen. Dahinter Signale der Gleise zum Freihafen hin. Silos, bewegliche oder

21. ehem. Osterzeile *1992*
Dubois *1992*

czynie, uczniowie szkół podstawowych i gimnazjaliści, niezależnie od wyznania, mogli stawiać się punktualnie do pracy czy w szkole.
Ze swego pokoju Mahlke widział tarczę zegara po wschodniej stronie wieży." [KiM, s. 16/17]

Ulica Dubois jest nieco węższa od ulicy Zbyszka z Bogdańca. Obydwie zachowały dawny charakter do dzisiaj. Co prawda nie można tu już znaleźć ozdób ogrodowych, ale ich małe ogródki są do siebie nadal bardzo podobne. Aby jako miejsce akcji *Kota i myszy* oddać tytułowi należną mu cześć, na ulicy tej roi się po prostu od kotów (i myszy?). Na rogu ulicy Dubois i ulicy Mickiewicza mieści się filia księgarni "Bestseller", w której można nabyć wszystkie przetłumaczone na język polski działa Güntera Grassa.

Skręcamy w lewo w ulicę Mickiewicza i idziemy w kierunku kaplicy Marii Panny:

"Mahlke i jego angielski śrubociąg nie mieli daleko do kaplicy Marii Panny: z Osterzeile przez Bärenweg. Dużo dwupiętrowych budynków, również wille z dwuspadowymi dachami, kolumnowymi portalami i karłowatymi drzewkami owocowymi. Potem dwa rzędy szeregowych domków nie otynkowanych lub z zaciekami na tynkach. Tramwaj skręcał na prawo, a wraz z nim przewody na tle przeważnie na wpół pokrytego chmurami nieba. Z lewej strony piaszczyste, mizerne ogródki działkowe kolejarzy: altany i klatki dla królików z czerwono-czarnego drewna z wycofanych wagonów towarowych. Za nimi semafory nad torami w kierunku wolnoclowego portu. Silosy, ruchome lub martwe dźwigi. Obce, jaskrawe nadbudówki frachtowców. Wciąż jeszcze te same dwa szare okręty liniowe ze staromodnymi wieżyczkami, pływający dok, zakłady piekarnicze »Germania«; a niewysoko w górze kilka łagodnie kołyszących się, sytych, srebrzystych balonów na uwięzi. Po prawej ręce zaś, na wpół wysunięte przed dawną szkołę im. Heleny Lange, obecnie im. Gudrun,..." [KiM, s. 12]

Szkoła ta była gimnazjum żeńskim we Wrzeszczu i mieściła się po prawej stronie, za skrzyżowaniem ulic Hallera/Ostseestr. i Mickiewicza/Bärenweg. Za rozległymi trawnikami, dość daleko

starre Kräne. Fremd und farbstark die Aufbauten der Frachter. Immer noch die beiden grauen, altmodisch getürmten Linienschiffe, das Schwimmdock, die Brotfabrik Germania; und silbrig satt, auf halber Höhe, einige sanft schlingernde Fesselballone. Rechter Hand aber, halbvorgelagert der ehemaligen Helene-Lange-Schule, dann Gudrun-Schule [...]" [KuM, 15]

Diese Schule war das Mädchengymnasium in Langfuhr und befand sich rechterhand hinter der Kreuzung der Ostseestraße/Al. Hallera mit dem Bärenweg. Dort sind jetzt Rasenflächen und, weit von der Straße entfernt, die Gebäude der Pharmazie- und Sportabteilung der Medizinischen Hochschule.

"Liebe Cousine,
unser Schulweg formierte sich zu einer merkwürdigen Prozession. Die Schülerinnen der Helene-Lange-Schule und ich hatten bis Neuschottland den gleichen Weg. Am Max-Halbe-Platz mußte ich rechts hinauf, während die Mädchen den Bärenweg, Richtung Christus-Kirche einschlugen." [H, 417]

Links befindet sich die Marienkapelle, ein weißgetünchtes, langgezogenes Gebäude mit bunten Fenstern. Ihr Hof sieht wie der Pausenhof einer Schule aus, dieser Eindruck wird nur durch eine weiße Marienfigur beeinträchtigt. Sie sollte eigentlich nur eine Notkirche für die katholischen Bewohner der Wester- und Osterzeile sein, für die der Weg zur Herz-Jesu-Kirche zu weit war. Viele Jahre hindurch drängten sie den Bischof, die in der Nähe liegende Turnhalle des Sportvereins Neuschottland zu einer Kirche umbauen zu dürfen. Diese Bitte ging noch zu Zeiten der Freien Stadt Danzig in Erfüllung – das Gebäude wurde gekauft, umgebaut und eingesegnet. Noch heute nennt man sie die „kleine Kirche"/„mały kościół", und sie gehört organisatorisch zur großen Kirche in der Mickiewicza.

"Da sich der Turnhallencharakter der Marienkapelle trotz farbenreicher gewundener Bilder und Dekorstücke, [...], nicht leugnen und verstellen ließ – [...] –, haftete der Kapelle untilgbar etwas evangelisch Karges, die fanatische Nüchternheit eines Betsaales an." [KuM, 16]

(Ein) „Kapellchen mit gepflegtem Linoleumfußboden, mit quadratischen, dicht unter der Decke ansetzenden Milchglasscheiben, mit sauber ausgerichteten eisernen Halterungen im

22. Kaplica Najświętszej Marii Panny; dzisiaj kaplica kościoła Św. A. Boboli *1993*
ehem. Marienkapelle

od ulicy znajduje się tu dziś budynek Wydziału Farmaceutycznego i Ośrodka Sportowego Akademii Medycznej.

> *"Kochana Kuzynko,*
> *idąc do szkoły tworzyliśmy osobliwą procesję. Do Nowych Szkotów miałam tę samą drogę co uczennice szkoły Heleny Lange. Na placu Maxa Halbego ja musiałem skręcać w prawo, a dziewczynki szły dalej Niedźwiedzią, w kierunku kościoła Chrystusa Króla."* [Pl, s. 220]

Po lewej znajduje się kaplica Marii Panny, biało otynkowany, podłużny budynek z witrażami. Jej podwórzec wygląda jak boisko szkolne. Tylko stojąca tam biała figura Matki Boskiej nie potwierdza tego. Kaplica ta miała być jedynie prowizorycznym kościołem dla katolickich mieszkańców ulic Zbyszka z Bogdańca/Westerzeile i Dubois/Osterzeile, dla których droga do kościoła Najświętszego Serca Jezusowego była zbyt daleka. Przez wiele lat monitowali oni biskupa o pozwolenie na przebudowę leżącej w pobliżu sali gimnastycznej Klubu Sportowego "Nowe Szkoty" na kościół. Prośba ta została spełniona jeszcze w czasie, gdy Gdańsk był wolnym miastem – budynek został zakupiony,

Fußboden, die einst dem Reck Halt und Sicherheit gegeben hatten, mit den eisernen, wenn auch weißgetünchten Querträgern unter der grobkörnigen, von Verschalungsbrettern gerillten Betondecke, an denen vormals die Ringe, das Trapez und das halbe Dutzend Kletterseile ihre Verankerung gehabt hatten, war, obgleich an allen Ecken bemalter vergoldeter und plastisch segnender Gips stand, dennoch ein solch modern kühl sachliches Kapellchen." [KuM, 18]

"Unsere neugotische Turnhalle wirkte im gleichen Maße feierlich, wie die Marienkapelle auf Neuschottland den nüchtern gymnastischen Charakter einer ehemaligen und modern entworfenen Turnhalle behielt, soviel bunten Gips und gespendeten Kirchenpomp Hochwürden Gusewski in jenes, durch breite Fensterfronten brechende Turnerlicht stellen mochte." [KuM, 71]

Die Marienkapelle ist einer der zentralen Orte von *Katz und Maus:* Hier waren Pilenz und Joachim Mahlke Meßdiener bei Hochwürden Gusewski, hierher führte sie der allsonntägliche Kirchgang. Immer noch sieht die Marienkapelle nicht wie ein nettes kleines Kapellchen aus, sondern wirkt trotz ihres weißen Anstrichs ausgesprochen kantig und nüchtern. Man kann sie leider von innen nur dann sehen, wenn gerade eine Messe stattfindet. Sie ist eine schlichte, karge Kirche geblieben, die inzwischen weniger an eine Turnhalle erinnert als an viele ähnliche Kirchenneubauten.

Von hier aus ist es am besten, wenn Sie einfach dieselbe Strecke zurückgehen bis zum Max-Halbe-Platz, dann ein kleines Stück den Labesweg entlang und in die erste Querstraße links (Luisenstr./ul. Aldony) einbiegen. Sie führt mit einer Brücke über den Strießbach/Strzyża. Dieser Bach fließt quer durch Wrzeszcz – so wie Grass es in *Katz und Maus* und in den *Hundejahren* beschreibt:

"Zum Glück war Jennys Turnbeutel mit den seidig rosigen Ballettschuhen nicht im Rinnstein fortgespült worden, denn der Rinnstein mündete in den Strießbach, und der Strießbach floß in den Aktienteich, und den Aktienteich verließ der Strießbach, und der Strießbach floß durch ganz Langfuhr, unter der Elsenstraße, Hertastraße, Luisenstraße hindurch, an Neuschottland vorbei, Leegstrieß hoch, mündete am Broschke-

przebudowany i konsekrowany. Jeszcze dziś nazywa się go "małym kościołem", i należy on do parafii przy ulicy Mickiewicza ("duży kościół").

"Ponieważ jednak, pomimo barwnych obrazów i ozdobnych dekoracji,[...] sportowy charakter wnętrza kaplicy Marii Panny nie dał się zaprzeczyć ani ukryć – [...] kaplica miała w sobie coś niezniszczalnie ewangelicko–surowego, fanatyczną trzeźwość sali modłów. Kaplica ze swą starannie utrzymaną podłogą, wyłożoną linoleum, z kwadratowymi, sięgającymi tuż pod strop szybami z mlecznego szkła, z porządnie wykonanymi żelaznymi uchwytami w podłodze, dawniej gwarantującymi dobre umocowanie i bezpieczeństwo drążków, z żelaznymi, chociaż na biało otynkowanymi dźwigarami pod sufitem z gruboziarnistego betonu, noszącego ślady oszalowania, dźwigarami, do których ongiś były przytwierdzone kółka, trapez i pół tuzina lin do wspinania, była jednak raczej nowoczesną, chłodną, rzeczową kaplicą ..." [KiM, s. 12/13]

"Nasza neogotycka sala gimnastyczna robiła uroczyste wrażenie w tej samej mierze, w jakiej kaplica Marii Panny w Neuschottland zachowała trzeźwy, gimnastyczny charakter byłej, nowocześnie zaplanowanej i szerokimi oknami rozjaśnionej hali sportowej, choćby ksiądz Guzewski porozmieszczał w niej nie wiadomo ile pokolorowanego gipsu i wytwornych dewocjonaliów." [KiM, s. 55]

Kaplica Marii Panny jest jednym z centralnych miejsc, w których rozgrywa się akcja *Kota i myszy*: tutaj to Pilenz i Joachim Mahlke służyli do myszy u księdza Guzewskiego i tu też co niedziela chodzili do kościoła. Ciągle jeszcze kaplica Marii Panny nie wygląda jak mała sympatyczna kapliczka, pomalowana na biało sprawia wrażenie niezwykle surowej i kanciastej. Niestety, wnętrze jej można oglądać tylko wtedy, gdy akurat odbywa się Msza Święta. Pozostała ona prostym i skromnym kościółkiem, który w dzisiejszych czasach zdaje się być bardziej podobny do nowo budowanych kościołów niż do sali gimnastycznej.

Z tego miejsca najlepiej jest wrócić tą samą drogą do placu Komorowskiego/Max–Halbe–Platz, potem wejść w ulicę Lelewela i skręcić w lewo w pierwszą przecznicę Aldony/Luisenstr. Przecina ona Strzyżę/Strießbach, strumień płynący pod wieloma

23. Blick auf den Strießbach von der Luisenstraße aus *1992*
Potok Strzyża widziany od ul. Aldony *1992*

schenweg, Weichselmünde gegenüber, in die Tote Weichsel und wurde, mit Weichsel- und Mottlauwasser gemischt, durch den Hafenkanal, zwischen Neufahrwasser und der Westerplatte, der Ostsee beigemengt." [H, 372]

„Der Eiskeller war viereckig, der Aktienteich rund. Weiden standen mit Füßen im Wasser. Der Strießbach floß, von Hochstrieß kommend, in ihn hinein, durch ihn hindurch, aus ihm heraus, teilte den Vorort Langfuhr in zwei Hälften, verließ Langfuhr bei Leegstrieß und mündete im Broschkeschen Weg in die Tote Weichsel. Im Jahre zwölfhunderteinundneunzig wird der Strießbach, 'Fluuium Strycze', zum erstenmal, als Grenzflüßchen zwischen den Besitzungen des Klosters Oliva und dem Stadtgebiet, urkundlich erwähnt und bestätigt. Breit war der Strießbach nicht, tief auch nicht, aber reich an Blutegeln war er. Auch den Aktienteich belebten Blutegel, Poggen und Kaulquappen. [...] Es gab ein haltloses, schief am Uferschlamm faulendes Schwanenhäuschen. Schwäne hatte es vor Jahren, eine Saison lang, auf dem Aktienteich gegeben, dann waren sie eingegangen; nur das Schwanenhäuschen blieb." [H, 454]

ulicami Wrzeszcza – tak jak opisuje to Grass w *Psich latach* i *Kocie i myszy:*

> "...*na szczęście worek gimnastyczny Jenny z jedwabnymi, różowymi baletkami nie popłynął rynsztokiem, bo ów rynsztok uchodził do Strzyży, a Strzyża wpływała do Stawu Browarnego i ze Stawu Browarnego wypływała, płynęła przez cały Wrzeszcz, pod ulicami Elzy, Herty, Luizy, mijała Nowe Szkoty, podążała wzdłuż Swojskiej, przy Broschkego, naprzeciwko Wisłoujścia, wpadała do Martwej Wisły i zmieszana z wodami Wisły i Motławy, przez kanał portowy, między Nowym Portem a Westerplatte, zlewała się z Morzem Bałtyckim.*" [Pl, s. 185]

> "*Lodownia była czworokątna, Staw Browarny – okrągły. Wierzby miały stopy zanurzone w wodzie. Potok Strzyża, płynąc od Swojskiej, wpływał do stawu, przepływał go, wypływał z niego, dzielił przedmieście Wrzeszcz na dwie połowy, opuszczał je przy Swojskiej i przy Broschkego wpadał do Martwej Wisły. W dokumencie z roku tysiąc dwieście dziewięćdziesiątego pierwszego potok Strzyża, »fluvium Strycze«, został po raz pierwszy wymieniony i urzędowo potwierdzony jako rzeczka graniczna między posiadłościami klasztoru w Oliwie a terenem miasta. Strzyża nie była szeroka, nie była też głęboka, ale była zasobna w pijawki. Także Staw Browarny ożywiały pijawki, żaby i kijanki. [...] W przybrzeżnym mule butwiał przechylony na bok, walący się domek dla łabędzi. Przed laty, przez jeden sezon, po Stawie Browarnym pływały łabędzie, potem pozdychały; został tylko domek dla nich.*" [Pl, s. 248–249]

> "*Wielokrotnie stawaliśmy na mostach przerzuconych przez Striessbach, strumień pełen pijawek. Przyjemnie było zwisnąć na poręczy i czekać na szczury. [...] Na Neuschottlandbrücke wpatrywaliśmy się najpierw długo w czerwcowe wygwieżdżone niebo, potem gapiliśmy się – każdy z osobna – w strumień. Podczas gdy pod nami płytki odpływ ze stawu załamywał się na puszkach od konserw, unosząc ze sobą zapach drożdży z browaru towarzystwa akcyjnego. Mahlke mówił półgłosem: [...]*" [KiM s. 96–97]

24. Blick auf den kleinen namenlosen Platz von der Luisenstraße aus *1993*
Mały, pozbawiony nazwy plac widziany od ul. Aldony *1993*

25. Brunshöferweg/Waryńskiego *1930*

26. Przejście pod torami kolejowymi we Wrzeszczu *ok. 1930*
Bahnunterführung in Langfuhr *um 1930*

27. Ulica Marii Konopnickiej
Baumbachallee *1993*

„Mehrmals standen wir auf Brücken über dem Strießbach, einem Rinnsal voller Blutegel. Es machte sich gut, am Geländer zu hängen und auf Ratten zu warten. [...] Auf der Neuschottlandbrücke starrten wir zuerst lange in den junimäßig ausgesternten Himmel, starrten dann – und jeder für sich – in den Bach. Mahlke halblaut, während sich unten der flache Ausfluß des Aktienteiches an Konservendosen brach und den Hefedunst der Aktienbierbrauerei mitführte [...]" [KuM, 123]

Über die Brücke kommen Sie zu einem kleinen runden Platz. Die Häuser vollziehen die Rundung des Platzes mit ihren Fassaden nach. Die Fassaden sind ein bißchen verwittert, haben sich aber mit Säulen, gußeisernen Balkonen und einem Türmchen viel von ihrer Schönheit erhalten. In der Mitte des Platzes steht eine große alte Kastanie. Dieser Platz hat so viel Atmosphäre, daß es umso unverständlicher ist, warum er weder damals noch heute einen Namen trägt.

Die Straße rechts ist die Marienstraße/Wajdeloty, sie führt zurück zum Bahnhof. Sie sollten aber nach links in den Anton-Möller-Weg/ul. Danusi einbiegen, die nächste Straße rechts ist dann der Brunshöferweg/Waryńskiego. Dort befand sich die Praxis des Doktor Hollatz, dem Oskar die Präparate-Gläser zersang. Diese Straße ist ein bißchen herrschaftlicher als die Sträßchen, durch die Sie bisher gingen – große Villen mit Holzveranden und Gärten stehen rechts und links. Außerdem befindet sich hier der Sitz des „Bundes der Bevölkerung deutscher Abstammung in Danzig" (Związek Ludności pochodzenia niemieckiego w Gdańsku), deren Mitglieder sich bei unserem Besuch jedoch als ausgesprochen unkooperativ und unfreundlich erwiesen. Sie folgen der Straße bis hinter die Bahnunterführung (wo es immer noch so tropft wie vor 60 Jahren) und biegen sofort danach rechts in den Schwarzen Weg/Mireckiego ein. Sie gehen jetzt direkt neben der Eisenbahn auf einem ganz schmalen Bürgersteig. Von der Stille des alten Langfuhr ist hier nur noch wenig zu spüren, die S-Bahn macht zeitweilig jede Unterhaltung unmöglich.

Die nächste Querstraße links ist die Baumbachallee/Konopnickiej, in der der von Mahlke gehaßte Oberstudienrat Klohse wohnte:

Przechodząc przez mostek dojdziemy do małego okrągłego placyku. Stojące tu domy oddają okrąg placu kształtem swoich fasad, które mimo lekkiego zniszczenia zachowały wiele z dawnego piękna. Plac ten ozdabiają kolumienki, żeliwne balkony i wieżyczki. Na środku placu stoi ogromny stary kasztan. Ten tak pełen atmosfery i wdzięku plac w niezrozumiały sposób nie miał nigdy swojej nazwy. Ulica prowadząca (od placu) w prawo to ulica Wajdeloty/Marienstr., która biegnie z powrotem do dworca. Skręcamy jednak w lewo w ulicę Danusi/Anton–Möller–Weg, a następnie w pierwszą ulicę w prawo w Waryńskiego/Brunshöferweg. Tu znajdował się gabinet doktora Hollatza, któremu Oskar rozśpiewał słoje z preparatami. Ulica ta jest trochę bogatsza od tych, którymi dotąd szliśmy – po obu jej stronach stoją wielkie wille z ogrodami i drewnianymi werandami. Znajduje się tu także siedziba Związku Ludności Pochodzenia Niemieckiego w Gdańsku, którego członkowie okazali się jednak w trakcie naszej wizyty u nich bardzo niechętni do współpracy i niemili. Idziemy tą ulicą do końca i przechodzimy przejściem podziemnym (gdzie jeszcze ciągle kapie tak jak przed sześćdziesięciu laty) na drugą stronę torów. Zaraz za przejściem skręcamy w prawo w ulicę Mireckiego/Schwarzer Weg.

Stary, spokojny Wrzeszcz został już za nami, idziemy teraz bardzo wąskim chodnikiem wzdłuż torów kolejowych, a rozmowa stała się prawie niemożliwa za sprawą często przejeżdżających tu pociągów. Następna przecznica w lewo to ulica Marii Konopnickiej/Baumbachallee, przy której mieszkał znienawidzony przez Mahlkego dyrektor szkoły:

"...wędrowaliśmy wzdłuż cichej, eleganckiej, ściśle trzymającej się przepisów obrony przeciwlotniczej Baumbachallee, w której kląskały słowiki, przy której mieszkał dyrektor Klohse.[...] Kiedy jednak po czterech nocach czatowania, około jedenastej wieczorem, dyrektor Klohse, wysoki i szczupły, w pumpach, ale bez kapelusza i bez płaszcza – powietrze było łagodne – skręcił z Schwarzer Weg w Baumbachallee, Wielki Mahlke wyciągnął lewą rękę i chwycił go za kołnierzyk z cywilnym krawatem. Przydusił belfra do kutych żelaznych szatachet,..." [KiM, s. 95/96]

> *„Jene stillvornehme, den Vorschriften des Luftschutzes gehorchende Baumbachallee, in der es Nachtigallen gab, in der Oberstudienrat Klohse wohnte, [...] Als aber nach vier durchlauerten Nächten Oberstudienrat Klohse alleine und gegen elf Uhr nachts, hoch und schmal in Knickerbockern aber ohne Hut, ohne Mantel – denn die Luft war weich – vom Schwarzen Weg her die Baumbachallee hochkam, ließ der Große Mahlke seine linke Hand ausfahren und Klohses Hemdkragen mit der zivilen Krawatte fassen. Er drückte den Schulmann gegen einen kunstgeschmiedeten Eisenzaun."* [KuM, 121/122]

Diesen Eisenzaun – oder zumindest einen ganz ähnlichen – können Sie auch heute noch sehen. Nach ca. 100 m den Schwarzen Weg entlang kommt man zur Herz-Jesu-Kirche/Kościół Najświętszego Serca Jezusowego. In dieser neugotischen Kirche mit spitzem Turm sind u.a. Günter Grass und Oskar Matzerath getauft worden. Heute ist sie eine Gemeindekirche in Wrzeszcz und dient außerdem als Studentenkirche. Während des Krieges verlor sie nur den kleineren ihrer ursprünglich zwei Türme und blieb ansonsten relativ unbeschädigt. So sieht sie nun fast so aus wie vor dem Krieg, nur hinten wurden ein modernes Gemeindebüro und andere Verwaltungsgebäude dazugebaut.

> *„Die Herz-Jesu-Kirche wurde während der Gründerjahre erbaut und wies sich deshalb stilistisch als neugotisch aus. Da man schnelldunkelnden Backstein vermauert hatte und der mit Kupfer verkleidete Turmhelm flink zum traditionellen Grünspan gekommen war, blieben die Unterschiede zwischen altgotischen Backsteinkirchen und der neueren Backsteingotik nur für den Kenner sichtbar und peinlich."* [B, 161]

In der Vorhalle der Kirche befindet sich eine Tafel mit ihrer Geschichte (auf polnisch), auf der auch der Name des Priesters Walter Wiehnke steht, der von 1906-1944 hier Gemeindepfarrer war. Sein Grab ist übrigens eines der wenigen deutschen Gräber, das noch erhalten ist, es befindet sich auf dem Friedhof Brenntau/Brętowo (vgl. IV. 1.).

> *„Hochwürden hieß Wiehnke, war immer noch Pfarrherr der Herz-Jesu-Kirche, predigte angenehm leise und unverständlich, sang das Credo so dünn und weinerlich, daß selbst mich so etwas*

28. Wieża Kościoła Najświętszego Serca Jezusowego *1992*
Turm der ehem. Herz-Jesu-Kirche *1992*

Ten płot – albo przynajmniej jakiś bardzo do niego podobny – można tu znaleźć także dziś. Idąc jeszcze około sto metrów ulicą Mireckiego docieramy do kościoła Najświętszego Serca Jezusowego. W tym neogotyckim kościele ze spiczastą wieżą zostali ochrzczeni Günter Grass i Oskar Matzerath. Dziś jest to kościół parafialny Wrzeszcza oraz służy jako kościół akademicki. W czasie wojny uległa zniszczeniu tylko mniejsza z pierwotnie dwóch wież, a poza tym pozostał on prawie nieuszkodzony. Dlatego też wygląda dziś prawie tak samo jak przed wojną, tylko z tyłu dobudowano nowoczesne biuro parafialne i inne budynki administracyjne.

"*Kościół Serca Jezusowego powstał w latach grynderskich i dlatego utrzymany był w stylu neogotyckim. Ponieważ wzniesiono go z szybko ciemniejącej cegły, a kryty miedzią hełm wieży prędko dorobił się tradycyjnego grynszpanu, róż-*

29. Blick in die ehem. Herz-Jesu-Kirche *1993*
Wnętrze Kościoła Najświętszego Serca Jezusowego *1993*

> *wie Glauben beschlichen hätte, hätte es nicht jenen linken Seitenaltar mit der Jungfrau, dem Jesusknaben und dem Täuferknaben gegeben. Dennoch war es jener Altar, der mich bewog, Maria aus dem Sonnenschein ins Portal, dann über die Fliesen ins Kirchenschiff zu ziehen."* [B, 435]

nice między starogotyckimi kościołami z cegły a nowszym gotykiem ceglanym tylko dla znawców pozostały widoczne i przykre." [Bb, s. 116]

W przedsionku kościoła wisi tablica informująca o jego historii; widnieje tam także imię księdza Waltera Wiehnke, który w latach 1906–1944 był tu proboszczem. Warto wspomnieć, że jego grób jest jednym z niewielu niemieckich grobów, które zachowały się do dziś. Znajduje się on na cmentarzu w Brętowie (patrz rozdz. wycieczka na Kaszuby).

"Nazywał się Wiehnke, nadal był proboszczem kościoła Serca Jezusowego, wygłaszał kazania przyjemnie cicho i niezrozumiale, śpiewał Credo tak cienko i płaczliwie, że nawet mnie ogarnęłoby coś na kształt wiary, gdyby nie ów boczny ołtarz w lewej nawie z Najświętszą Panną, małym Jezusem i małym Janem Chrzcicielem. I właśnie ów ołtarz skłonił mnie, żeby ze słońca pociągnąć Marię do wrót, a następnie po kamiennych płytach w głąb kościelnej nawy." [Bb, s. 313]

"Musicie mi państwo uwierzyć, że w neogotyckim ceglanym kościele Serca Jezusowego, a zatem i na bocznym ołtarzu w lewej nawie, wszystko pozostało po staremu. Nagi i różowy mały Jezus w dalszym ciągu siedział na lewym udzie Najświętszej Panny, której nie nazywam Panną Marią, żeby nie pomylić jej z moją przechodzącą na katolicyzm Marią. Do prawego kolana Najświętszej Panny w dalszym ciągu tulił się skąpo przyodziany w czekoladowobrązową kudłatą skórę mały Chrzciciel. A ona, jak dawniej, palcem prawej ręki wskazywała na Jezusa i patrzyła przy tym na Jana." [Bb, s. 314/315]

Kościół w środku nie zmienił się wiele. W niektórych miejscach widać jeszcze dzisiaj, że płytki posadzki były dawniej dwukolorowe i ułożone w szachownicę, jest też figura Św. Antoniego i stacje drogi krzyżowej. Konfesjonały stoją w nawach bocznych jak wtedy, gdy Agnieszka Matzerath spowiadała się ze swoich cotygodniowych spotkań z Brońskim. Nie w lewej, lecz w prawej nawie bocznej znajduje się jednak ołtarz Marii z Jezusem na kolanach. To ten ołtarz tak zainspirował Oskara, że zawiesił on figurce Jezusa swój bębenek, a podczas czarnej mszy usiadł sam na jej miejscu. W ołtarzu tym brakuje figurki Jana Chrzciciela; dzisiejszy proboszcz zapewnia jednak, że ołtarz znajduje się w kościele od pierwszej wojny światowej.

„Sie werden mir glauben, daß in der neugotischen Backstein-Herz-Jesu-Kirche und mithin beim linken Seitenaltar alles beim alten geblieben war. Es saß der nacktrosa Jesusknabe immer noch auf dem linken Oberschenkel der Jungfrau, die ich nicht Jungfrau Maria nenne, damit sie mit meiner konvertierten Maria nicht verwechselt wird. Gegen das rechte Knie der Jungfrau drängte noch immer jener mit schokoladenfarbenem Zottelfell notdürftig bekleidete Täuferknabe. Sie selbst wies wie einst mit dem rechten Zeigefinger auf den Jesus und sah dabei den Johannes an." [B, 473]

Das Innere der Kirche hat sich bis heute nicht sehr verändert. An manchen Stellen kann man noch sehen, daß die Fliesen früher zweifarbig waren und schachbrettförmig lagen, auch die Figur des Heiligen Antonius und die Kreuzwegstationen sind noch vorhanden. Die Beichtstühle stehen in den Nebenschiffen so wie damals, als Agnes Matzerath ihre allwöchentlichen Treffen mit Bronski beichtete. Nicht im linken, sondern im rechten Seitenschiff befindet sich der Marienaltar mit Jesus auf dem Schoß der Maria. Dieser Altar inspirierte Oskar so, daß er der Jesusfigur seine Trommel umhing und sich während einer Schwarzen Messe selbst an seine Stelle setzte. Allerdings fehlt diesem Altar die Figur Johannes' des Täufers; der heutige Priester versichert jedoch, daß sich der Altar seit dem Ersten Weltkrieg in der Kirche befindet.

Hier ist unser Spaziergang durch Langfuhr zu Ende, bis zum Bahnhof oder nach links zur großen Einkaufsstraße sind es nur ein paar Minuten. Sie könnten in Wrzeszcz auch noch etwas essen, zum Beispiel im Restaurant „Newska" an der Grunwaldzka, gegenüber dem Hochhaus, oder einen Kaffee trinken, etwa im Café „Olimp", das sich im obersten Stockwerk des Hochhauses an der Grunwaldzka befindet und von dem aus man einen herrlichen Blick über die Stadt hat. Wenn Sie noch Lust haben weiterzugehen, empfehlen wir, den Weg zum Gutenbergdenkmal anzuschließen.

30. Al. Grunwaldzka *ok. 1930*
Hauptstraße in Langfuhr *um 1930*

Tu kończy się nasz spacer po Wrzeszczu. Do dworca, albo idąc w lewo, do głównej ulicy handlowej zostało już tylko kilka minut drogi. We Wrzeszczu można jeszcze coś zjeść, na przykład w restauracji "Newska" przy al. Grunwaldzkiej, naprzeciwko wieżowca, albo wypić kawę w kawiarni "Olimp", która znajduje się na najwyższym piętrze tegoż budynku. Można stąd oglądać wspaniałą panoramę miasta. Jeżeli mają Państwo ochotę na dalszy spacer, polecamy wybrać się jeszcze do pomnika Gutenberga.

2. Das Gutenbergdenkmal
„Inmitten weißer Lichtung stand ein rußschwarzer gußeiserner Tempel"

Ein bei gutem Wetter sehr empfehlenswerter Spaziergang führt hinauf in den Wald zu den Resten des Gutenbergdenkmals.
Vom Bahnhof in Wrzeszcz an der Herz-Jesu-Kirche/Kościół Najświętszego Serca Jezusowego vorbei, biegt man rechts in die Baumbachallee/ul. Konopnickiej ein, überquert die Al. Grunwaldzka und geht den Jäschkentaler Weg/Jaśkowa Dolina hinauf Richtung Wald. Sie ist eine der schönsten Straßen in Langfuhr, denn, gesäumt von verschnörkelten alten Villen inmitten verwilderter Gärten, führt sie in sanften Bögen die Hügelkette hinauf. In dieser Straße war zu Oskars Zeiten der Treffpunkt der Stäuberbande, bis sie während der Schwarzen Messe in der Herz-Jesu-Kirche aufflog.

Die übernächste Seitenstraße rechts, der Steffensweg/ul. Stefana Batorego, ist die Straße, in der Eddie Amsels Villa stand und er seine SS-Figuren baute. Immer noch ist dies eine besonders schöne Wohnlage in Wrzeszcz. Den alten Villen sieht man hinter offensichtlichen Verfallserscheinungen ihre Schönheit und ihren Reichtum an, auch ein Konsulat, das russische, befindet sich noch in der ul. Batorego.

> *„Tulla und ich, wir wußten, wo Eddi Amsel seine Vogelscheuchen, die er aber nicht Scheuchen, sondern Figuren nannte, entwarf und baute. Im Steffensweg hatte er eine geräumige Villa gemietet. Der Erbe Amsel war reich, und die unterste Etage der Villa galt als eichengetäfelt. Der Steffensweg zog sich im südwestlichen Teil des Vorortes Langfuhr hin. Unterhalb des Jäschkentaler Waldes zweigte er vom Jäschkentalerweg ab, lief gegen das Spenden- und Waisenhaus, nahe dem Gelände der Langfuhrer Feuerwehr. Villa neben Villa... Einige Konsulate: das lettische und das argentinische. Geplante Gärten hinter eisernen, niemals schmucklosen Zäunen. Buchsbaum, Taxus und Rotdorn. Teurer englischer Rasen, der im Sommer berieselt werden mußte und im Winter kostenlos unterm Schnee lag. Trauerweiden und Edeltannen flankierten, überragten und beschatteten die Villen. Spalierobst machte viel*

2. Pomnik Gutenberga/Gutenbergdenkmal
"Pośrodku białej polany stała bowiem czarna jak sadza żeliwna świątynia."

Przy dobrej pogodzie godny polecenia jest spacer, który prowadzi na zalesione wzniesienie do pozostałości pomnika Gutenberga.

Od dworca, mijając kościół Najświętszego Serca Jezusowego/Herz–Jesu–Kirche, skręcamy w prawo w ulicę Marii Konopnickiej/Baumbachallee, przechodzimy przez aleję Grunwaldzką/Adolf–Hitler–Allee i idziemy Jaśkową Doliną/Jäschkentaler Weg w górę w kierunku lasu. Otoczona bogatymi w kolumienki, wieżyczki, gzymsy i balkony starymi willami w zdziczałych ogrodach i łagodnymi zakrętami prowadząca na wzgórza – jest ona jedną z najpiękniejszych ulic we Wrzeszczu. W jednej z willi przy tej ulicy spotykali się w czasach Oskara członkowie bandy "wyciskaczy", aż do momentu czarnej mszy w kościele Najświętszego Serca Jezusowego, kiedy to organizacja ta przestała istnieć.

Druga przecznica w prawo to ulica Stefana Batorego/Steffensweg, przy której stała willa Eddiego Amsela i gdzie budował on swoje figury SS. Ciągle jeszcze jest to szczególnie piękna dzielnica mieszkaniowa Wrzeszcza. Stare wille, mimo widocznego zniszczenia, prezentują się pięknie i bogato, także konsulat rosyjski znajduje się na tej ulicy.

"Tulla i ja wiedzieliśmy, gdzie Eddie Amsel projektował i konstruował swoje strachy na wróble, nazywając je wszakże nie strachami, tylko figurami. Wynajął obszerną willę przy Steffensa. Spadek uczynił Amsela człowiekiem bogatym, a parter willi był podobno wykładany dębową boazerią. Ulica Steffensa ciągnęła się w południowo–zachodniej części przedmieścia Wrzeszcz. Poniżej Jaśkowego Lasu odchodziła od Jaśkowej Doliny, biegnąc w stronę sierocińca, nie opodal terenów wrzeszczańskiej straży ogniowej. Willa obok willi. Parę konsulatów: łotewski i argentyński. Rozplanowane ogrody za żelaznymi, nigdy nie pozbawionymi ozdób płotami. Bukszpan, cis i czerwony głóg. Drogi trawnik angielski, latem wymagający zraszania, zimą spoczywający bezpłatnie pod śniegiem. Wierzby płaczące i jodły pospolite stały po bokach,

31. Brunnen am Markt
in Wrzeszcz *1992*
Fontanna na rynku
we Wrzeszczu *1992*

Ärger. Springbrunnen mußten oft repariert werden. Gärtner kündigten. Gegen Einbrecher versicherte die Wach- und Schließgesellschaft. [...] Mit einem Wort: ein ruhiges, vornehmes Viertel, in dem innert zehn Jahren nur zwei Mordfälle und ein Mordversuch hörbar, also bekannt geworden waren." [H, 361/362]

Über die Verlängerung des Seyfertwegs, dann Mirchauer Promenadenwegs/ul. Matki Polki nach links kommt man in den Wald und steht direkt am Fuß des Erbsbergs. Hier ist Oskar als Kindergartenkind spazierengegangen, und hier hat Harry Liebenau mit seiner Cousine Tulla im Winter gerodelt. In einem dichtgewachsenen Buchenwald geht es nach links eine Treppe hinauf; nach ca. 500 m kommt man zu einer kleinen Lichtung, an der sich mindestens fünf verschiedene Wege kreuzen und auf der tatsächlich jenes schwarze, gußeiserne Tempelchen mit Pilzdach steht, um das Jenny Brunies so lange herumtanzen mußte, bis sie

32. Willa przy Jaśkowej Dolinie *1992*
Villa im Jäschkentaler Weg *1992*

przerastały i ocieniały wille. Owoce szpalerowe sprawiały dużo kłopotu. Fontanny często trzeba było reperować. Ogrodnicy wymawiali pracę. Od włamań ubezpieczało towarzystwo ochrony miasta. [...] Jednym słowem: spokojna, elegancka dzielnica, w której przez dziesięć lat do uszu, czyli do wiadomości, mieszkańców doszły wieści o dwóch tylko dokonanych i jednym usiłowanym zabójstwie." [Pl, s. 177]

Skręcając w lewo w przedłużenie ulicy Matki Polki/Seyfertweg, Mirchauer Promenadenweg dochodzimy do lasu i znajdujemy się dokładnie u podnóża Kopy Grochowej/Erbsberg. Tutaj spacerował Oskar jako przedszkolak i tutaj Harry Liebenau jeździł w zimie ze swoją kuzynką Tullą na sankach. W gęstym bukowym lasku idziemy w lewo, po schodach w górę i leśną drogą po około pięciuset metrach dochodzimy do małej polanki, na której krzyżuje się przynajmniej pięć ścieżek i gdzie rzeczywiście stoi ta czarna, żeliwna świątynka z dachem w kształcie grzyba, wokół której Jenny Brunies tak długo musiała tańczyć aż stała się

zu einem Schneemann wurde. Heute ist der Tempel ein bißchen ramponiert, seine Spitze abgeknickt, die Gutenbergfigur fehlt. Aber seine Schwärze ist gut erhalten, und die Bedrohlichkeit auf dieser abgeschiedenen Lichtung nachvollziehbar.

„Wenn die eine Rodelbahn den Philosophenweg hinunter führte und die andere Rodelbahn unsere Schlitten vor Amsels Garten trug, schleuste uns die dritte Rodelbahn bis vor das Gutenbergdenkmal. Auf jener Lichtung sah man nie viele Kinder, weil alle Kinder, außer Tulla, den Gutenberg fürchteten. Auch ich bewegte mich ungern nahe dem Gutenbergdenkmal. Niemand wußte, wie das Denkmal in den Wald gekommen war; [...]

33. Villa am Erbsberg *um 1930*
Willa u podnóża Kopy Grochowej *ok. 1930*

podobna do bałwana. Dzisiaj świątynka ta jest trochę nadwerężona, jej czubek ułamany, brakuje także postaci Gutenberga. Jej czerń jednak utrzymała się dobrze, a jej grozę na tej samotnej polanie można sobie wyobrazić.

"Podczas gdy jeden tor saneczkowy biegł w dół Drogą Filozofów, a drugi sprowadzał nasze sanki na tyły ogrodu Amsela, po trzecim mknęliśmy pod pomnik Gutenberga. Na owej polanie nigdy nie widywało się wielu dzieci, ponieważ wszystkie dzieci, z wyjątkiem Tulli, bały się Gutenberga. Ja też nie lubiłem przebywać w jego pobliżu. Nikt nie wiedział, jakim sposobem pomnik stanął w lesie; [...]
Tulla zmuszała nas do zjeżdżania z Kopy Grochowej pod pomnik Gutenberga, gdyż chciała napędzić nam stracha.
Pośrodku białej polany stała bowiem czarna jak sadza żeliwna świątynia. Siedem żeliwnych słupów dźwigało żeliwny profilo-

34. Pomnik Gutenberga
    ok. 1930
    Gutenbergdenkmal
    um 1930

Tulla zwang uns, vom Erbsberg hinab bis vors Gutenbergdenkmal zu rodeln, weil sie uns ängstigen wollte. Denn inmitten weißer Lichtung stand ein rußschwarzer gußeiserner Tempel. Sieben gußeiserne Säulen trugen das profilierte gußeiserne Pilzdach. Von Säule zu Säule schwangen sich kalte gußeiserne Ketten, die von gegossenen Löwenmäulern gehalten wurden. Blaue Granitstufen, fünf waren es, liefen rundum und erhöhten das Gehäuse. Und mitten im Eisentempel, zwischen den sieben Säulen, stand ein gußeiserner Mann: dem wallte ein lockiger Eisenbart über die gußeiserne Buchdruckerschürze. Links hielt er ein eisernes schwarzes Buch gegen Schürze und Bart gestemmt. Mit dem eisernen Zeigefinger der rechten Eisenhand wies er auf die Buchstaben des Eisenbuches. In dem Buch hätte man lesen können, wenn man sich, die fünf Granitstufen hinauf, vor die Eisenkette gestellt hätte. Aber wir wagten nie die paar Schritte. Nur Tulla, die federleichte Ausnahme, hüpfte, während wir abseits den Atem anhielten, über Stufen bis vor die Kette, stand, ohne die Kette zu berühren, mager und winzig vor dem Tempel, saß zwischen zwei Eisensäulen auf eiserner Girlande, schaukelte wild, dann ruhiger, glitt von nachschaukelnder Kette, war nun im Tempel, umtanzte den düsteren Gutenberg und kletterte ihm aufs linke gußeiserne Knie. Das bot Halt, weil er den linken gußeisernen Fuß mit der gußeisernen Sandalensohle auf den oberen Rand einer gußeisernen Gedenktafel gestellt hatte, deren Inschrift verriet: Hier steht Johannes Gutenberg. Um begreifen zu können, wie schwarz der Kerl in dem harrasschwarzen Tempel herrschte, muß man wissen, daß es vor, über und hinter dem Tempel mal großflockig mal kleinflockig schneite: das gußeiserne Pilzdach des Tempels trug eine Schneemütze." [H, 390/391]

Von hier aus kann man in einem großen Bogen den Wald am Fuß des Berges umrunden. Wieder am südlichen Rand von Wrzeszcz angekommen, sieht man linkerhand einen kleinen Weg Richtung ul. Topolowa; an seinem Ende befindet sich eine Schule: das III. Liceum Ogólnokształcące im. Boh. Westerplatte (die ehemalige Horst-Wessel-Oberschule). Dieses Gymnasium besuchte Mahlke, nachdem er einem ehemaligen Mitschüler dessen Kriegsauszeichnung geklaut hatte und deswegen vom Conradi-

wany dach grzybkowy. Pomiędzy słupkami zwisały zimne żeliwne łańcuchy trzymane przez odlane w żelazie lwie pyski. Niebieskie granitowe stopnie, było ich pięć, okalały i podwyższały obudowę. A w środku żelaznej świątyni, między siedmioma słupami, stał żeliwny człowiek: bujna żelazna broda kłębiła mu się na drukarskim fartuchu. W lewej ręce trzymał czarną żelazną księgę opartą o fartuch i brodę. Żelaznym palcem wskazującym żelaznej prawej dłoni wskazywał litery żelaznej księgi. Można by czytać w tej księdze, gdyby wszedłszy po pięciu granitowych stopniach stanęło się przy żelaznym łańcuchu. Ale my nigdy nie mieliśmy odwagi zrobić tych paru kroków. Tylko Tulla, lekki jak piórko wyjątek, podczas gdy my z dala wstrzymywaliśmy dech, skakała ze stopnia na stopień aż do łańcucha, nie dotykając go stała chuda i drobna przed świątynią, siadała między dwoma żeliznymi słupami na żelazną girlandę, huśtała się jak szalona, potem spokojnie, zsuwała się z rozkołysanego łańcucha, była już w świątyni, tańczyła wokół posępnego Gutenberga i wdrapywała się mu na lewe żeliwne kolano. Użyczało ono oparcia, ponieważ Gutenberg postawił lewą żeliwną stopę z żeliwną podeszwą sandała na górnej krawędzi żeliwnej tablicy z napisem, który głosił, że stoi tu Johannes Gutenberg. Aby zdać sobie sprawę, jak czarno królował ten gość w harrasowoczarnej świątyni, trzeba wiedzieć, że przed, nad i za świątynią raz dużymi, to znów małymi płatkami padał śnieg: żeliwny dach grzybkowy świątyni miał śniegową czapę." [Pl, s. 199/200]

Stąd można u stóp góry okrążyć las zataczając wielki łuk. Wracając na południową stronę Wrzeszcza, widzimy po lewej wąską ścieżkę biegnącą w stronę ulicy Topolowej/Falkweg; na jej końcu znajduje się szkoła: III Liceum Ogólnokształcące im. Bohaterów Westerplatte (dawniej szkoła średnia im. Horsta Wessela). Do tego gimnazjum uczęszczał Mahlke, po tym jak za kradzież odznaczenia wojskowego odwiedzającemu szkołę absolwentowi został wyrzucony z Conradinum. Widać stary budynek szkolny z czasów Grassa, nową salę gimnastyczną, boisko do gry w piłkę nożną – wszystko to otoczone płotem z siatki.

"Gimnazjum im. Horsta Wessela nazywało się przed wojną gimnazjum realnym im. Kronprinca Wilhelma i pachniało kurzem tak samo jak nasza szkoła. Jego gmach, zbudowany,

num geflogen war. Man sieht das alte Schulgebäude aus Grass'schen Zeiten, eine neugebaute Turnhalle, einen Fußballplatz – alles umgeben von einem Drahtzaun.

„*Die Horst-Wessel-Oberschule hieß vor dem Krieg Kronprinz-Wilhelm-Realgymnasium und roch ähnlich verstaubt wie unsere Schule. Das Gebäude, ich meine, neunzehnhundertzwölf erbaut, nur äußerlich freundlicher als unser Backsteinkasten, lag im Süden des Vorortes, am Fuße des Jäschkentaler Waldes; folglich kreuzte sich Mahlkes Schulweg mit meinem Schulweg nirgends, als im Herbst wieder einmal die Schulzeit begann.*"
[KuM, 87]

Dieses Lyzeum wurde in den 80er Jahren für sein politisches Engagement bekannt.

Auf dem Rückweg durch die ul. Batorego kann man nach etwa 100 m außerdem noch das Gelände der Feuerwehr sehen (straż pożarna). Über die Straßen Matki Polki, Partyzantów, Dmowskiego gelangt man zurück zum Bahnhof Wrzeszcz.

3. Rund um die Opera Bałtycka
„Ein Plätzchen hinter der Maiwiese im Steffenspark"

Von der Haltestelle „Klonowa", dem Bahnhof Wrzeszcz gegenüber, können Sie mit der Straßenbahnlinie 12 oder 6 nach Gdańsk zurückfahren. Wir empfehlen jedoch, noch einmal auszusteigen, um das Conradinum, die ehemalige Sporthalle (heute: Opera i Filharmonia Bałtycka), die Maiwiese und den Steffenspark anzusehen. Zuvor können Sie noch von der Straßenbahn aus rechterhand den Jäschkentaler Weg/Jaśkowa Dolina sehen, der mit der ehemaligen Adolf-Hitler-Allee (jetzt Al. Grunwaldzka) den Markt in Wrzeszcz bildet. An der Haltestelle „Politechnika" steigen Sie aus.

Das Conradinum, die ehemalige Realschule, die auch Grass besuchte, erreichen Sie, wenn Sie die Hindenburgallee/Al. Zwycięstwa ein Stück zurückgehen, vorbei am deutschen Generalkonsulat, und dann rechts in die Krusestraße/ul. Piramowicza einbiegen. Es ist ein großes Gebäude aus rotem Ziegelstein, gebaut im

35. III Liceum Ogólnokształcące im. Boh. Westerplatte *1993*
ehem. Kronprinz-Wilhelm-Realgymnasium/Horst-Wessel-Oberschule *1993*

zdaje się, w tysiąc dziewięćset dwunastym roku, tylko zewnętrznie weselszy niż nasza buda z czerwonej cegły, znajdował się na południu przedmieścia, u stóp Jäschkentaler Wald, tak więc, kiedy jesienią rozpoczęła się znowu nauka, moja droga do szkoły nigdzie nie przecinała się z drogą Mahlkego." [KiM, s. 69]

Liceum to stało się sławne dzięki swemu politycznemu zaangażowaniu w latach osiemdziesiątych. W drodze powrotnej ulicą Stefana Batorego po przejściu około stu metrów można poza tym zobaczyć jeszcze teren Straży Pożarnej. Ulicami Matki Polki, Partyzantów, Dmowskiego dochodzimy z powrotem do dworca.

3. Wokół Opery i Filharmonii Bałtyckiej
"miejsce w parku Steffensa"

Z przystanku ("Klonowa") naprzeciwko dworca Wrzeszcz można pojechać z powrotem do Gdańska tramwajem numer 12 lub 6. Polecamy jednak przerwać podróż i wysiąść, aby obejrzeć Conradinum, byłą halę sportową (dzisiaj: Opera i Filharmonia

Stil der Jahrhundertwende, zusätzlich aber mit einem Barockturm ausgestattet. Im gleichen Stil und fast zur selben Zeit ist auch die schräg gegenüber auf der anderen Straßenseite der Grunwaldzka gelegene Technische Hochschule gebaut (das Conradinum entstand 1900, die Technische Hochschule nur vier Jahre später.) In der Zeit der Freien Stadt Danzig war das Conradinum eine Realschule. Seinen Namen verdankt es einer Stiftung, die am Ende des 18. Jahrhunderts mit dem Geld von Karl Friderick Conradi entstand. Conradi war Baron und Kämmerer des Königs.

Heute ist das Gebäude der ehemaligen Realschule Sitz der einzigen technischen Schiffbauschule in Gdańsk. Hier werden viele Techniker ausgebildet, die später in den Häfen von Gdańsk und Gdynia arbeiten.

„Der Pausenhof des Conradinums bestand aus einem kleinen, quadratischen Pausenhof, den alte Kastanien unregelmäßig beschatteten, also in einen lichten Kastanienwald verwandelten, und einem länglichen, links zaunlos angrenzenden Großen Pausenhof, den junge Linden, die sich an stützenden Stöcken hielten, in regelmäßigen Abständen einfaßten. Die neugotische

36. Conradinum *1904*

37. Wejście do Conradinum
1992

Eingang zum Conradinum *1992*

Bałtycka), dawną Łąkę Majową/Maiwiese i Park im. Kasprzaka/Steffenspark. Przedtem można jeszcze z tramwaju zobaczyć po prawej stronie Jaśkową Dolinę/Jäschkentaler Weg, która krzyżując się z aleją Grunwaldzką (była Adolf–Hitler–Allee), tworzy rynek we Wrzeszczu. Wysiąść należy na przystanku "Politechnika".

Do Conradinum, dawniejszej szkoły realnej, do której uczęszczał także Grass, dotrzeć można nieznacznie cofając się aleją Zwycięstwa/Hindenburgallee. Należy minąć Konsulat Generalny Niemiec i skręcić w prawo w ulicę Piramowicza/Krusestraße. Conradinum to pokaźny budynek z czerwonej cegły w pseudorenesansowym stylu z barokową wieżą, zbudowny na przełomie wieków. W tym samym stylu i niemal w tym samym czasie zbudowano także Politechnikę Gdańską, położoną prawie dokładnie naprzeciw, po drugiej stronie alei Grunwaldzkiej (Conradinum powstało w roku 1900, natomiast Politechnika zaledwie cztery lata później). W czasach Wolnego Miasta Gdańska Con-

> *Turnhalle, das neugotische Pissoir und das neugotische, vierstöckige, mit einem glockenlosen Glockenturm bestückte, altziegelrote und efeuüberkletterte Schulgebäude begrenzten drei Seiten des Kleinen Pausenhofes und schützten ihn vor Winden, die über den Großen Pausenhof aus östlicher Ecke Staubtüten schickten, denn nur der niedrige Schulgarten mit seinem engmaschigen Drahtzaun und das zweistöckige, gleichfalls neugotische Alumnat stellte sich dem Wind in den Weg. Bis man später, hinter dem Südgiebel der Turnhalle, einen modernen Sportplatz mit Aschenbahn und Rasen anlegte, mußte der Große Pausenhof während der Turnstunden als Spielfeld dienen. Erwähnenswert ist noch ein geteertes fünfzehn Meter langes Holzgestell, das zwischen den jungen Linden und dem Schulgartenzaun stand. Das Vorderrad hoch, konnten in diesem Schuppen die Fahrräder eingestellt werden. Ein Spielchen: sobald die hochgestellten Vorderräder mit flachen Handschlägen zum freien Lauf gebracht wurden, löste sich der Kies, der nach kurzer Fahrt über den Großen Pausenhof haften geblieben war, von der Bereifung und prasselte in die Stachelbeersträucher des Schulgartens hinter dem Maschendrahtzaun."* [H, 249/250]

Auf der anderen Seite des Bahndamms befindet sich rechterhand heute wie damals die Frauenklinik – hier wurde Grass geboren –, von der aus man noch einmal einen „Grass'schen Blick" auf das Conradinum werfen kann:

> *„Vom Haupteingang der Städtischen Frauenklinik aus sahen wir die vertraute Kulisse: hinter dem Bahndamm und schweren Kastanien lockten Giebel und Turmhelm des standfesten Gymnasiums; aber er guckte nicht oder sah etwas anderes."* [KuM, 128]

Ecke Ostseestraße/Hindenburg-Allee (Al. Hallera/Zwycięstwa) stand die Sporthalle mit großen angrenzenden Wiesen und Friedhöfen:

> *„Allen Bahngleisen, den Arbeiterhäusern aus Kaiser- und Schichauzeiten und der Werft mit Kränen und Docks vorgelagert, breiteten sich, über acht Hektar groß, die Vereinigten Friedhöfe Sankt Johannis, Sankt Bartholomäus, Peter und*

radinum było szkołą realną. Nazwę swą zawdzięcza ono fundacji powstałej w końcu XVIII wieku z pieniędzy podkomorzego królewskiego, barona Karola Fryderyka Conradiego. Dziś budynek dawnej szkoły realnej mieści Techniczne Szkoły Budownictwa Okrętowego, jedyną tego typu placówkę w Gdańsku. Kształci się tu wielu techników, którzy potem znajdują zatrudnienie w portach Gdańska i Gdyni.

"Podwórze Conradinum składało się z małego kwadratowego, ocienionego nieregularnie przez stare kasztany, a więc przeobrażonego w rzadki kasztanowy las, i podłużnego, z lewej przylegającego bez płotu, dużego podwórza, które okalały posadzone w regularnych odstępach młode lipy trzymające się podpórek. Neogotycka hala gimnastyczna, neogotycki pisuar i neogotycki, trzypiętrowy, wyposażony w bezdzwonną dzwonnicę, staroceglanoczerwony i porośnięty bluszczem gmach szkoły otaczały z trzech stron małe podwórze i osłaniały od wiatrów, które ponad dużym podwórzem niosły ze wschodniego kąta stożkowate kłęby kurzu; bo tylko niski ogród szkolny z ogrodzeniem z wąskookiej siatki i dwupiętrowy, również neogotycki alumnat stały wiatrowi na przeszkodzie. Zanim później, za południowym szczytem hali gimnastycznej, zbudowano nowoczesny stadion z bieżnią i murawą, duże podwórze musiało na lekcjach gimnastyki służyć za boisko. Godzi się jeszcze wspomnieć wysmołowany piętnastometrowej długości stojak drewniany między młodymi lipami a płotem szkolnego ogrodu. Unosząc wysoko przednie koła można było wstawiać do tej remizy rowery. Igraszka: skoro tylko uniesionym wysoko przednim kołom płaskimi uderzeniami dłoni nadało się bieg jałowy, żwir, który przylgnął podczas krótkiego przejazdu przez duże podwórze, odrywał się od opon i walił w krzaki agrestu szkolnego ogrodu za siatkowym płotem." [Pl, s. 90]

Po prawej stronie za nasypem kolejowym znajduje się dziś jak i wtedy klinika położnicza, w której urodził się Grass. Stąd można jeszcze raz oczami autora spojrzeć na Conradinum:

"Sprzed głównego wejścia do miejskiej kliniki położniczej rozciągał się dobrze nam znany widok: poprzez nasyp kolejowy i rozrośnięte kasztany przyzywał nas szczyt frontonu i zwień-

> *Paul und der Mennonitenfriedhof. Erst dann schloß mit Baracken verbautes Gelände an: die ehemalige Maiwiese; meinerzeit für Großaufmärsche vor Tribünen, Siegheilrufe, Marschmusik, Kommandos und Gauleiterreden geeignet."* [U, 214].

Hier fanden damals die Aufmärsche der Nationalsozialisten statt. An diesen Versammlungen und Märschen nahm Matzerath, der Vater Oskars, jeden Sonntag teil. Auch Oskar zog es dorthin:

> *"Matzerath verließ schon um neun Uhr die Wohnung. Ich hatte ihm noch beim Wichsen der braunen Ledergamaschen geholfen, damit er rechtzeitig aus dem Haus kam. Selbst zu dieser frühen Tagesstunde war es schon unerträglich heiß, und er schwitzte sich dunkle, wachsende Flecken unter die Ärmel seines Parteihemdes, bevor er im Freien war. [...] Und ich trollte mich davon, folgte den Spuren Matzeraths, ohne in ihm ein Vorbild zu sehen. Vorsichtig vermied ich Straßen, die voller in Richtung Maiwiese strebender Uniformierter waren und näherte mich erstmals dem Kundgebungsfeld von den Tennisplätzen her, die neben der Sporthalle lagen. Diesem Umweg verdanke ich die Hinteransicht der Tribüne. [...]*
> *Unter dem Rednerpult hockte ich. Links und rechts von mir und über mir standen breitbeinig, und wie ich wußte, mit verkniffenen, vom Sonnenlicht geblendeten Augen die jüngeren Trommler des Jungvolkes und die älteren der Hitlerjugend. Und dann die Menge. Ich roch sie durch die Ritzen der Tribünenverschalung. Das stand und berührte sich mit Ellenbogen und Sonntagskleidung, das war zu Fuß gekommen oder mit der Straßenbahn, das hatte zum Teil die Frühmesse besucht und war dort nicht zufriedengestellt worden, das war gekommen, um seiner Braut am Arm etwas zu bieten, das wollte mit dabei sein, wenn Geschichte gemacht wird, und wenn auch der Vormittag dabei draufging. [...]*
> *Die Trommel lag mir schon maßgerecht. Himmlisch locker ließ ich die Knüppel in meinen Händen spielen und legte mit Zärtlichkeit in den Handgelenken einen kunstreichen, heiteren Walzertakt auf mein Blech, den ich immer eindringlicher, Wien und die Donau beschwörend, laut werden ließ, bis oben die erste und zweite Landsknechttrommel an meinem Walzer Gefallen fand, auch Flachtrommeln der älteren Burschen mehr oder*

czenie wieży masywnego budynku gimnazjum; ale Mahlke nie patrzył w tamtą stronę albo też widział coś innego." [KiM, s. 101]

Na rogu alei Hallera/Ostseestraße i alei Zwycięstwa/Hindenburgallee znajdowała się hala sportowa z wielkimi, przylegającymi do niej łąkami i cmentarzami:

"Na ośmiu hektarach, wysunięte przed wszystkie tory kolejowe, domy robotnicze z czasów cesarza i Schichaua oraz stocznię z dźwigami i domkami, rozpościerały się zjednoczone cmentarze Świętego Jana, Świętego Bartłomieja, Świętych Piotra i Pawła i cmentarz menonitów. Dopiero potem ciągnął się teren zabudowany barakami: Dawna Łąka Majowa; za moich czasów zdatna na defilady przed trybunami, okrzyki »Sieg heil!«, muzykę marszową, komendy i przedmowy gauleiterów." [Wk, s. 144]

Tu odbywały się kiedyś marsze narodowych socjalistów. W tych zebraniach i marszach uczestniczył w każdą niedzielę Matzerath, ojciec Oskara. Także Oskara tam ciągnęło:

*"Matzerath już o dziewiątej wyszedł z domu. Pomogłem mu jeszcze oczyścić brązowe sztylpy, by zdążył na czas. Nawet o tak wczesnej porze było już nieznośnie gorąco i on, zanim znalazł się na dworze, wypacał ciemne, rosnące plamy pod pachami partyjnej koszuli.[...] wyniosłem się z domu, podążyłem śladem Matzeratha, nie biorąc go sobie jednak za wzór. Przezornie unikałem ulic, które były pełne umundurowanych ludzi ciągnących w kierunku Łąk, i po raz pierwszy zbliżyłem się do miejsca demonstracji od strony kortów tenisowych, które znajdowały się obok hali sportowej. Tej okrężnej drodze zawdzięczałem widok trybuny z tyłu.[...]
Przycupnąłem pod mównicą. W lewo i w prawo ode mnie i nade mną stali w rozkroku i, jak widziałem, ze zmrużonymi, oślepionymi słońcem oczami młodzi dobosze z Jungvolku starsi z Hitlerjugend. A dalej tłum. Czułem jego zapach przez szpary w oszalowaniu trybuny. Ludziska stali dotykając się łokciami i niedzielnym ubraniem; przybyli pieszo albo tramwajem, częściowo z porannej mszy i nie zaznawszy tam zadowolenia, przyszli, żeby zaofiarować coś narzeczonej u boku, chcieli być*

weniger geschickt mein Vorspiel aufnahmen. Dazwischen gab es zwar Unerbittliche, die kein Gehör hatten, die weiterhin Bumbum machten, und Bumbumbum, während ich doch den Dreivierteltakt meinte, der so beliebt ist beim Volk. Schon wollte Oskar verzweifeln, da ging den Fanfaren ein Lichtchen auf, und die Querpfeifen, oh Donau, pfiffen so blau. Nur der Fanfarenzugführer und auch der Spielmannszugführer, die glaubten nicht an den Walzerkönig und schrien ihre lästigen Kommandos, aber ich hatte die abgesetzt, das war jetzt meine Musik. Und das Volk dankte es mir. Lacher wurden laut vor der Tribüne, da sangen schon welche mit, oh Donau, und über den ganzen Platz, so blau, bis zur Hindenburgallee, so blau und zum Steffenspark, so blau, hüpfte mein Rhythmus, verstärkt durch das über mir vollaufgedrehte Mikrophon. Und als ich durch mein Astloch hindurch ins Freie spähte, doch dabei fleißig weitertrommelte, bemerkte ich, daß das Volk an meinem Walzer Spaß fand, aufgeregt hüpfte, es in den Beinen hatte: Schon neun Pärchen und noch ein Pärchen tanzten, wurden vom Walzerkönig gekuppelt. Nur dem Löbsack, der mit Kreisleitern und Sturmbannführern, mit Forster, Greiser und Rauschning, mit einem langen braunen Führungsstabschwanz mitten in der Menge kochte, vor dem sich die Gasse zur Tribüne schließen wollte, lag erstaunlicherweise der Walzertakt nicht. Der war gewohnt, mit gradliniger Marschmusik zur Tribüne geschleust zu werden. Dem nahmen nun diese leichtlebigen Klänge den Glauben ans Volk. Durchs Astloch sah ich seine Leiden. Es zog durch das Loch. Wenn ich mir auch fast das Auge entzündete, tat er mir dennoch leid, und ich wechselte in einen Charleston, »Jimmy the Tiger«, über, brachte jenen Rhythmus, den der Clown Bebra im Zirkus auf leeren Selterswasserflaschen getrommelt hatte; doch die Jungs vor der Tribüne kapierten den Charleston nicht. Das war eben eine andere Generation. Die hatten natürlich keine Ahnung von Charleston und »Jimmy the Tiger«. Die schlugen – oh guter Freund Bebra – nicht Jimmy und Tiger, die hämmerten Kraut und Rüben, die bliesen mit Fanfaren Sodom und Gomorrha. Da dachten die Querpfeifen sich, gehupst wie gesprungen. Da schimpfte der Fanfarenzugführer auf Krethi und Plethi. Aber dennoch trommelten, pfiffen, trompeteten die Jungs vom Fanfarenzug und Spielmannszug

przy tym, jak tworzy się historia, choćby zajęło to całe przedpołudnie. [...]
Bębenek był już w odpowiedniej pozycji. Niebiańsko lekko igrały pałeczki w moich dłoniach i z czułością w przegubach kładłem na mojej blasze kunsztowny, wesoły takt walca, który rozbrzmiewał coraz natarczywiej, przywołując Wiedeń i Dunaj, aż na górze temu i owemu bębenkowi lancknechtów spodobał się mój walc, tak że płaskie bębny starszych chłopców bardziej czy mniej zręcznie podchwyciły moją przygrywkę. Byli tam co prawda nieprzejednani, którzy nie mieli słuchu, którzy nadal walili bum–bum i bum–bum–bum, gdy mnie chodziło przecież o takt na trzy czwarte, tak lubiany przez lud. Już Oskar omal nie zwątpił, kiedy nagle fanfarom coś zaświtało, a i piszczałki zapiszczały o modrym Dunaju. Tylko obaj kapelmistrze, od fanfarzystów i doboszy, nie uwierzyli w króla walca i wywrzaskiwali swoje dokuczliwe komendy, ale ja ich złożyłem z urzędu, to była teraz moja muzyka. I lud był mi wdzięczny. Odezwały się śmiechy przed trybuną, niektórzy już śpiewali o Dunaju, i ponad całym placem, piękny i modry, aż po Aleję Hindenburga, piękny i modry, i do parku Steffensa, piękny i modry, skakał mój rytm, spotęgowany przez stojący nade mną mikrofon włączony na cały regulator. I gdy wyjrzałem przez dziurę po sęku na plac, bębniąc przy tym zapamiętale, zobaczyłem, że lud z ochotą przyjął mojego walca, podskakiwał podniecony, miał go w nogach: tańczyło już dziewięć, nie, dziesięć par, skojarzonych przez króla walca. Tylko Löbsackowi, który z kreisleiterami i sturmbannführerami, z Forsterem, Greiserem i Rauschningiem, z długim brunatnym ogonem sztabowców kotłował się w tłumie, przed którym zamykało się owo przejście prowadzące na trybunę, tylko jemu – rzecz dziwna – nie odpowiadał rytm walca. Przywykł wkraczać na trybunę w takt prostej marszowej muzyki. Teraz te beztroskie dźwięki odebrały mu wiarę w lud. Przez dziurę po sęku widziałem jego cierpienia. Wiało przez tę dziurę. Choć nabawiłem się niemal zapalenia oka, było mi go żal i przeszedłem na charlestona »Jimmy the Tiger«, podjąłem ów rytm, który klown Bebra wystukiwał w cyrku na pustych butelkach po wodzie sodowej; lecz chłopcy przed trybuną nie skapowali charlestona. To było po prostu inne pokolenie. Nie mieli oczywiście pojęcia, co to charleston

auf Teufel komm raus, daß es Jimmy eine Wonne war, mitten im heißesten Tigeraugust, daß es die Volksgenossen, die da zu Tausenden und Abertausenden vor der Tribüne drängelten, endlich begriffen: Es ist Jimmy the Tiger, der das Volk zum Charleston aufruft!
Und wer auf der Maiwiese noch nicht tanzte, der griff sich, bevor es zu spät war, die letzten noch zu habenden Damen. Nur Löbsack mußte mit seinem Buckel tanzen, weil in seiner Nähe alles, was einen Rock trug, schon besetzt war, und jene Damen von der Frauenschaft, die ihm hätten helfen können, rutschten, weit weg vom einsamen Löbsack, auf den harten Holzbänken der Tribüne. Er aber – und das riet sein Buckel – tanzte dennoch, wollte gute Miene zur bösen Jimmymusik machen und retten, was noch zu retten war.
Es war aber nichts mehr zu retten. Das Volk tanzte sich von der Maiwiese, bis die zwar arg zertreten, aber immerhin grün und leer war. Es verlor sich das Volk mit »Jimmy the Tiger« in den weiten Anlagen des angrenzenden Steffensparkes. Dort bot sich Dschungel, den Jimmy versprochen hatte, Tiger gingen auf Sammetpfötchen, ersatzweise Urwald fürs Volk, das eben noch auf der Wiese drängte. Gesetz ging flöten und Ordnungssinn. Wer aber mehr die Kultur liebte, konnte auf den breiten gepflegten Promenaden jener Hindenburgallee, die während des achtzehnten Jahrhunderts erstmals angepflanzt, bei der Belagerung durch Napoleons Truppen achtzehnhundertsieben abgeholzt und achtzehnhundertzehn zu Ehren Napoleons wieder angepflanzt wurde, auf historischem Boden also konnten die Tänzer auf der Hindenburgallee meine Musik haben, weil über mir das Mikrophon nicht abgestellt wurde, weil man mich bis zum Olivaer Tor hörte, weil ich nicht locker ließ, bis es mir und den braven Burschen am Tribünenfuß gelang, mit Jimmys entfesseltem Tiger die Maiwiese bis auf die Gänseblümchen zu räumen." [B, 138 - 142]

Neben der Maiwiese, im Steffenspark, wurde Mutter Truczinski begraben – und nicht auf dem Stadtfriedhof, wo ihr Sohn Herbert beigesetzt worden war, weil man nach der deutschen Niederlage im Jahr 1945 die andere Seite der Hindenburg - Allee nicht mehr erreichen konnte:

i »Jimmy the Tiger«. Wystukiwali – o zacny przyjacielu Bebro! – nie Jimmy'ego i tygrysa, walili groch z kapustą, dmuchali z fanfary Sodomę i Gomorę. Piszczałki pomyślały, że to wszystko jeden diabeł. Kapelmistrz fanfarzystów zbeształ tę kocią muzykę. Ale mimo to chłopcy z drużyn fanfarzystów i doboszy bębnili, gwizdali i trąbili jak opętani, tak że dla Jimmy'ego w połowie najupalniejszego tygrysiego sierpnia była to sama rozkosz, a ludzie, którzy całymi tysiącami tłoczyli się przed trybuną, zrozumieli wreszcie: oto »Jimmy the Tiger« nawołuje lud do charlestona!
I kto na Łąkach jeszcze nie tańczył, ten porywał, zanim będzie za późno, ostatnie panie do wzięcia. Tylko Löbsack musiał tańczyć ze swoim garbem, bo w jego sąsiedztwie wszystko, co nosiło spódnice, było już zajęte, a te panie z Frauenschaftu, które mogłyby go pocieszyć, wierciły się niespokojnie, z dala od samotnego Löbsacka, na twardych drewnianych ławkach trybuny. On zaś – garb mu tak doradził – tańczył mimo to, chciał robić dobrą minę do złej muzyki Jimmy'ego i ratować, co jeszcze można było uratować.
Niczego jednak nie można było uratować. Lud odpływał w tańcu z Łąk, aż pozostały co prawda okrutnie zdeptane, lecz bądź co bądź zielone i opustoszałe. Lud i »Jimmy the Tiger« zniknęli w rozległej zieleni parku Steffensa. Tam ciągnęła się dżungla, którą obiecywał Jimmy, tam tygrysy były obłaskawione, namiastka dziewiczej puszczy dla ludu, który dopiero co tłoczył się na Łąkach. Zasady i poczucie porządku diabli wzięli. Ten jednak, kto bardzo kochał kulturę, mógł na szerokich, eleganckich promenadach owej Alei Hindenburga, która została w osiemnastym wieku po raz pierwszy zasadzona, w tysiąc osiemset siódmym w czasie oblężenia przez wojska Napoleona wycięta i w tysiąc osiemset dziesiątym na cześć Napoleona zasadzona ponownie, a zatem na historycznym gruncie mogli tancerze w Alei Hindenburga bawić się w takt mojej muzyki, bo mikrofonu nade mną nikt nie wyłączył, bo słychać mnie było aż po Bramę Oliwską, bo nie ustępowałem, póki mnie i dzielnym chłopcom u stóp trybuny nie udało się przy pomocy spuszczonego z uwięzi tygrysa Jimmy'ego usunąć z Łąk wszystkiego prócz stokrotek.

„*Der alte Heilandt zog den Tafelwagen der Gemüsehandlung Greff mit dem Sarg durch die Luisenstraße, Marienstraße, durch den Anton-Möller-Weg – da brannten die Häuser – in Richtung Frauenklinik. [...] Die Straßen waren mit Flüchtlingen aus Ostpreußen und dem Werder verstopft. Durch die Eisenbahnunterführung vor der Sporthalle war kaum durchzukommen. Matzerath schlug vor, im Schulgarten des Conradinums ein Loch zu graben. Maria war dagegen. Der alte Heilandt, der Mutter Truczinskis Alter hatte, winkte ab. Auch ich war gegen den Schulgarten. Auf die Städtischen Friedhöfe mußten wir allerdings verzichten, da von der Sporthalle an die Hindenburgallee nur für Militärfahrzeuge offen war. So konnten wir die Maus nicht neben ihrem Sohn Herbert beerdigen, wählten ihr aber ein Plätzchen hinter der Maiwiese im Steffenspark, der den Städtischen Friedhöfen gegenüberlag.*" [B, 477/78]

Nachdem die Matzeraths Gdańsk verlassen hatten, veränderte sich dort viel: Die Hindenburg-Allee wurde zur Al. Zwycięstwa, die Sporthalle wurde zur modernen Opera i Filharmonia Bałtycka umgebaut, der Steffenspark zum Park imienie Kasprzaka. Auf den Wiesen stehen Baracken und im Park befindet sich der Sportclub der Danziger Technischen Hochschule (Politechnika Gdańska).

Die Friedhöfe wurden eingeebnet und als Parks der öffentlichen Benutzung freigegeben: der Park Akademicki und der Park XXV - Lecia PRL: Im Park Akademicki gibt es heute ein Krankenhaus für alle Hochschulangehörigen/Szpital Akademicki. Den Park XXV - Lecia PRL beschreibt Grass in den *Unkenrufen*, deren größter Teil sich auf dem Gelände der ehemaligen „Vereinigten Friedhöfe" abspielt – hier gelingt es den beiden Hauptpersonen Aleksandra Piątkowska und Alexander Reschke, die Idee des „Versöhnungsfriedhofs" zu verwirklichen.

„*Das später Park Akademicki genannte Gelände gab zwischen der Poliklinik und der Technischen Hochschule, der parallel verlaufenden Großen Allee und dem zum Krematorium führenden Michaelisweg Raum für den etwa eineinhalb Hektar großen Friedhof der katholischen Kirchengemeinden Sankt Brigitten und Sankt Joseph, der, wie die weiteren Friedhöfe, ab*

Nawet gdy dałem mojej blasze dawno zasłużone wytchnienie, mali dobosze jeszcze nie chcieli skończyć. Trzeba było sporo czasu, by ustał mój muzyczny wpływ.

Wypada jeszcze powiedzieć, że Oskar nie mógł od razu opuścić wnętrza trybuny, gdyż formacje SA i SS przez godzinę tupały buciorami po deskach, wyrywały sobie dziury w brunatnych i czarnych mundurach, chyba czegoś szukały w obudowie trybuny: być może jakiegoś socjała albo komunistycznych dywersantów. Nie wdając się w wyliczanie podstępów i wybiegów Oskara, należy tutaj stwierdzić krótko: nie znaleźli Oskara, bo do Oskara nie dorośli.

W końcu uspokoiło się w drewnianym labiryncie, co wielkością przypominał zapewne owego wieloryba, w którym siedział Jonasz i do znudzenia nasiąkał tranem. Nie, nie, Oskar nie był prorokiem, Oskar poczuł głód. Nie było tam Pana, który mówił:»Wstań, a idź do Niniwy, miasta wielkiego, i przepowiadaj w nim!« Nie musiał mi też Pan zasadzać krzewu rycynowego, który później, na rozkaz Pana, robak miał zniszczyć. Nie opłakiwałem ani biblijnego rycynusa, ani Niniwy, nawet jeśli się nazywała Gdańsk. Wsunąłem pod sweter bębenek, który nie był biblijny, dość miałem kłopotu z samym sobą, wydostałem się, nie uderzając się i nie kalecząc o gwoździe, z trzewi trybuny przeznaczonej na demonstracje wszelkiego rodzaju, która tylko przypadkiem miała wymiary połykającego proroków wieloryba.

Któż by zwrócił uwagę na małego chłopca, trzylatka, który pogwizdując kroczył wolno skrajem Łąk w stronę hali sportowej? Za kortami tenisowymi skakali moi chłopcy sprzed trybuny trzymając przed sobą lancknechtowskie werble, płaskie bębny, piszczałki i fanfary. Ćwiczenia karne, stwierdziłem i bardzo umiarkowanie współczułem tym, co skakali na rozkaz i gwizdek drużynowego. Z dala od swoich stłoczonych sztabowców tam i z powrotem przechadzał się Löbsack z samotnym garbem. W punktach zwrotnych owej świadomej celu drogi udawało mu się, zawracając na obcasach, wyplenić całą trawę i stokrotki." [Bb, s. 100–104]

Matka Truczinska została pochowana obok Łąki Majowej w Parku Steffensa, a nie na cmentarzu miejskim, gdzie leżał już jej

38. Park auf dem Gelände der ehem. Vereinigten Friedhöfe *1993*
Park Akademicki (teren dawnych Zjednoczonych Cmentarzy) *1993*

1966 eingeebnet wurde; für den sich anschließenden, zwei Hektar großen evangelischen Sankt Marienfriedhof, auf dessen zum Michaelisweg liegenden Teil das Szpital Studencki gebaut wurde; für den etwa dreieinhalb Hektar großen evangelischen

syn Herbert, ponieważ po klęsce Niemiec w roku 1945 nie można było dostać się na jej drugą stronę:

> *"Stary Heilandt ciągnął trumnę na płaskim wózku ze sklepu warzywniczego Greffów ulicami Luizy, Marii, Antona Möllera – płonęły tam dwa domy – w stronę kliniki położniczej. [...] Ulice były zapchane uciekinierami z Prus Wschodnich i Żuław. Przez tunel pod torami kolejowymi koło hali sportowej nie dało się przejść. Matzerath zaproponował, żeby wykopać dół w ogrodzie szkolnym Conradinum. Maria była przeciwna. Stary Heilandt, który był z matką Truczinską w jednym wieku, machnął ręką z dezaprobatą. Ja też byłem przeciwko ogrodowi szkolnemu. Z cmentarza miejskiego musieliśmy oczywiście zrezygnować, bo od hali sportowej poczynając Aleja Hindenburga była otwarta tylko dla pojazdów wojskowych. Nie mogliśmy więc pochować myszy obok jej syna Herberta, ale wybraliśmy jej miejsce w parku Steffensa, który leżał naprzeciwko cmentarza miejskiego."* [Bb, s. 343/344]

Od czasu gdy Matzerathowie opuścili Gdańsk zmieniło się tu wiele: aleja Hindenburga stała się aleją Zwycięstwa, hala sportowa została przebudowana na nowoczesną Filharmonię i Operę Bałtycką, Park Steffensa stał się Parkiem im. Kasprzaka, na łąkach stoją baraki, a w parku mieści się ośrodek sportowy Politechniki Gdańskiej.

Cmentarze zostały zniwelowane i oddane do użyteczności publicznej jako parki: Park Akademicki, w którym dziś znajduje się Szpital Akademicki i Park XXV–Lecia PRL. Park ten opisuje Grass we *Wróżbach kumaka*, których większa część rozgrywa się na terenie dawnych "Zjednoczonych cmentarzy" – tutaj obu bohaterom: Aleksandrze Piątkowskiej i Alexandrowi Reschke udaje się urzeczywistnić ideę "Cmentarza Pojednania".

> *"... na terenie zwanym później Parkiem Akademickim między Polikliniką a Wyższą Szkołą Techniczną, biegnącą równolegle Wielką Aleją i prowadzącą do krematorium ulicą Świętego Michała rozciągał się mniej więcej półtorahektarowy cmentarz katolickich parafii Świętej Brygidy i Świętego Józefa, który, jak dalsze cmentarze, był od roku 1966 niwelowany; przyległy dwuhektarowy ewangelicki cmentarz Marii Panny, na którego części od strony Świętego Michała wybudowano Szpital Studencki; około trzyipółhektarowy ewangelicki cmentarz Świętej*

> *Sankt Katharinenfriedhof, auf dessen östlichem Teil einige Gebäude der vormals Technischen Hochschule, dann Politechnika Gdańska Platz genommen hatten; für den katholischen Friedhof der Gemeinden von Sankt Nikolai und der Königlichen Kapelle, dessen Maße zweieinhalb Hektar betrugen, und für den jenseits vom Michaelisweg gelegenen, eindreiviertel Hektar großen Krematoriumsfriedhof, auf dessen Gelände noch immer als imposanter Klinkerbau, mit Abdankungshalle und zwei Schornsteinen, das Krematorium stand. Auch dieser Urnenfriedhof wurde bis Ende der sechziger Jahre eingeebnet und später als öffentliche Anlage unter dem Namen »Park XXV-Lecia PRL«, das heißt Park des 25. Jahrestages der Volksrepublik Polen, zur allgemeinen Nutzung freigegeben."*
> [U 65/66]

Das Gelände des „Versöhnungsfriedhofes" der *Unkenrufe* umfaßt also im wesentlichen das Dreieck zwischen der Großen Allee/Al. Zwycięstwa und dem Michaelisweg/Traugutta. An dieser Stelle sollten Sie unbedingt einen Blick auf das architektonisch bedeutsame Gebäude der Politechnika Gdańska werfen, am besten vom Park Akademicki aus.

Sie können bei der Oper wieder in die Straßenbahn (Nr. 2, 6, 8, 12) einsteigen und, die breite Allee entlang, vorbei am Olivaer Tor, wo sich heute ein Rummel befindet, nach Gdańsk zurückfahren.

4. Von der Altstadt zur Werft
   „Wir fuhren in die Stadt"

Den Rundgang durch die Stadt beginnen Sie am besten am Hohen Tor/Brama Wyżynna. In den *Unkenrufen* wird von hier aus die Lage der Wohnung von Alexandra Piątkowska beschrieben, die sich im dritten Stock der Hundegasse/ul. Ogarna Nr. 78/79 befindet, einer Parallelstraße zur Langgasse/Długa. Unser Weg führt Sie nicht durch diese Gasse, aber wenn Sie Lust haben, können Sie natürlich nachschauen gehen, ob es dort so aussieht, wie von Grass beschrieben:

> *„Diese Gasse, die wie die übrige Stadt gegen Kriegsende bis auf die Fassadenreste niederbrannte, wurde im Verlauf der*

Katarzyny, na którego wschodniej części stanęło kilka nowych budynków dawnej Wyższej Szkoły Technicznej, późniejszej Politechniki gdańskiej; katolicki cmentarz parafii Świętego Mikołaja i Kaplicy Królewskiej liczący sobie dwa i pół hektara oraz położony po drugiej stronie ulicy Świętego Michała na przestrzeni jednego i trzech czwartych hektara cmentarz krematoryjny, gdzie wciąż jeszcze stała imponująca klinkierowa budowla krematorium z halą żałobną i dwoma kominami. Również ten urnowy cmentarz został do końca lat sześćdziesiątych zniwelowany i później jako skwer publiczny pod nazwą »Park XXV–lecia PRL« oddany do powszechnego użytku." [Wk, s. 46/47]

Obszar "Cmentarza Pojednania" z *Wróżb kumaka* obejmuje głównie trójkąt między aleją Zwycięstwa/Grosse Allee i ulicą Traugutta/Michaelisweg. Z tego miejsca, najlepiej od strony Parku Akademickiego, należy koniecznie obejrzeć ciekawy architektonicznie budynek Politechniki Gdańskiej.

Przy Operze można wsiąść do tramwaju (numer 2, 6, 8, 12) i jadąc ową szeroką aleją obok Bramy Oliwskiej/Olivaer Tor, gdzie dziś znajduje się wesołe miasteczko, wrócić z powrotem do Gdańska.

4. Ze Starego Miasta do stoczni
"jechaliśmy do śródmieścia..."

Spacer po mieście proponujemy rozpocząć przy Bramie Wyżynnej. We *Wróżbach kumaka* właśnie z tego miejsca opisywane jest usytuowanie mieszkania Aleksandry Piątkowskiej (bohaterki tej opowieści). Znajduje się ono na ulicy Ogarnej/Hundegasse, jednej z równoległych do ulicy Długiej/Langgasse, na trzecim piętrze domu numer 78/79. Proponowana przez nas trasa nie prowadzi w to miejsce, ale gdyby ktoś miał ochotę, zapraszamy serdecznie na tak oto przez Grassa opisaną ulicę:

"Ta ulica, podobnie jak całe śródmieście wypalona pod koniec wojny do resztek fasad, została w latach pięćdziesiątych łudząco wiernie odbudowana i jak wszystkie główne i boczne ulice zmartwychwstałego miasta domaga się gruntowego od-

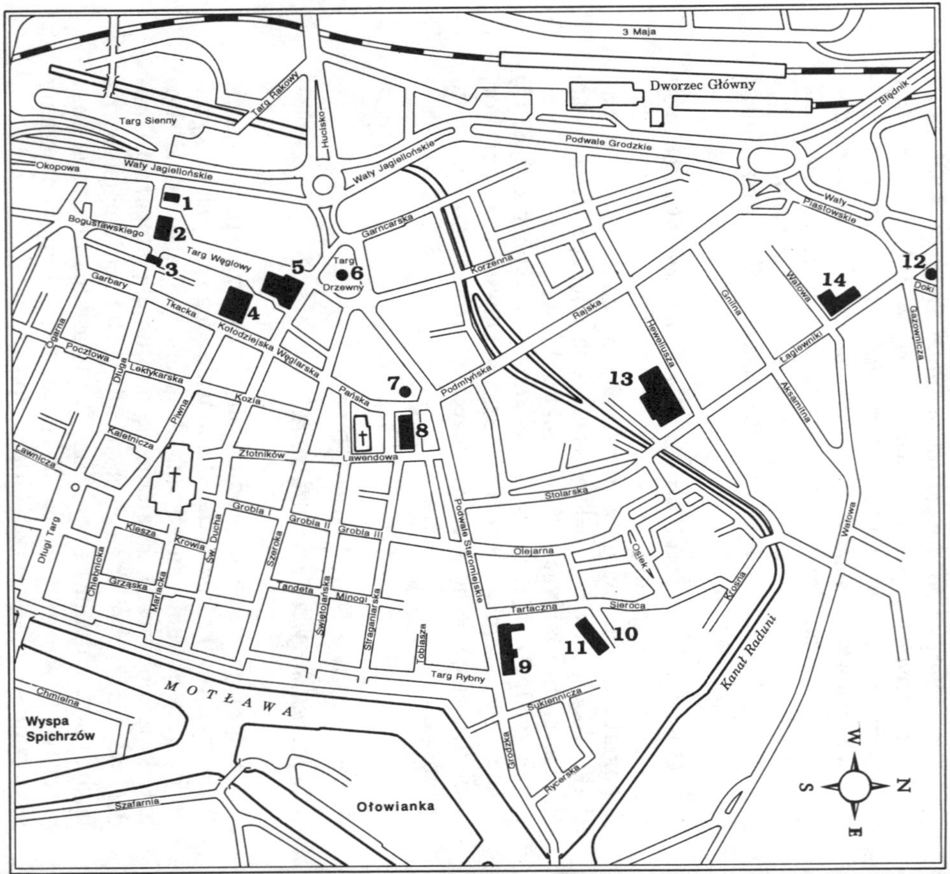

3 Maja
Dworzec Główny
Błędnik
Targ Sienny
Targ Rakowy
Hucisko
Podwale Grodzkie
Okopowa
Wały Jagiellońskie
Wały Jagiellońskie
Wały Piastowskie
Bogusławskiego
Targ Węglowy
Garncarska
Targ Drzewny
Korzenna
Garbary
Tkacka
Kołodziejska
Węglarska
Rajska
Heweliusza
Gnilna
Wałowa
Łagiewniki
Aksamitna
Gazownicza
Doki
Ogarna
Pocztowa
Długa
Lektykarska
Piwna
Kozia
Pańska
Podmłyńska
Kaletnicza
Złotników
Lawendowa
Ławnicza
Stolarska
Długi Targ
Grobla I
Grobla II
Grobla III
Kiesza
Krowia
Św. Ducha
Szeroka
Olejarna
Ogarna
Podwale Staromiejskie
Osiek
Chlebnicka
Grząska
Mariacka
Tandeta
Świętojańska
Minogi
Straganiarska
Tobiasza
Tartaczna
Sieroca
Krosna
Targ Rybny
Kanał Raduni
MOTŁAWA
Chmielna
Wyspa Spichrzów
Sukiennicza
Grodzka
Rycerska
Szafarnia
Ołowianka
W
N
S
E

1 Brama Wyżynna / Hohes Tor
2 Przedbramie ulicy Długiej (Katownia, Wieża więzienna) / Langgasser Tor (Stockturm, Folterkammer)
3 Złota Brama / Goldenes Tor
4 Wielka Zbrojownia / Zeughaus
5 Teatr „Wybrzeże" / früher: Stadttheater
6 Pomnik Jana III Sobieskiego / früher: Kriegerdenkmal
7 Baszta „Jacek" / Kiek in de Köck
8 Hala Targowa / Markthalle
9 Technikum Łączności / Technikum für Fernmeldewesen
10 Plac Obrońców Poczty Polskiej / früher: Heveliusplatz
11 Poczta Polska / Polnische Post
12 Plac Solidarności Robotniczej i Pomnik Poległych Stoczniowców / Platz der Solidarność und Denkmal für die Gefallenen Werftarbeiter
13 Hotel „Hevelius" / Hotel „Hevelius"
14 Biblioteka PAN / früher: Stadtbibliothek

Spis ważniejszych ulic:

Długa — Langgasse
Łagiewniki — Schüsseldamm
Pl. Obrońców Poczty Polskiej — Heveliusplatz
Ogarna — Hundegasse
Pl. Solidarności Robotniczej — (Platz der Solidarność)
Podwale Staromiejskie — Altstädtischer Graben
Stolarska — Tischlergasse
Targ Drzewny — Holzmarkt
Targ Węglowy — Kohlenmarkt, Theaterplatz
Tartaczna — An der Schneidemühl
Tkacka — Wollwebergasse

Plan Starego Miasta / Altstadt

fünfziger Jahre täuschend getreu wieder aufgebaut und verlangt, wie alle Haupt- und Nebengassen der auferstandenen Stadt, nach einer gründlichen Restaurierung: so mürbe bröckelt von den Gesimsen der Stuck. [...] Dem Doppelhaus ul. Ogarna 78/79 hatte die Baugeschichte, wie sonst keinem Haus in der Hundegasse, als Terrasse einen Beischlag zugestanden." [U, 30/31]

Der Königliche Weg (Droga Królewska), dieser Komplex von Sehenswürdigkeiten in Gdańsk, der mit dem Hohen Tor (Brama Wyżynna), Stockturm und Folterkammer (Przedbramie ul. Długiej) und dem Goldenen Tor (Brama Złota) beginnt, spielt auch in der *Blechtrommel* eine wichtige Rolle: Vom Stockturm aus bewundert Oskar das Panorama von Gdańsk und zersingt die Scheiben des Theaters.

„Der Stockturm, ein 1346 begonnnes, bei wachsendem Bedarf um Kerker, Peinkammer und Wirtschaftsraüme vergrößertes Gemäuer, das dem Hohen Tor als Bastion vorgebaut wurde und dessen Verliese als trocken galten, stand, seit dem Umbau im Jahr 1509, als die Stadtbaumeister Hetzel umd Enkinger den Turm um zwei Stockwerke erhöhten und mit einem Helm abdeckten, leer und unbenuzt [...]" [Butt, 223].

Nach der Zerstörung des Jahres 1945 ist dieses gotische Bauwerk heute rekonstruiert, ein großes und düsteres Gebäude. Leider ist es nicht für alle zugänglich, denn es werden weitere Arbeiten zu seiner endgültigen Fertigstellung durchgeführt. Man kann es jedoch auf eigenes Risiko betreten, wenn man unter den Telefonnummern 31 – 47 – 33 oder 31 – 49 – 45 einen Termin vereinbart. Am Eingang, an der Seite des Hohen Tors, befindet sich ein kleines Loch im Tor, das ein wenig vom Geheimnis dieses Turms verrät, wenn man hindurchguckt.

Wenn man das Goldene Tor vor sich hat, sieht man linkerhand den Kohlenmarkt bzw. Theaterplatz/Targ Węglowy, an dem sich das Zeughaus/Wielka Zbrojownia befindet. Hier war das Geschäft des Spielzeughändlers Markus, wo Oskar seine Blechtrommeln bekam und wo seine Mutter ihn zurückließ, wenn sie zu ihren wöchentlichen Treffen mit Jan Bronski eilte. Das heutige Zeughaus beherbergt wie früher viele kleinere und größere Geschäfte.

nowienia: z gzymsów sypie się skruszały stiuk.[...] Podwójnej kamienicy przy Ogarnej 78/79, jak poza tym żadnej przy tej ulicy, dzieje zabudowy przyznały taras w postaci przedproża."
[Wk, s. 23/24]

Trakt Królewski, tak piękny kompleks zabytków Gdańska, zaczynający się Bramą Wyżynną i znajdującymi się obok: Katownią wraz z Wieżą Więzienną/Gefängnisturm i dalej Złotą Bramą/Goldenes Tor, ma również swój udział w *Blaszanym bębenku*. To właśnie po wdrapaniu się na Wieżę Więzienną mógł Oskar podziwiać panoramę Gdańska i rozbijać swym głosem szyby teatru. Obecnie gotycka budowla, zrekonstruowana po zniszczeniach roku 1945, jest budynkiem potężnym i dość ponurym. Nie jest on niestety dostępny dla każdego. Trwają bowiem cały czas prace nad ostatecznym jego wyglądem. Wieżę można zwiedzać tylko na własne ryzyko i odpowiedzialność, wcześniej umawiając się pod numerami telefonu: 31–47–33 lub 31–49–45. Informuje o tym tabliczka znajdująca się na bramie wejściowej (od strony Bramy Wyżynnej). W bramie tej jest również mały otwór, przez który widać co nieco.

Stojąc przodem do Złotej Bramy, mamy po lewej stronie Targ Węglowy/Kohlenmarkt, przy którym znajduje się Zbrojownia/Zeughaus. To tutaj znajdował się sklep Markusa, gdzie Oskar tak często zaopatrywał się w bębenki i gdzie zostawiała go matka, udając się w każdy czwartek na popołudniowe spotkanie z Janem Brońskim. Dzisiejsza Zbrojownia, jak dawniej, mieści w sobie mniejsze i większe sklepiki. Można wejść do niej od strony Targu Węglowego i wyjść na ulicę Tkacką/Wollwebergasse, na której w owym czasie, gdy Oskar mieszkał w Gdańsku, znajdowała się "Cafe Weitzke", gdzie co czwartek, po namiętnym tête-à-tête spotykali się niby przypadkiem Jan Broński i matka Oskara. Dzisiaj na krótkiej ulicy Tkackiej nie ma żadnej kawiarni. Wracając na Targ Węglowy widzimy na lewo od Zbrojowni Teatr "Wybrzeże" (dawniej Teatr Miejski/Stadttheater). Stary teatr został w czasie wojny zniszczony.

"Mój wzrok padł na coś zupełnie innego: na gmach Teatru Miejskiego, który, gdy wyszedłem z pasażu Zbrojowni, był zamknięty. Kopulasty gmach był diabelnie podobny do niedo-

39. Der Kohlenmarkt mit Altem Stadttheater und Zeughaus *1894*
Targ Węglowy ze starym Teatrem Miejskim i Zbrojownia *1894*

Es gibt einen Eingang am Kohlenmarkt, die Passage führt zur Wollwebergasse/Tkacka, in der das Café Weitzke Oskar, seine Mutter und Bronski nach deren Stelldichein aufnahm. Heute gibt es in dieser verhältnismäßig kurzen Straße kein Café mehr.

Zurück am Kohlenmarkt sehen wir links vom Zeughaus den Neubau des Stadttheaters (Teatr Wybrzeże). Das alte Theater wurde im Krieg zerstört und nicht wieder aufgebaut.

> *"Auf etwas anderes hatte es mein Blick abgesehen: auf das Gebäude des Stadttheaters, das ich, aus der Zeughauspassage kommend, verschlossen gefunden hatte. Der Kasten zeigte mit seiner Kuppel eine verteufelte Ähnlichkeit mit einer unvernünftig vergrößerten, klassizistischen Kaffeemühle."* [B, 119].

Ob das heutige (neue) Theater noch einer Kaffeemühle ähnelt, bleibt Ihrem Urteil überlassen, man muß jedoch zugeben, daß Oskar bestimmt entzückt wäre, wenn er das viele Glas in den Fenstern des Foyers des gegenwärtigen Theaters zur Verfügung hätte.

Ein Stück weiter links kommen Sie zum Holzmarkt/Targ Drzewny, auf dem damals ein Kriegerdenkmal stand, heute ist

rzecznie powiększonego, klasycystycznego młynka do kawy, [...]" [Bb, s. 87]

Czy obecny Teatr "Wybrzeże" przypomina jeszcze młynek do kawy, zostawiamy osądowi Państwa, natomiast trzeba przyznać, że Oskar byłby na pewno zachwycony tak dużą liczbą okien w foyer dzisiejszego budynku. Idąc dalej na lewo, tj. w kierunku ronda, przy którym znajduje się pomnik Sobieskiego, dochodzimy do Targu Drzewnego/Holzmarkt, gdzie z tramwaju numer 5 w wigilię 1 września 1939 roku wysiedli Oskar ze swoim domniemanym ojcem Janem Brońskim. Daremnie można szukać przystanku tramwajowego na tym placu. Linia tramwajowa, która jeszcze po drugiej wojnie biegła ulicą Długą, Targiem Węglowym, obok Teatru "Wybrzeże", Targiem Drzewnym w kierunku Dworca Głównego, została zlikwidowana i biegnie obecnie aleją Zwycięstwa, omijając zabytkowe śródmieście Gdańska.

Oskar i jego wuj udali się na Pocztę Polską Podwalem Staromiejskim. Idąc tą ulicą mijamy, po prawej stronie Basztę "Jacek" i halę targową. W tym rejonie Gdańska zawsze życie wre, nie tylko latem, gdy liczne rzesze turystów zwiedzają miasto. Również w przeddzień wybuchu wojny było tutaj gwarnie, tym bardziej że lato było piękne. Hala ta zwana Halą Dominikańską została zbudowana po roku 1895 w stylu neogotyckim na ruinach klasztoru dominikańskiego.

"... do dzisiaj pod szeroko sklepioną konstrukcją dachową w sześciu rzędach budek występuje z czasem obfitą, często nader ubogą ofertą: z nićmi i wędzoną rybą, amerykańskimi papierosami i polskimi ogórkami konserwowymi, makowcami i o wiele za tłustą wieprzowiną, plastykowymi zabawkami z Hongkongu, zapalniczkami z całego świata, kminkiem i makiem w torebkach, serem topionym i perlonami.
Z klasztoru Dominikanów pozostał tylko ponury kościół Świętego Mikołaja, [...]. Ale do hali targowej wspomnienie mniszego zakonu przylgnęło tylko w nazwie, podobnie jak do letniego jarmarku, zwanego Dominikiem, który od późnego średniowiecza przetrzymał wszelkie polityczne zmiany i obecnie tandetą i starzyzną przyciąga miejscowych turystów." [Wk, s. 9]

Podążając dalej śladami bohaterów Grassa, idziemy ulicą Podwale Staromiejskie/Altstädtischer Graben, mijamy po lewej stronie ulicę Stolarską (Igielną)/Tischlergasse, gdzie niegdyś w ta-

dort ein Reiterstandbild Jan III. Sobieskis. Hier ist Oskar mit seinem mutmaßlichen Vater Jan Bronski am Vorabend des 1. September 1939 aus der Straßenbahnlinie 5 ausgestiegen. (Diese Straßenbahnlinie, die auch noch nach dem Zweiten Weltkrieg am Bahnhof vorbei, über Kohlenmarkt und Holzmarkt durch die Lange Gasse/Długa führte, wurde inzwischen in ihrer Linienführung verändert und befindet sich heute, die Altstadt umfahrend, in der Al. Zwycięstwa.)

Oskar und Bronski begaben sich zur Polnischen Post entlang des Altstädtischen Grabens/Podwale Staromiejskie. Geht man genauso, liegen auf der rechten Seite der „Kiek in de Köck"/Baszta „Jacek" und die Markthalle/Hala Targowa. In dieser Gegend herrscht immer Lärm und sind immer viele Leute unterwegs, nicht nur im Sommer, wenn viele Touristen Gdańsk besuchen. Auch am Vorabend des Kriegsausbruches war es hier sicher laut, zumal es ein schöner Sommertag war.

Die Markthalle, Dominikshalle genannt, wurde ab 1885 auf den Ruinen eines Dominikanerklosters im neugotischen Stil gebaut:

> *(Die Dominikshalle vereinigt) „bis heute unter ihrer breit gewölbten Dachkonstruktion in sechs Budenreihen ein mal üppiges, oft nur dürftiges Angebot [...]: Stopfgarn und Räucherfisch, amerikanische Zigaretten und polnische Senfgurken, Mohnkuchen und viel zu fettes Schweinefleisch, Plastikspielzeug aus Hongkong, Feuerzeuge aus aller Welt, Kümmel und Mohn in Tütchen, Schmelzkäse und Perlonstrümpfe.*
> *Vom Dominikanerkloster ist nur die düstere Nikolaikirche übriggeblieben, [...] Doch der Markthalle haftet die Erinnerung an den Mönchsorden nur namentlich an, desgleichen einem sommerlichen Fest, das, Dominik genannt, seit dem späten Mittelalter allen politischen Wechsel überlebt hat und gegenwärtig mit Trödel und Ramsch Einheimische und Touristen anzieht."* [U, 10]

Weiter den Spuren Oskars folgend, gehen Sie den Altstädtischen Graben/Powdale Staromiejskie entlang, kommen links an der Tischlergasse/Stolarska vorbei (wo sich Bronski mit Oskars Mutter in einer billigen Pension traf) und biegen am

40. Hala Targowa *1992*
Markthalle *1992*

nim pensjonacie, idący teraz na pewną śmierć Broński spotykał się ze swoją ukochaną, matką Oskara. Przy dzisiejszym Technikum Łączności skręcamy w ulicę Tartaczną. W odróżnieniu od starego śródmieścia część Gdańska, w której się teraz znajdujemy jest nowocześniejsza. Jest tu dużo sklepów (m. in. piekarnia przy Podwalu Staromiejskim), natężony ruch samochodowy, a nawet ciągle jeszcze czynny młyn przy ulicy Tartacznej, stanowiący namiastkę drobnego przemysłu. Ulica ta prowadzi nas na plac Obrońców Poczty Polskiej (dawniej Plac Heweliusza/Heveliusplatz). Tutaj znajduje się budynek Poczty Polskiej:

"Wysiedliśmy na Targu Drzewnym i poszliśmy pieszo Podwalem Staromiejskim w dół. Bezwietrzny wieczór u schyłku lata. Dzwony Starego Miasta jak zawsze koło ósmej brązowiły niebo. Kuranty, które wypłaszały chmary gołębi: »Bądź zawsze wierny i uczciwy aż po grób«. Pięknie to brzmiało i skłaniało do płaczu. Ale dookoła wszyscy się śmieli ..." [Bb, s.186/187]

Dzisiejsza poczta, jak dawniej, jest masywną, ceglaną budowlą, nie ma już jednak ogrodzenia (którego zniszczenie opisywał

heutigen Technikum für Fernmeldewesen/Technikum Łączności in die Straße An der Schneidemühl/Tartaczna ein. Im Gegensatz zur Innenstadt befinden Sie sich hier in einem neueren Wohngebiet mit vielen Geschäften (u. a. einer Bäckerei am Podwale Staromiejskie), Autoverkehr und Kleinindustrie, etwa einer Mühle in der Tartaczna. Die Tartaczna führt auf den Heveliusplatz/Plac Obrońców Poczty Polskiej. Hier liegt das Gebäude der Polnischen Post.

„Am Holzmarkt stiegen wir aus und gingen zu Fuß den Altstädtischen Graben hinunter. Ein windstiller Nachsommerabend. Die Glocken der Altstadt bronzierten wie immer gegen acht Uhr den Himmel. Glockenspiele, die Tauben aufwölken ließen: Üb immer Treu und Redlichkeit bis an dein kühles Grab. Das klang schön und war zum Weinen. Aber überall wurde gelacht." [B, 263]

Die heutige Post ist wie früher ein massives Ziegelgebäude, hat jedoch keinen Zaun mehr (dessen Zerstörung beschreibt Grass

41. Gebäude der Polnischen Post *1992*
    Gmach Poczty Polskiej *1992*

Grass w *Blaszanym bębenku*). Na placu tym znajduje się pomnik ku czci jej obrońców. U wejścia głównego do budynku umieszczona jest także tablica pamiątkowa. Wchodząc na pocztę po prawej stronie widzimy okienka czynnego dzisiaj urzędu pocztowego, po lewej natomiast wejście do muzeum oraz spis poległych. Znajdują się tutaj interesujące pamiątki po byłych pracownikach, zdjęcia, plan natarcia i urna z ziemią ze zbiorowej mogiły Obrońców Poczty Polskiej. Muzeum czynne jest codziennie (z wyjątkiem wtorków), od poniedziałku do piątku w godzinach 10.00–16.00, w soboty i niedziele od 10.30–14.00; w poniedziałki muzeum można zwiedzać bezpłatnie. Bilety kupuje się w muzeum. Są one dość tanie.

Obronę Poczty Polskiej Grass opisuje następująco:

"Przy Tartacznej skręciliśmy w lewo. Plac Heweliusza, na który wychodziła ulica, był obstawiony przez stojących grupami ludzi z SS–Heimwehry: młodych chłopaków, a także ojców rodzin z opaskami na ramieniu i policyjnymi karabinami. Łatwo było ominąć tę blokadę i nadkładając drogi dojść do Poczty przez Sukienniczą. Jan szedł prosto na ludzi z Heimwehry. Zamiar był przejrzysty: chciał, żeby go zatrzymali, na oczach jego przełożonych, którzy na pewno z gmachu Poczty kazali obserwować plac Heweliusza, żeby go odesłali, aby w ten sposób, jako odtrącony bohater, zachowując twarz, tym samym tramwajem linii pięć, którym przyjechał, mógł wrócić do domu. Ludzie z Heimwehry przepuścili nas, prawdopodobnie nie pomyśleli, że ten dobrze ubrany pan z trzyletnim chłopcem zmierza do gmachu Poczty. Uprzejmie doradzali nam ostrożność i dopiero wtedy krzyknęli »stać«, kiedy my już minęliśmy okratowaną bramę i staliśmy przed głównym wejściem. Jan odwrócił się niepewnie. Wówczas uchyliły się ciężkie drzwi i wciągnięto nas do środka; znaleźliśmy się w mrocznej, przyjemnie chłodnej hali nadawczej Poczty Polskiej. Jan Broński został przyjęty przez swoich niezbyt przyjaźnie. Nie ufali mu, chyba już machnęli na niego ręką, przyznawali też głośno, że istniało podejrzenie, iż on, referendarz Broński, chciał dać drapaka. Jan starał się odpierać te oskarżenia. Nie słuchali go wcale, wepchnęli w szereg, który ustawił się, żeby

hat jedoch keinen Zaun mehr (dessen Zerstörung beschreibt Grass in der *Blechtrommel*. Vor der Post befindet sich ein Denkmal zu Ehren der Verteidiger der Polnischen Post von 1939 (gegen die Angreifer der Deutschen Wehrmacht), am Haupteingang gibt es auch eine Gedenktafel. Rechts sind die Postschalter, links ist der Eingang zum Museum und ein Verzeichnis der Gefallenen. Im Museum befinden sich Andenken ehemaliger Postangestellter, Fotos, Angriffsplan und eine Urne mit Erde vom Massengrab der Postverteidiger.

Das Museum ist täglich (mit Ausnahme von Dienstag) geöffnet, Montag - Freitag: 10 - 16 Uhr, Samstag und Sonntag: 10.30 - 14 Uhr. Eintrittskarten gibt es im Museum; montags kann man das Museum kostenlos besichtigen.

Bei Grass lesen sich der Beginn und das Ende der Verteidigung der Polnischen Post folgendermaßen:

„An der Schneidemühlengasse bogen wir links ein. Der Heveliusplatz, in den die Gasse mündete, wurde von gruppenweise herumstehendenn Leuten der SS–Heimwehr gesperrt: junge Burschen, auch Familienväter mit Armbinden und den Karabinern der Schutzpolizei. Es wäre leicht gewesen, diese Sperre, einen Umweg machend, zu umgehen, um vom Rähm aus die Post zu erreichen. Jan Bronski ging auf die Heimwehrleute zu. Die Absicht war deutlich: Er wollte aufgehalten, unter den Augen seiner Vorgesetzten, die sicherlich vom Postgebäude aus den Heveliusplatz beobachten ließen, zurückgeschickt werden, um so, als abgewiesener Held, eine halbwegs rühmliche Figur machend, mit derselben Straßenbahn Linie Fünf, die ihn hergebracht hatte, nach Hause fahren zu dürfen.

Die Heimwehrleute ließen uns durch, dachten wahrscheinlich gar nicht daran, daß jener gutgekleidete Herr mit dem dreijährigen Jungen an der Hand ins Postgebäude zu gehen gedachte. Vorsicht rieten sie uns höflich an und schrien erst Halt, als wir schon durch das Gitterportal hindurch waren und vor dem Hauptportal standen. Jan drehte sich unsicher. Da wurde die schwere Tür einen Spalt weit geöffnet, man zog uns hinein: wir standen in der halbdunklen, angenehm kühlen Schalterhalle der Polnischen Post.

Jan Bronski wurde von seinen Leuten nicht gerade freundlich

worki z piaskiem przenieść z piwnicy pod ścianę frontową hali nadawczej. Te worki z piaskiem i podobne bzdury układano w stosy przed oknami, przesuwano ciężkie meble, jak szafy z aktami, w pobliże głównego wejścia, żeby w razie potrzeby można było szybko zabarykadować drzwi na całej szerokości. Ktoś pytał, kim jestem, potem jednak nie miał czasu czekać na odpowiedź Jana. Ludzie byli podenerwowani, rozmawiali to głośno, to znów przesadnie cicho. Mój bębenek i jego potrzeby poszły, jak się zdawało, w zapomnienie. Woźny Kobiela, na którego liczyłem, który temu gruchotowi na moim brzuchu miał przywrócić dawny wygląd, nie pokazał się, prawdopodobnie na pierwszym lub drugim piętrze gmachu, równie gorączkowo jak listonosze i urzędnicy z okienek w hali, układał w stosy napełnione worki, które miały być kuloodporne. Obecność Oskara była Janowi Brońskiemu przykra. Toteż ulotniłem się zaraz, gdy człowiek, którego inni nazywali doktorem Michoniem, zaczął udzielać Janowi instrukcji. Po krótkim poszukiwaniu i przezornym omijaniu owego pana Michonia, który chodził w polskim hełmie i był widocznie dyrektorem Poczty, znalazłem schody na pierwsze piętro, a tam, prawie na końcu korytarza, niewielki pokój bez okien, w którym nie było mężczyzn przesuwających skrzynki z amunicją ani spiętrzonych worków z piaskiem. Kosze od bielizny, na kółkach, pełne kolorowo ofrankowanych listów, stały stłoczone ciasno na deskach podłogi. Pokój był niski, miał ochrowe tapety. Pachniało lekko gumą. Pod sufitem paliła się goła żarówka. Oskar był zbyt zmęczony, żeby szukać wyłącznika. Z bardzo daleka dzwony Panny Marii, Świętej Katarzyny, Świętego Jana, Świętej Brygidy, Świętej Barbary, Świętej Trójcy i Bożego Ciała upominały: Już dziewiąta, Oskarze, musisz iść spać – Wyciągnąłem się więc w jednym z koszów z listami, ułożyłem przy sobie równie wyczerpany bębenek i zasnąłem". [Bb, s. 187/188]

"*Cóż mam jeszcze powiedzieć? Znaleźli nas. Otworzyli gwałtownie drzwi, wrzasnęli: – Wyłazić! – narobili zamieszania, przeciągu, zwalili domek z kart. Nie mieli zrozumienia dla takiej architektury. Wierzyli w beton. Budowali na wieczność. Nie zważali wcale na oburzoną, obrażoną minę referendarza Brońskiego. A wyprowadzając go nie zauważyli, że Jan sięgnął*

gaben auch laut zu, daß der Verdacht bestanden habe, er, der Postsekretär Bronski, wolle sich verdrücken. Jan hatte Mühe, die Anschuldigungen zurückzuweisen. Man hörte gar nicht zu, schob ihn in eine Reihe, die es sich zur Aufgabe gemacht hatte, Sandsäcke aus dem Keller hinter die Fensterfront der Schalterhalle zu befördern. Diese Sandsäcke und ähnlichen Unsinn stapelte man vor den Fenstern, schob schwere Möbel wie Aktenschränke in die Nähe des Hauptportals, um das Tor in seiner ganzen Breite notfalls schnell verbarrikadieren zu können.
Jemand wollte wissen, wer ich sei, hatte dann aber keine Zeit, auf Jans Antwort warten zu können. Die Leute waren nervös, redeten bald laut, bald übervorsichtig leise. Meine Trommel und die Not meiner Trommel schien vergessen zu sein. Der Hausmeister Kobyella, auf den ich gesetzt hatte, der jenem Haufen Schrott vor meinem Bauch wieder zu Ansehen verhelfen sollte, blieb unsichtbar und stapelte wahrscheinlich in der ersten oder zweiten Etage des Postgebäudes, ähnlich fieberhaft wie die Briefträger und Schalterbeamten in der Halle, pralle Sandsäcke, die kugelsicher sein sollten. Oskars Anwesenheit war Jan Bronski peinlich. So verdrückte ich mich augenblicklich, als Jan von einem Mann, den die anderen Doktor Michon nannten, Instruktionen erhielt. Nach einigem Suchen und vorsichtigem Umgehen jenes Herrn Michon, der einen polnischen Stahlhelm trug und offensichtlich der Direktor der Post war, fand ich die Treppe zum ersten Stockwerk und dort, ziemlich am Ende des Ganges, einen mittelgroßen, fensterlosen Raum, in dem sich keine Munitionskisten schleppende Männer befanden, keine Sandsäcke stapelten.
Rollbare Wäschekörbe voller buntfrankierter Briefe standen dichtgedrängt auf den Dielen. Das Zimmer war niedrig, die Tapete ockerfarben. Leicht roch es nach Gummi. Eine Glühbirne brannte ungeschützt. Oskar war zu müde, den Lichtschalter zu suchen. Ganz fern mahnten die Glocken von Sankt Marien, Sankt Katharinen, Sankt Johann, Sankt Brigitten, Sankt Barbara, Trinitatis und Heiliger Leichnam: Es ist neun Uhr, Oskar, du mußt schlafen gehen! – Und so legte ich mich in einen der Briefkörbe, bettete die gleichfalls erschöpfte

jeszcze raz pomiędzy karty i wziął coś ze sobą, że ja, Oskar, usunąłem ogarki świec z nowo zdobytego bębenka, zabrałem bębenek, wzgardziłem ogarkami, bo oświetlało nas zbyt wiele latarek; ale tamci nie spostrzegli, że ich kaganki oślepiały nas i nie pozwalały trafić do drzwi. Zza swoich latarek i trzymanych przed sobą karabinów krzyczeli: — Wyłazić! — Wciąż jeszcze krzyczeli: »wyłazić!«, gdy Jan i ja byliśmy na korytarzu. Krzycząc: »wyłazić!« mieli na myśli Kobielę, Konrada z Warszawy, także Bobka i małego Wiśniewskiego, który za życia pracował w dziale telegramów. Wystraszyli się, że oni nie chcieli usłuchać. I dopiero gdy ci z Heimwehry zrozumieli, że ośmieszają się przed Janem i przede mną, bo ja śmiałem się na głos, kiedy oni wrzeszczeli: »wyłazić!«, wtedy przestali wrzeszczeć, powiedzieli: »Ach, tak!« — i poprowadzili nas do tych trzydziestu na podwórzu Poczty, którzy trzymali ręce w górze, splatali dłonie na karku, mieli pragnienie i byli filmowani przez kronikę. Ledwie wyprowadzono nas bocznym wyjściem, ci z kroniki skierowali na nas swoją kamerę umocowaną na samochodzie osobowym, nakręcili o nas ów krótki film, który później wyświetlano we wszystkich kinach.
Oddzielono mnie od stojącej pod ścianą gromady. Oskar przypomniał sobie swoją karłowatość, swoją trzyletniość, która wybaczała wszystko, poczuł znów dokuczliwe bóle członków i głowy, upadł razem z bębenkiem, wił się, na pół cierpiąc, na pół udając, ale nawet w cierpieniach nie wypuścił bębenka. A gdy tamci podnieśli go i wsadzili do samochodu służbowego SS–Heimwehry, gdy wóz ruszył, aby zawieźć go do szpitala miejskiego, Oskar zobaczył, że Jan, biedny Jan uśmiechał się głupio i błogo, w uniesionych rękach trzymał parę kart do skata i kartą trzymaną w lewej ręce — zdaje mi się, że była to dama czerwienna — pomachał odjeżdżającemu synowi, Oskarowi."
[Bb, s. 209]

Stojąc tyłem do budynku poczty widać teren stoczni z jej dźwigami. W tym kierunku lecz bardziej w lewo stoi przed bramą wejściową do byłej Stoczni im. Lenina (dzisiaj Stocznia Gdańska, przed wojną Stocznia Schichaua) pomnik ku czci poległych w 1970 roku stoczniowców *"z trzema sterczącymi wysoko krzyżami, na których wiszą trzy ukrzyżowane kotwice"*. [Wk, s. 16]

*Trommel an meiner Seite und schlief ein." (B, 264 – 66)
„Was soll ich noch sagen? Sie fanden uns. Sie rissen die Tür auf, schrien »Rausss!« machten Luft, Wind, ließen das Kartenhaus zusammenfallen. Die hatten keinen Nerv für diese Architektur. Die schworen auf Beton. Die bauten für die Ewigkeit. Die achteten gar nicht auf des Postsekretärs Bronski empörtes, beleidigtes Gesicht. Und als sie ihn rausholten, sahen sie nicht, daß Jan noch einmal in die Karten griff und etwas an sich nahm, daß ich, Oskar, die Kerzenstummel von meiner neugewonnenen Trommel wischte, die Trommel mitgehen ließ, die Kerzenstummel verschmähte, denn Taschenlampen strahlten uns viel zu viele an; doch die merkten nicht, daß ihre Funzeln uns blendeten und kaum die Tür finden ließen. Die schrien hinter Stabtaschenlampen und vorgehaltenen Karabinern: »Rausss!« Die schrien immer noch »Rausss!« als Jan und ich schon auf dem Korridor standen. Die meinten den Kobyella mit ihrem »Rausss!« und den Konrad aus Warschau und den Bobek und den kleinen Wischnewski, der zu Lebzeiten in der Telegrammannahme gesessen hatte. Das machte denen Angst, daß die nicht gehorchen wollten. Und erst als die von der Heimwehr begriffen, daß sie sich vor Jan und mir lächerlich machten, denn ich lachte laut, wenn die »Rausss!« brüllten, da hörten sie auf mit der Brüllerei, sagten »Ach so« und führten uns zu den Dreißig auf dem Posthof, die die Arme hoch hielten, die Hände im Nacken verschränkten, Durst hatten und von der Wochenschau aufgenommen wurden.*

Kaum daß man uns durchs Nebenportal führte, schwenkten die von der Wochenschau ihre auf einem Personenwagen befestigte Kamera herum, drehten von uns jenen kurzen Film, der später in allen Kinos gezeigt wurde.

Man trennte mich von dem an der Wand stehenden Haufen. Oskar besann sich seiner Gnomenhaftigkeit, seiner alles entschuldigenden Dreijährigkeit, bekam auch wieder die lästigen Glieder- und Kopfschmerzen, ließ sich mit seiner Trommel fallen, zappelte, einen Anfall halb erleidend, halb markierend, ließ aber auch während des Anfalls die Trommel nicht los. Und als sie ihn packten und in ein Dienstauto der SS-Heimwehr steckten, sah Oskar, als der Wagen losfuhr, ihn in die

42. Pomnik Poległych Stoczniowców na placu Solidarności Robotniczej
1992
Denkmal für die gefallenen Werftarbeiter am Platz der Solidarność
1992

Droga do owego pomnika jest ze wszech miar godna polecenia. Prowadzi ona ulicami: Stolarską, koło Hotelu "Heweliusz", Łagiewniki/Schlüsseldamm. Na rogu ulic Łagiewniki i Wałowej/Am Jakobstor znajduje się budowla z czerwonej cegły, dawna Biblioteka Miejska/Danziger Stadtbibliothek, dzisiaj Biblioteka Gdańska Polskiej Akademii Nauk. Nie uległa ona zniszczeniu i jedynie jej tylna część została przebudowana. Istnieje jeszcze stara, okazała czytelnia, także obok nowych stare niemieckie katalogi sprzed ponad trzech stuleci. Jest to prawdziwa skarbnica dla wszystkich zainteresowanych historią tego miasta. Także Günter Grass spędzał sporo czasu w tutejszej bibliotece, przygotowując zapewne swoją gdańską trylogię.

Idąc dalej docieramy do Placu Solidarności, tak ważnego punktu w najnowszej historii Gdańska i Polski. Strajki, dzięki którym Stocznia Gdańska im. Lenina stała się słynna, miały miejsce w grudniu 1970 roku i doprowadziły do obalenia Władysława Gomułki i do objęcia stanowiska I sekretarza PZPR przez

arme Jan, blöde und glückselig vor sich hinlächelte, in den erhobenen Händen einige Skatkarten hielt und links mit einer Karte – ich glaube, es war Herz Dame – dem davonfahrenden Sohn und Oskar nachwinkte." [B, 296/297]

Wenn man mit dem Rücken zum Gebäude der Post steht, sieht man das Werftgelände mit den Werftkränen. In dieser Richtung, aber etwas mehr nach links, steht vor dem Tor zur ehemaligen Leninwerft (heute Stocznia Gdańska, vor dem Krieg Schichau-Werft) das Denkmal für die gefallenen Werftarbeiter von 1970 *„mit den drei hochragenden Kreuzen, an denen gekreuzigt drei Schiffsanker hängen"* [U, 19]. (Der Weg dorthin lohnt sich auf alle Fälle; er führt die Tischlergasse/Stolarska entlang, am Hotel Hevelius vorbei über den Schüsseldamm/Łagniewniki. An der Ecke von Schüsseldamm und Am Jakobstor/Wałowa befindet sich das rote Backsteingebäude der alten Danziger Stadtbibliothek/Biblioteka PAN (Polska Akademia Nauk). Die Bibliothek wurde nicht zerstört und nur in den hinteren Teilen umgebaut – der alte, prächtige Lesesaal ist noch vorhanden, ebenso neben den neuen Katalogen fast alle alten deutschen Kataloge und Bücher aus über drei Jahrhunderten, eine Fundgrube für alle, die sich für die Geschichte der Stadt interessieren. Bei seinen Studien für die Danzig - Romane hat auch Grass in der PAN - Bibliothek gesessen und gelesen. Weiter geht es bis zum Platz der Solidarność/plac Solidarności Robotniczej. Dieser Platz ist für die jüngere Geschichte Gdańsks so geschichtsträchtig wie kein zweiter. Die Streiks, durch die die Leninwerft Gdańsk zum ersten Mal weithin bekannt wurde, fanden im Dezember 1970 statt und führten zum Sturz Gomułkas und zum Regierungsantritt Giereks (der 1981 wiederum nach Streiks in der Leninwerft seines Amtes enthoben wurde). Sie sind im *BUTT* beschrieben:

„Und weil (wie Maria ihrem Jan) die Frauen ihren Männern überall Dampf gemacht hatten – [...] – lief vom nächsten Tag an in Gdańsk und Gdynia, in Szczecin und Elbląg entlang der polnischen Ostseeküste der Streik der Hafen- und Werftarbeiter. Die Eisenbahner und andere schlossen sich an. Sogar die Mädchen von der Schokoladenfabrik »Baltic«. [...]
Auf der Leninwerft in Gdańsk wurden rasch, bevor die Miliz mit den Kontrollen begann, die Vorräte in der Werftkantine

Edwarda Gierka (który w roku 1981 znowu po strajkach w stoczni został pozbawiony tego urzędu). Te właśnie wydarzenia opisuje Grass w jeszcze nie przetłumaczonej na język polski książce pt. *Butt*. Pisarz dokładnie przedstawia tutaj strajk roku 1970, rozruchy uliczne w Trójmieście (np. podpalenie gmachu Komitetu Wojewódzkiego PZPR) i akcję milicji strzelającej do robotników.

Wiele ważnych ruchów protestacyjnych w Polsce wyszło właśnie z tej Stoczni. Także tutaj, podczas strajków w sierpniu 1980 roku powstał Niezależny Samorządny Związek Zawodowy "Solidarność". Był to, jak się później okazało, początek końca systemu socjalistycznego Polski.

5. Cmentarz na Zaspie
"... za murem opuszczonego, wysłużonego cmentarza na Zaspie..."

Do cmentarza na Zaspie najlepiej dojechać tramwajami linii 13 lub 15, jadącymi w kierunku Brzeźno–Nowy Port. Wysiadając na czwartym przystanku tramwajowym, licząc od Filharmonii (Opera Bałtycka) – po przeciwnej stronie widać zajezdnię autobusową. Potem należy przejść przez ulicę Hallera i skręcić w najbliższą bocznicę (ulicę Pstrowskiego). Następnie, idąc wzdłuż tej ulicy do jej końca, trafimy do ulicy Bolesława Chrobrego. Na prawo widać już cel wycieczki – cmentarz na Zaspie.

Z lewej strony, idąc wzdłuż byłej linii tramwajowej z Wrzeszcza, nadszedł kiedyś w kierunku tego cmentarza Oskar z Leo Hysiem w poszukiwaniu miejsca zamordowania Jana Brońskiego i innych obrońców Poczty Polskiej. Tu, na Zaspie, zostali rozstrzelani przez SS pozostali przy życiu obrońcy Poczty Polskiej. Wówczas cmentarz leżał nieco na uboczu, bezpośrednio przy lotnisku na Zaspie:

"... minęliśmy Magdeburską, zostawiliśmy za sobą obydwa wysokie, pudełkowate ostatnie domy Brzeźnieńskiej, na których w nocy paliły się światła ostrzegawcze dla startujących i lądujących samolotów, wędrowaliśmy najpierw skrajem ogrodzonego lotniska, w końcu wróciliśmy jednak na suchszą asfaltową jezdnię i podążyliśmy za ciągnącymi się w stronę Brzeźna szynami tramwajowymi dziewiątki. [...]

angereichert. Das geschah nachts. Am nächsten Morgen kamen sie von überall aus den Vororten, aus Ohra und vom Troyl, aus Langfuhr und Neufahrwasser, womöglich fünfzigtausend Arbeiter und Hausfrauen. Am Hauptbahnhof vorbei zogen sie und sammelten sich vor dem Zentralgebäude der Kommunistischen Partei." [Butt, 596]

„Erst als die Menge sich zu verlaufen begann, kam es zu Schießereien mit der Miliz. Vor dem Hauptbahnhof klirrten Scheiben. Einige Zeitungskioske brannten. Später brannte die Parteizentrale. [...] Dann kam es zu Verhaftungen, weshalb ein Teil der Menge zum Gefängnis Schießstange zog. Auch dort Benzin in die Fenster. Ein Junge fiel von einem Kettenfahrzeug. Aber geschossen wurde noch nicht. Erst am nächsten Tag, als sich die Arbeiter der Leninwerft auf das Werftgelände zurückzogen, die Werfttore mit Werkschutz sicherten und – für den Fall militärischer Besetzung – die Sprengung wichtiger Werftanlagen sowie der vorzeitige Stapellauf der Neubauten vorbereitet wurden, als von Warschau her Einheiten der Volksarmee anrollten und die Miliz ihren Ring um das Werftgelände geschlossen hatte, [...], schoß die Miliz und traf mehrere Arbeiter. [...]
Auch in Gdynia, Szczecin, Elbląg wurde geschossen. [...] Dann wurde in Warschau Gomułka gestürzt. Der neue Mann hieß Gierek." [Butt, 598/599].

Viele wichtige Protestbewegungen Polens gingen von der Leninwerft in Gdańsk aus, hier wurde während des Streiks im August 1980 die Gewerkschaft „Solidarność" gegründet und hier begann damit der Prozeß, der zum Einstürzen des sozialistischen Systems Polens führte.

Spacery 201

43. Cmentarz na Zaspie *1992*
    Friedhof in Zaspa *1992*

44. Kamień nagrobny Konrada Guderskiego *1992*
    Grabstein Konrad Guderskis *1992*

5. Der Friedhof in Zaspa
„Hinter der Mauer des verfallenen, ausgedienten Friedhofes Saspe"

Zum Friedhof Zaspa fährt man am besten mit den Straßenbahnlinien 13 oder 15 Richtung Brzeźno/Nowy Port. An der vierten Straßenbahnhaltestelle, gezählt von der Philharmonie/Opera Bałtycka an, schräg gegenüber von einem Busdepot, steigen Sie aus. Sie müssen dann die Al. Hallera überqueren und in die nächste Seitenstraße (ul. Pstrowskiego) einbiegen. Dieser Straße folgen Sie bis zu ihrem Ende an der Ecke Brösener Weg/ul. Chrobrego. Schräg rechts haben Sie das Ziel des Ausflugs vor Augen – den Friedhof in Saspe/Zaspa.

Von links, der ehemaligen Straßenbahnlinie aus Langfuhr folgend, kam einst Oskar mit Schugger Leo auf der Suche nach dem Ort der Ermordung von Jan Bronski und den anderen Verteidigern der Polnischen Post zu diesem Friedhof. Hier in Saspe wurden die wenigen überlebenden Verteidiger der Polnischen Post von der SS erschossen. Damals lag der Friedhof ziemlich abseits, direkt am Flughafen Saspe:

> *(Wir) „überquerten die Magdeburger Straße, ließen die beiden hohen, kastenförmigen Schlußhäuser des Brösener Weges, auf denen nachts die Warnlichter für startende und landende Flugzeuge glühten, hinter uns, tippelten zuerst am Rande des umzäunten Flugplatzes, wechselten schließlich doch auf die trocknere Asphaltstraße über und folgten den in Richtung Brösen fließenden Straßenbahnschienen der Linie Neun."* [B, 307]

> *„Schon auf dem Max - Halbe - Platz ahnte ich, daß Leo mich nicht nach Brösen oder Neufahrwasser zu führen gedachte. Als Ziel dieses Fußmarsches kamen von Anfang an nur der Friedhof Saspe und die Zingelgräben in Frage, in deren unmittelbarer Nähe sich ein moderner Schießstand der Schutzpolizei befand."* [B, 308]

Der Friedhof sieht heute ganz anders aus als früher, als sich Oskars Mutter wünschte, auf *„diesem verfallenen Plätzchen"*, dem sie *„vor allen anderen stillen Orten den Vorzug gegeben"* [B, 309] hatte, begraben zu werden (schließlich wurde sie aber in Brenntau/Brętowo bestattet):

Już na placu Maksa Halbego przeczułem, że Leo nie ma zamiaru prowadzić mnie do Brzeźna czy Nowego Portu. Jako cel tego pieszego marszu od samego początku wchodził w rachubę tylko cmentarz na Zaspie i obmurowane fosy, w których bezpośrednim sądziedztwie znajdowała się nowoczesna strzelnica policji." [Bb, s.216/217]

Dziś cmentarz wygląda zupełnie inaczej niż wtedy, gdy matka Oskara życzyła sobie, by pochowano ją w tym zaniedbanym miejscu – *"przyznawała mu pierwszeństwo przed wszystkimi innymi"*. Ostatecznie jednak pochowano ją w Brętowie:

"Cmentarz otoczony był murem w kształcie kwadratu. Furtka od południa, z mnóstwem pordzewiałych esów-floresów, lekko tylko przymknięta, wpuściła nas do środka. Niestety Leo nie dał mi czasu na dokładniejsze obejrzenie obsuniętych, chylących się ku upadkowi lub już powalonych nagrobków, które były przeważnie wykute z czarnego szwedzkiego granitu lub diabazu, z tyłu lub po bokach grubo ciosanego, wypolerowanego z przodu. Pięć czy sześć zmarniałych, pokręconych sosen nadmorskich imitowało drzewną dekorację cmentarza." [Bb, s. 218]

Dziś spora liczba geometrycznie uporządkowanych, całkowicie równych, białych krzyży kamiennych tworzy swoistą harmonię. Cmentarz jest wielkim pomnikiem ku pamięci walczących w czasie drugiej wojny światowej Polaków – ofiar faszyzmu. Są tu nagrobki wszystkich tych, którzy zginęli bądź to podczas obrony Poczty Polskiej w Gdańsku, bądź w obozie koncentracyjnym Stutthof. Między innymi znajdują się tu mogiły dyrektora Poczty Polskiej – dr. Jana Michonia, jak również jej dowódcy obrony – Konrada Guderskiego. By owe groby odszukać, trzeba pójść prosto przez całą aleję główną aż do wielkiego drewnianego krzyża, stojącego po środku. Potem w lewo, gdzie, jako dziewiąty po prawej stronie, jest nagrobek Konrada Guderskiego. Kamienny krzyż Jana Michonia znajduje się w pierwszej poprzecznej alejce, na lewo – jest to czwarty krzyż po prawej. Cały cmentarz, ze swymi wysokimi drzewami i białymi krzyżami, kontrastuje z otoczeniem. Nowe osiedle Zaspa, wzniesione na dawnym lotniczym pasie startowym, wydaje się otaczać mały cmentarz swoimi wielopiętrowymi fasadami i stwarza mu jedyną w swoim rodzaju

"Ein quadratisches Viereck bildend schloß eine Mauer den Friedhof ein. Ein Pförtchen nach Süden hin, mit viel verschnörkeltem Rost, nur andeutungsweise verschlossen, erlaubte uns den Eintritt. Leo ließ mir leider keine Zeit, die verrutschten, zum Sturz geneigten oder schon auf der Nase liegenden Grabsteine, die zumeist aus hinten und an den Seiten grobbossiertem, vorne geschliffenem, schwarzschwedischem Granit oder Diabas geschlagen waren, genauer zu betrachten. Fünf oder sechs verarmte, auf Umwegen gewachsene Baumkiefern ersetzten den Baumschmuck des Friedhofes." [B, 309]

Heute strahlt dort eine große Zahl geometrisch angeordneter, völlig gleicher weißer Steinkreuze eine merkwürdige Harmonie aus – der Friedhof ist ein Denkmal zur Erinnerung an die polnischen Kämpfer des Zweiten Weltkriegs, die Opfer des Faschismus/Pomnik Ofiar Faszyzmu. Hier sind Grabmale für alle diejenigen, die entweder bei der Verteidigung der Polnischen Post in Danzig gefallen oder im KZ Stutthof ums Leben gekommen waren. Unter anderem befinden sich hier die Grabsteine des Direktors der Polnischen Post, Dr. Jan Michoń, sowie des Leiters der Verteidigung der Post, Konrad Guderski. Um diese Gräber zu finden, muß man eine ganze Strecke geradeaus gehen, bis zu dem großen Holzkreuz in der Mitte der Hauptallee. Dann ist links der neunte Grabstein auf der rechten Seite derjenige von Konrad Guderski. Das Steinkreuz von Jan Michoń befindet sich in der ersten Querallee links, es ist das vierte rechts.

Der ganze Friedhof mit seinen hohen Bäumen und weißen Kreuzen steht völlig im Kontrast zur Umgebung: Die Neubausiedlung Zaspa, errichtet auf dem ehemaligen Flughafengelände, scheint den kleinen Friedhof mit ihren vielstöckigen Fassaden zu umzingeln und verschafft ihm eine ganz eigentümliche Atmosphäre von Ruhe und Frieden, die im Gegensatz zu seiner schrecklichen Geschichte steht.

Von hier aus sollten Sie unbedingt ans Meer und in den kleinen Vorort Brösen/Brzeźno gehen – das entspricht den Gewohnheiten von Oskar und den anderen Langfuhrern – mit der Straßenbahn an Saspe vorbei zum Strand:

"Die Linie Neun hielt. Der Schaffner rief die Station Saspe aus. Ich blickte angestrengt an Maria vorbei in Richtung Brösen,

atmosferę spokoju, która jest całkowitym przeciwieństwem jego strasznej historii. Stąd można się udać nad morze i do małej dzielnicy Gdańska – Brzeźna. Jest to wyborny kontrast tego, co na Zaspie i odpowiada przyzwyczajeniom Oskara. Dojechać tam można tramwajem z przystanku obok Zaspy.
"Dziewiątka zatrzymała się. Konduktor ogłosił, że to przystanek Zaspa. Omijając wzrokiem Marię patrzyłem z wysiłkiem w stronę Brzeźna, skąd, powiększając się powoli, nadpełzał tramwaj, na który czekaliśmy. Żeby tylko nie spojrzeć na bok! Cóż tam było do oglądania! Zmarniałe sosny, zardzewiała krata w esy-floresy, bezładnie porozrzucane nagrobki, których inskrypcje były czytelne już tylko dla mikołajków nadmorskich i dzikiego owsa. Lepiej już wyjrzeć przez otwarte okno i popatrzeć w górę: brzęczały tam grube Ju 52." [Bb, s. 228]

6. Kąpielisko Brzeźno/Brösen
"Cóż mnie ciągnęło w stronę Brzeźna?"

"My jednak zostawiliśmy za sobą pasyjne trzepanie dywanów, wsiedliśmy w dziewiątkę w niejednokrotnie wypróbowanym składzie: mama, Matzerath, Jan Broński i Oskar, i pojechaliśmy Brzeźnieńską, koło lotniska, koło starego i nowego placu ćwiczeń, na mijance przy cmentarzu na Zaspie czekaliśmy, aż nadjedzie tramwaj z Nowego Portu i Brzeźna.[...] Tramwaj nadjeżdżający z przeciwka wyminął nas, konduktor zadzwonił dwa razy i zostawiając za sobą Zaspę i cmentarz ruszyliśmy w stronę Brzeźna, kąpieliska, które o tej porze, gdzieś pod koniec kwietnia, miało bardzo zaniedbany i ponury wygląd. Kioski zabite gwoździami, Dom Zdrojowy wymarły, pomost bez flag, w zakładzie kąpielowym ciągnęło się dwieście pięćdziesiąt pustych kabin, na tablicy z pogodą jeszcze kredowe ślady z zeszłego roku: »Powietrze: dwadzieścia; woda: siedemnaście; wiatr: północno-wschodni; najbliższa prognoza: pogodnie lub dość pogodnie«." [Bb, s. 124/125]

Linia tramwajowa numer 9 prowadząca z placu ks. Komorowskiego/Max-Halbe-Platz do Brzeźna/Brösen aż nad samo morze, już nie istnieje, dziś można do Brzeźna dotrzeć linią numer 13 lub 15 (np. spod Filharmonii Bałtyckiej). W przeciwieństwie do

von wo her die Gegenbahn, langsam größer werdend, herankroch. Nur nicht den Blick abschweifen lassen! Was gab es dort schon zu sehen! Kümmerliche Strandkiefern, verschnörkelte Rostgitter, ein Durcheinander von haltlosen Grabsteinen, deren Inschriften nur Stranddisteln und tauber Hafer lesen mochten. Dann lieber den Blick aus dem offenen Fenster raus und hochgerissen: da brummten sie, die dicken JU 52 [...]" [B, 324]

6. Der Badeort Brösen/Brzeźno
„Was lockte mich alles gen Brösen?"

„*Wir aber ließen die passionsträchtige Teppichklopferei hinter uns, setzten uns in oftbewährter Zusammenstellung: Mama, Matzerath, Jan Bronski und Oskar in die Straßenbahn Linie Neun und fuhren durch den Brösener Weg, am Flugplatz, alten und neuen Exerzierplatz vorbei, warteten an der Weiche neben dem Friedhof Saspe auf die von Neufahrwasser-Brösen entgegenkommende Bahn.[...]*

Die entgegenkommende Bahn wich uns aus, zweimal klingelte der Schaffner, und wir fuhren, Saspe und seinen Friedhof hinter uns lassend, gegen Brösen, einen Badeort, der um diese Zeit, etwa Ende April, recht schief und trostlos aussah. Die Erfrischungsbuden vernagelt, das Kurhaus blind, der Seesteg ohne Fahnen, in der Badeanstalt reihten sich zweihundertfünfzig leere Zellen. An der Wettertafel noch Kreidespuren vom Vorjahr: Luft: Zwanzig; Wasser: Siebzehn; Wind: Nordost; Weitere Aussichten: heiter bis wolkig." [B, 174]

Die Straßenbahnlinie 9 vom Max - Halbe - Platz nach Brösen ans Meer gibt es nicht mehr, heute kommt man mit den Linien 13 und 15 (z. B. ab der Opera i Filharmonia Bałtycka) nach Brzeźno. Im Unterschied zu Wrzeszcz hat sich Brzeźno in den letzten Jahrzehnten sehr verändert – das ist schon von der Straßenbahn aus zu erkennen, denn ihr Weg ist gesäumt von Neubauten. An der Haltestelle „Brzeźno", bei der Straßenbahnschleife und schräg gegenüber von einem Supermarkt steigen Sie am besten aus.

Wrzeszcza, Brzeźno bardzo się zmieniło w ostatnich latach, co można zauważyć już jadąc tramwajem, gdzie wzdłuż trasy znajdują się niemal tylko nowo wybudowane domy. Najwygodniej będzie wysiąść na przystanku "Brzeźno", obok pętli tramwajowej, w pobliżu której znajduje się duży Supersam. Już tu można zobaczyć to niewspółgrające sąsiedztwo starego z nowym, które Grass tak oto opisał we *Wróżbach kumaka:*

> *"Dawna wioska rybacka, odwiedzana kiedyś przez amatorów kąpieli i kuracjuszy, przedstawiała widok postępującej z każdym dniem ruiny. Prędzej niż ocalałe domy rozpadały się nowe bloki. W odpowiednim stanie bruk i chodnik. Musieli skakać przez kałuże."* [Wk, s. 160]

> *Erna Brakup (z Rady Nadzorczej Niemiecko–Polskiego Towarzystwa Cmentarnego, należąca do Mniejszości Niemieckiej w Gdańsku) [...] utrzymywała swoją izbę w uzdrowiskowo–rybackiej wiosce Brzeźno jak bunkier, kiedy z prawej i lewej strony jej chaty wyrosły pudełkowate nowe bloki."* [Wk, s. 146]

45. Kościół w Brzeźnie *ok. 1900*
Die Kirche in Brösen *um 1900*

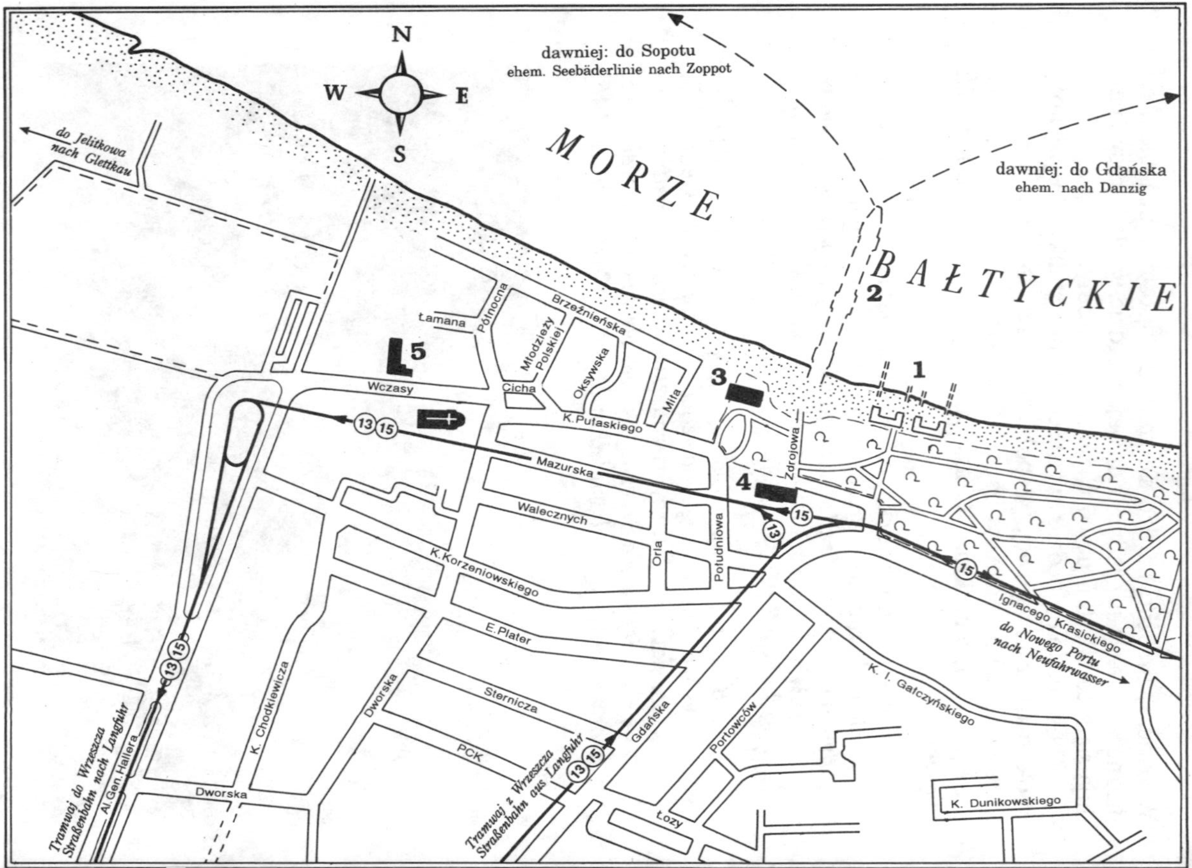

N
W
E
S
dawniej: do Sopotu
ehem. Seebäderlinie nach Zoppot
dawniej: do Gdańska
ehem. nach Danzig
MORZE
BAŁTYCKIE
do Jelitkowa
nach Glettkau
1
2
3
4
5
Łamana
Północna
Młodzieży Polskiej
Brzeźnieńska
Oksywska
Miła
Cicha
Wczasy
K.Pułaskiego
Zdrojowa
Mazurska
Walecznych
Orla
Południowa
K.Korzeniowskiego
E.Plater
Sternicza
PCK
Dworska
K. Chodkiewicza
Al.Gen.Hallera
Tramwaj do Wrzeszcza
Straßenbahn nach Langfuhr
Tramwaj z Wrzeszcza
Straßenbahn aus Langfuhr
Gdańska
Portowców
Łozy
K. I. Gałczyńskiego
K. Dunikowskiego
Ignacego Krasickiego
do Nowego Portu
nach Neufahrwasser
13
15

1 dawne Łazienki / ehem. Bad
2 dawne Molo / ehem. Seesteg
3 dawny Dom Zdrojowy / ehem. Kurhaus

4 dawny Zarząd Zdrojowiska / ehem. Kurverwaltung
5 Szkoła / Schule

Spis ważniejszych ulic:

Brzeźnieńska	Am Seestrande	Oksywska	Helaer Straße
Cicha	Kurze Straße	E.Plater	Dorotheenstraße
Gdańska	Danziger Straße	Południowa	Südstraße
Al.Gen.Hallera/K.Marksa	Ostseestraße	Północna	Nordstraße
K.Korzeniowskiego	Augustastraße	K.Pułaskiego	Conzestraße
Łamana	Glettkauer Straße	Sternicza	Kullingstraße
Mazurska	Cäcilienstraße	Walecznych	Viktoriastraße
Miła	Pistoriusstraße	Wczasy	Konradshammerstraße
Młodzieży Polskiej	Jungstraße	Zdrojowa	Kurstraße

Plan Brzeźna / Brösen

Schon von hier aus kann man das bizarre Nebeneinander von alt und neu, wie es Grass in den Unkenrufen beschreibt, gut sehen:

„Das ehemalige Fischerdorf mit Bade- und Kurbetrieb bot ein Bild alltäglichen Verfalls. Vor den restlichen Altbauten zerfielen die Neubauten. Entsprechend Pflaster und Bürgersteige." [U, 240]

Erna Brakup (aus dem Aufsichtsrat der Deutsch - Polnischen Friedhofsgesellschaft, Angehörige der Deutschen Minderheit in Gdańsk) „hielt ihr Zimmer in dem Kur- und Fischerdorf, das nun Brzeźno hieß, wie einen Bunker, als rechts und links von ihrer Kate sowie beiderseits der Straßenbahnlinie nach Nowy Port kastenförmige Neubauten hochgezogen wurden." [U, 219]

Es gibt in Brzeźno tatsächlich noch einen alten Kern, der einen die Neubauten fast vergessen läßt. Er liegt Richtung Nordwesten, parallel zum Strand, und wir empfehlen Ihnen, zunächst dort eine kleine Runde zu drehen, etwa über die Conzestraße/ul. Pułaskiego mit kleinen Abstechern bis zur Kirche und über die Viktoriastaße/Walecznych zurück. Hier finden Sie immer noch etliche alte Villen, Fischerhäuschen, kleine Gärtchen, in denen häufig viel Gemüse angepflanzt ist, Kopfsteinpflaster, sogar eine alte Hausaufschrift „Kolonialwaren" (in der Nordstr./Północna). An der Ecke Nordstraße/Konradshammerstraße (Północna/Wczasy) befinden sich die Kirche und die Grundschule. Ein Stückchen weiter nach links, jenseits der Straßenbahngleise, stehen inmitten der Neubauten noch zwei kleine alte Häuschen (an der Dworska/Walecznych), von denen das eine vielleicht Modell für das Haus der Erna Brakup gestanden haben könnte.

Wieder an der Straßenbahnhaltestelle führt durch ein Kiefernwäldchen, den Park Brzeźnieński, der Weg zum Strand. Von den alten Kureinrichtungen ist linkerhand noch die ehemalige Kurverwaltung zu sehen, ein merkwürdig zusammengestückeltes Gebäude aus hölzerner Verandenarchitektur und Backsteinen. Wenn Sie den Weg geradeaus daran vorbei gehen, kommen Sie an den Strand und haben bei gutem Wetter einen weiten Blick über die ganze Bucht. Fast immer ankern draußen Schiffe und warten auf

46. Stare i nowe domy
 w Brzeźnie *1993*
 Alte und neue Häuser in
 Brzeźno *1993*

47. Dawny Dom Zdrojowy
 w Brzeźnie *1993*
 Das ehem. Kurhaus in
 Brösen *1993*

die Hafeneinfahrt. Richtung Nordwesten liegt, erkennbar an mehreren großen Hotels und einem einmündenden Flüßchen, dem Potok Oliwski, Glettkau/Jelitkowo. Als Kur- und Badeort erhalten geblieben ist noch weiter westlich Zoppot/Sopot, weithin erkennbar an der Mole. Am Strand kann man an einigen Stellen anhand von ramponierten hölzeren Bootsrampen noch vermuten, daß Brösen tatsächlich ein Fischerdörfchen war. Natürlich kann man von hier aus wunderbar nach Sopot laufen, ein Weg von ca. 1 1/2 Stunden (siehe Kap IV. 2.).

„Die geteerten, geölten und dennoch trockenen Bretter, auf denen der Kinderwagen geschoben wurde, waren die Bretter des Brösener Seesteges. Der freundliche Badeort – seit achtzehnhundertdreiundzwanzig Seebad – lag mit geducktem Fischerdorf und kuppeltragendem Kurhaus, mit den Pensionen Germania, Eugenia und Else, mit halbhohen Dünen und dem Strandwäldchen, mit Fischerbooten und dreiteiliger Badeanstalt, mit dem Wachtturm der Deutschen Lebensrettungsgesellschaft und dem achtundvierzig Meter langen Seesteg genau zwischen Neufahrwasser und Glettkau am Strand der Danziger Bucht. Der Brösener Seesteg war zweistöckig und zweigte zur rechten Hand einen kurzen Wellenbrecher gegen die Wellen der Ostsee ab. An zwölf Fahnenmasten ließ der Brösener Seesteg Sonntag für Sonntag zwölf Fahnen zerren: anfangs nur die Fahnen der Ostseestädte – nach und nach: mehr und mehr Hakenkreuzfahnen." [H, 292]

Das Kurhaus gibt es heute nicht mehr, ebensowenig wie den Seesteg. Nur noch eine abbröckelnde Betonmauer, ein kleiner Betonvorsprung Richtung See und Treppen hinunter zum Strand legen Zeugnis von seiner Existenz ab; mit dem Seesteg verschwand auch der Seebäderverkehr nach Glettkau/Jelitkowo und Zoppot/Sopot.

Nichts ist für die Atmosphäre eines Badeorts entscheidender als die Saison – so verschlafen und trist, wie er im Winter wirkt, so lebendig und fröhlich ist er Sommer. Das war in den 30er Jahren genauso wie heute: Sommersonntag für Sommersonntag traf sich hier außer der Bevölkerung von Brösen und Neufahrwasser auch halb Langfuhr, die Pokriefkes ebenso wie die Matzeraths oder die

Faktycznie, istnieje jeszcze w Brzeźnie stara dzielnica, która prawie pozwala zapomnieć o nowym budownictwie. Rozciąga się ona równolegle do plaży w kierunku północno-zachodnim. Tam też proponujemy rozpoczęcie spaceru, którego trasa przebiegać będzie ulicą Puławskiego/Conzestr. z małymi wypadami aż do kościoła i z powrotem ulicą Walecznych/Viktoriastr. Tu obejrzeć można jeszcze kilka starych willi, domków rybackich, małych ogródków, najczęściej gęsto obsadzonych warzywami, bruk na uliczkach, a nawet dawny napis na domu "Kolonialwaren" (na ulicy Północnej/Nordstr.). Na rogu ulicy Północnej/Wczasy (Nordstr./Konradshammerstr.) znajdują się kościół i szkoła podstawowa. Trochę dalej w lewo, po drugiej stronie torów tramwajowych, pośród nowego budownictwa, znajdują się dwa małe domki (przy ulicy Dworskiej/Walecznych), z których jeden mógł być wzorcem dla domu Erny Brakup.

Kiedy znajdziemy się ponownie na przystanku tramwajowym możemy pójść drogą prowadzącą przez sosnowy lasek, Park Brzeźnieński, do plaży. Tam po lewej stronie ciągle jeszcze stoi budynek administracji kurortu, jeden ze starych budynków uzdrowiskowych, stanowiący dość dziwny zlepek architektoniczny, składający się z drewnianych werand i czerwonej cegły. Idąc dalej prosto tą drogą mijając ów budynek, dochodzi się do samej plaży. Przy dobrej pogodzie rozciąga się stąd wspaniały widok na całą zatokę. Niemal zawsze jest tam wiele zakotwiczonych statków, czekających na wejście do portu. Patrząc w kierunku północno-zachodnim można rozpoznać po licznych dużych hotelach i wpływającej tam do morza rzeczce, Potoku Oliwskim, Jelitkowo/Glettkau. Dalej na zachód znajduje się Sopot/Zoppot, nadal będący uzdrowiskiem i kąpieliskiem, łatwo rozpoznawalnym dzięki molu. W niektórych miejscach plaży można zobaczyć sfatygowane drewniane pomosty dla łodzi. Ich obecność w tym miejscu pozwala przypuszczać, że Brzeźno, faktycznie było kiedyś wioską rybacką. Oczywiście można stąd zrobić piękny, trwający około półtorej godziny, spacer do Sopotu (patrz rozdz. Oliwa i Sopot).

"Wysmolowane, natłuszczone, a mimo to suche deski, po których sunął dziecięcy wózek, były deskami mola w Brzeźnie. Miłe kąpielisko – od tysiąc osiemset dwudziestego trzeciego

48. Seesteg und Strandhalle in Brösen *1910*
Molo w Brzeźnie *1910*

Teenager um Joachim Mahlke. Richtung Osten deuten die Reste eines Holzbohlenweges und etliche abgebrochene Holzpfähle am Wasser darauf hin, daß hier das alte Bad gestanden haben muß, wo Mahlke schwimmen lernte und in das Oskar mit Maria zum Sonnen ging:

> *"In Brösen kaufte Maria ein Pfund Kirschen, nahm mich bei der Hand [...] und führte uns durch den Strandkiefernwald zur Badeanstalt. Trotz meiner fast sechzehn Jahre – der Bademeister hatte keinen Blick dafür – durfte ich in die Damenabteilung. [...].*
> *Das barfüßige Bademädchen ging voran. Wie eine Büßerin trug sie den Strick um den Leib, und an dem Strick hing ein mächtiger Schlüssel, der alle Zellen aufschloß. Laufstege. Das Geländer an den Stegen. Ein dürrer Kokosläufer an allen Zellen vorbei. Wir bekamen Zelle 53."* [B, 325]

Hier begannen Oskars erotische Abentener mit Maria – eine haarige und sprudelnde Geschichte. Irgendwo draußen muß das polnische Wrack gelegen haben, zu dem die Jungen aus *Katz und Maus* schwammen. Interessanterweise sind die Badeanlagen bis

> *zdrojowisko nadmorskie – z przycupniętą wioską rybacką i zwieńczonym kopułą domem zdrojowym, z pensjonatami "Germania", "Eugenia" i "Elza", z niewysokimi wydmami i nadbrzeżnym laskiem, z łodziami rybackimi i trzyczęściowymi łazienkami, ze strażnicą Niemieckiego Towarzystwa Ratowniczego i czterdziestoośmiometrowym molem – leżało dokładnie pośrodku między Nowym Portem a Jelitkowem na brzegu Zatoki Gdańskiej. Molo w Brzeźnie było dwukondygnacyjne i z prawej miało odnogę w postaci krótkiego falochronu rozbijającego fale Bałtyku. Na dwunastu masztach flagowych mola w Brzeźnie co niedziela łopotało dwanaście flag: z początku były to tylko flagi miast nadbałtyckich, z biegiem czasu – coraz liczniejsze flagi ze swastyką."* [Pl, s. 124/125]

Dom uzdrowiskowy już dziś nie istnieje, podobnie jak i owa promenada. Jeszcze tylko odpadający kawałkami mur betonowy, mały betonowy występ w kierunku morza i schody prowadzące w dół na plażę, świadczą o tym, że tam była; wraz ze zniszczeniem promenady ustała komunikacja z kąpieliskami morskimi w Jelitkowie/Glettkau i Sopocie/Zoppot.

Nic nie wpływa bardziej na atmosferę kąpieliska jak pora roku. Zimą sprawia wrażenie uśpionego i ponurego, latem tętni życiem i radością. W latach trzydziestych wyglądało to dokładnie tak jak dziś, w każdą letnią niedzielę spotykali się tutaj nie tylko mieszkańcy Brzeźna i Nowego Portu, ale też połowa Wrzeszcza. Bywali tu zarówno Pokriefkowie jak i Matzerathowie, było to też miejsce spotkań Joachima Mahlke i innych nastolatków.

Resztki drogi z drewnianych bali i kilka nadłamanych kołków nad wodą we wschodniej części plaży wskazują na to, że to tu musiało znajdować się stare kąpielisko, gdzie Mahlke uczył się pływać i gdzie Oskar z Marią chodzili się opalać:

> *"W Brzeźnie Maria kupiła funt wiśni, wzięła mnie za rękę, i przez sosnowy las zaprowadziła mnie na plażę. Mimo blisko szesnastu lat – kąpielowy nie dopatrzył się tego – wpuszczono mnie do kąpieliska dla pań.[...] Bosa szatniarka poszła przodem. Jak pokutnica przepasana była powrozem, na którym wisiał potężny klucz otwierający wszystkie kabiny. Drewniane pomosty. Poręcz przy pomostach. Wyschnięty kokosowy chodnik wzdłuż wszystkich kabin. My dostaliśmy kabinę 53".* [Bb, s. 229]

anf die Strandhalle nicht schon im Krieg bzw. in der unmittelbaren Nachkriegszeit zerstört worden, sondern waren bis in die 70er Jahre hinein intakt und in Betrieb. Der gemeinsame Strand des langsam wachsenden Brzeźno und Nowy Port gleich daneben war im Sommer und an Feiertagen bevölkert, v.a. von den dort lebenden Arbeiterfamilien, die dem Badeörtchen Brzeźno ein ganz anderes Gepräge verliehen, als es das mondäne Sopot besaß und besitzt. Später allerdings verfielen die Badeanlagen, v. a. wohl mangels Pflege, und wurden morsch. Volker Schlöndorff hat die Strandszenen der *Blechtrommel* noch im alten Brösener Strandbad gedreht.

Neben und auf den Überresten des Seestegs findet im Sommer neuerdings wieder Badebetrieb statt, es gibt sogar einen Seenotrettungsdienst und eine Tafel mit Wetternachrichten wie die im allerersten Zitat erwähnte. Kiosks, Imbißstände und Bierlokale sind entlang der gesamten Uferpromenade verteilt.

Außerhalb der Saison bot und bietet sich ein völlig anderes Bild; die Kiosks sind geschlossen, nur an Sonntagen gibt es wirklich viele Spaziergänger, wochentags dagegen ist bis auf ein paar gelangweilte Männer alles wie ausgestorben. So etwa muß es auch an jenem Karfreitag gewesen sein, als Familie Matzerath

49. Der Strand in Brösen *1910*
Plaża w Brzeźnie *1910*

Tu zaczęły się erotyczne przygody Oskara z Marią – owłosiona i pieniąca się historia. Przypuszczalnie w pobliżu tego miejsca na dnie zatoki spoczywał ów wrak polskiego statku, do którego pływali chłopcy z *Kota i myszy*. Co ciekawe, wszelkie urządzenia, budynki należące do kąpieliska, z wyjątkiem domu plażowego, nie zostały zniszczone podczas wojny lub bezpośrednio po jej zakończeniu, lecz aż po lata siedemdziesiąte pozostały nie uszkodzone i były w użyciu. Wspólna plaża przynależąca do z wolna rozrastającego się Brzeźna i znajdującego się tuż obok Nowego Portu była latem i podczas dni świątecznych zaludniona, przede wszystkim przez mieszkające tam rodziny robotnicze. Nadawały one temu małemu kąpielisku, jakim było Brzeźno, całkiem inny charakter, niż ten jaki miał noszący znamię wytwornej światowości Sopot. Później jednak urządzenia kąpieliskowe najprawdopodobniej z powodu braku pielęgnacji przestały należycie spełniać swoją funkcję i pozostawione same sobie uległy całkowitemu zniszczeniu. Volker Schlöndorff nakręcił sceny na plaży do *Blaszanego bębenka* jeszcze na terenie starego brzeźnieńskiego kąpieliska.

W ostatnich latach kąpielisko ponownie ożywa. Na pozostałościach dawnej promenady ma swoją siedzibę służba ratownicza. Jest tu również zamontowana tablica z aktualnymi danymi dotyczącymi pogody, podobna do tej, wspomnianej w początkowym cytacie. Wzdłuż całej promenady nad brzegiem morza rozmieszczone są kioski, stoiska z przekąskami oraz piwiarnie. Poza sezonem panuje tu zupełnie inna atmosfera. Kioski są pozamykane, tylko w niedzielę jest tu naprawdę wielu spacerowiczów, w dni powszednie za to, z wyjątkiem kilku znudzonych mężczyzn, wszystko jest jak wymarłe. Podobnie musiało chyba być w ów Wielki Piątek, kiedy to rodzina Matzerathów wybrała się na wycieczkę do Brzeźna i stamtąd dalej w kierunku mola i wejścia do portu, gdzie spotkała starego sztauera, łapiącego węgorze w końskim łbie.

"Bałtyk leniwie i szeroko oblizywał brzeg. Aż po wjazd do portu między białą latarnią morską a molem ze znakiem nawigacyjnym nie spotkaliśmy żywej duszy. Deszcz z poprzedniego dnia odcisnął na piasku swój najbardziej harmonijny wzór, który zabawnie było niszczyć, pozostawiając ślady bosych stóp.[...]

ihren Ausflug nach Brösen und von da aus Richtung Mole und Hafeneinfahrt machte, wo sie den alten Stauer trafen, der in einem Pferdekopf Aale fing.

> *„Die Ostsee leckte träge und breit den Strand. Bis zur Hafeneinfahrt zwischen weißem Leuchtturm und der Mole mit dem Seezeichen kein Mensch unterwegs. Ein am Vortage gefallener Regen hatte dem Sand sein gleichmäßigstes Muster aufgedrückt, das zu zerstören, barfuß Stempel hinterlassend, Spaß machte. [...] Die Sonne schien vorsichtig. Es war kühl, windstill, klar; man konnte den Streifen am Horizont erkennen, der die Halbinsel Hela bedeutete, auch zwei drei schwindende Rauchfahnen und die sprunghaft über die Kimm kletternden Aufbauten eines Handelsschiffes."* [B, 175]

Leider ist der Weg bis zu Mole und Hafeneinfahrt heute nach ca. 500 m durch abgesperrtes Hafengelände blockiert. Im Kiefernwäldchen, das sich parallel zur Küste entlangzieht, kann man noch Reste von Befestigungsbauten aus den Kriegsjahren finden.

In der kalten Jahreszeit dient die Bucht übrigens Scharen von Schwänen als Winterquartier. Sie bevölkern das ufernahe seichte Gewässer und bedrängen Spaziergänger manchmal geradezu nach Brotresten:

> *„Reschke beschreibt die Ostsee als trüb, grau, unbewegt, sagt nichts übers Wetter, [...] und ist dann bei den viel zu vielen Schwänen am Ufersaum, die er als »verseuchte Nutznießer der verseuchten See« beschimpft. »Dieser aggressive Ansturm! Zwei Schwäne können schön sein, aber eine verfressene, gesättigt noch gierige Horde Schwäne [...]«"* [U, 265]

Außer wenn gerade Sturm ist, schlappt die Ostsee im Winter zumeist träge, müde und mit winzig kleinen Wellen an den Strand; oftmals ist es so diesig, daß die Mole in Sopot kaum zu sehen ist und man die Schiffe in der Bucht nur ahnen kann – eine melancholische Stimmung, wie sie Grass vielleicht vorschwebte, als er sein Gedicht *Kleckerburg* schrieb:

Słońce świeciło ostrożnie. Było chłodno, bezwietrznie, jasno; można było dojrzeć pasmo na horyzoncie, które oznaczało Półwysep Hel, także dwie–trzy znikające smugi dymu i wspinające się gwałtownie ponad linią horyzontu nadbudówki jakiegoś handlowego statku." [Bb, s. 125]

Niestety dzisiaj droga do mola i wejścia do portu po około pięciuset metrach zablokowana jest przez zagrodzony teren portu. W lasku sosnowym, który ciągnie się wzdłuż wybrzeża, można znaleźć jeszcze resztki budowli fortyfikacyjnych z lat wojennych. Ciekawy jest również fakt, że w tej zimnej porze roku zatoka służy gromadom łabędzi za zimową kwaterę. Zaludniają one płytkie wody bliskie brzegu i czasami wręcz napastują spacerowiczów, domagając się resztek chleba:

"Reschke opisuje Bałtyk jako morze mętne, szare, nieporuszone, nie mówi nic o pogodzie, wspomina tylko krótko o obowiązującym od lat na wszystkich plażach Zatoki zakazie kąpieli i przechodzi potem do o wiele zbyt licznych łabędzi u brzegu, którym złorzeczy jako »zatrutym pasożytom zatrutego morza«. »Ten agresywny napór! Dwa łabędzie mogą być piękne, ale spasiona, mimo nasycenia żarłoczna horda łabędzi...«." [Wk, s. 176]

W zimie, poza momentami kiedy akurat jest sztorm, zwykle, zmęczony i szary Bałtyk ospale uderza swymi maleńkimi falami o brzeg plaży; często jest tak duża mgła, że sopockie molo jest niemal niewidoczne, a obecność statków na redzie staje się jedynie niepotwierdzonym przypuszczeniem – w takich chwilach rodzi się w nas melancholijny nastrój, jaki być może ogarnął Grassa, kiedy pisał on swój wiersz Kleckerburg:

„*Wer fragt noch wo? Mein Zungenschlag
ist baltisch tückisch stubenwarm.
Wie macht die Ostsee? – Blubb, pifff, pschsch...
Auf deutsch, auf polnisch: Blubb, pifff, pschsch...*"
[Werke I, 208]

Spacery

*Kto jeszcze pyta gdzie? Moja wymowa
jest bałtycka zdradziecka domowo ciepła.
Jak robi Bałtyk – Blubb, pifff, pschpsch...
Po polsku, po niemiecku – Plupp, piff, pszcz...*

50. Günter Grass na plaży w Brzeźnie (?) *1989*
    Günter Grass am Strand in Brzeźno (?) *1989*

IV. Ausflüge in die Umgebung

Wenn Sie noch ein bißchen Zeit zur Verfügung haben, dann sollten sie unbedingt auch in die wunderschöne Umgebung von Gdańsk fahren. Schließlich hat auch sie in den Werken von Günter Grass einen wichtigen Platz, und es gibt wohl keine berühmtere Szene aus der *Blechtrommel* als diejenige auf dem kaschubischen Kartoffelacker bei Bissau/Bysewo.

1. Die Kaschubei
„Sie saß im Herzen der Kaschubei"

Anna Bronski, verheiratete Koljaiczek, die kaschubische Großmutter von Oskar Matzerath, kam aus Bissau/Bysewo, einem Dörfchen, das mit dem Auto in weniger als einer halben Stunde von Gdańsk aus zu erreichen ist. Am besten nehmen Sie von Wrzeszcz aus die Straße Richtung Rębiechowo (Słowackiego), sie ist gut beschildert, denn sie führt zugleich zum Flughafen. Nach wenigen hundert Metern sehen Sie rechts vor sich die Überreste einer ehemaligen Eisenbahnbrücke – hier fuhr die Kleinbahn von Viereck/Firoga nach Langfuhr/Wrzeszcz und mit ihr Anna Koljaiczek, wenn sie auf dem Wochenmarkt ihre Kartoffeln und Gänse verkaufen wollte. Diese Bahn ist schon lange stillgelegt – der Bahndamm und diese halbe Brücke erinnern noch an sie. Kurz vor der Brücke lohnt es sich zum ersten Mal anzuhalten, denn hier ist noch ein kleiner Teil des ehemaligen Friedhofs in **Brenntau/Brętowo** erhalten. Zwar ist das Grab von Oskars Mutter nicht zu finden, aber es gibt noch eine Menge alter, verwitterter und halb umgestürzter Grabsteine mit deutschen Inschriften (was deshalb erwähnenswert ist, weil die meisten deutschen Gräber eingeebnet oder neu verwendet wurden). Geht man den Weg entlang, der über den Friedhof auf eine neuerbaute

IV. Wycieczki w okolicę

Jeśli mamy trochę czasu, powinniśmy wyruszyć we wspaniałe okolice Gdańska. W końcu i one zajmują w książkach Grassa sporo miejsca, a chyba nie ma sławniejszej sceny niż ta z *Blaszanego bębenka* na kartoflisku nieopodal Bysewa.

1. Kaszuby
"...siedziała w sercu Kaszub..."

Anna Koljaiczek, z domu Brońska, kaszubska babka Oskara Matzeratha pochodziła z Bysewa. To malutka wioska, oddalona od Gdańska o pół godziny jazdy samochodem. Najlepiej pojechać ulicą Słowackiego w kierunku Rębiechowa. Trasa jest dobrze oznakowana, ponieważ prowadzi jednocześnie na lotnisko. Po kilkuset metrach natykamy się przed sobą, po lewej stronie, na resztki mostu kolejki wąskotorowej. Właśnie tędy biegła linia z Firogi do Wrzeszcza, którą jeździła Anna Koljaiczek, gdy na cotygodniowym targu chciała sprzedać gęsi i kartofle. Wąskotorówka jest już od dawna nieczynna – tylko nasyp kolejowy i fragment wiaduktu przypominają o jej istnieniu. Przed mostem warto się zatrzymać, ponieważ zachowała się obok cząstka dawnego cmentarza w Brętowie. Wprawdzie nie znajdziemy na nim grobu matki Oskara, ale jest tu jeszcze trochę starych, zwietrzałych, na poły obalonych nagrobków z niemieckimi napisami (to szczególnie ciekawe wobec faktu, iż większość niemieckich grobów zrównano z ziemią lub wykorzystano ponownie jako miejsce pochówku). Idąc wzdłuż drogi prowadzącej przez cmentarz ku nowo wybudowanemu kościołowi, natykamy się na mogiłę księdza Wiehnke, proboszcza kościoła Najświętszego Serca Pana Jezusa. Wiehnkego pochowano tu w 1944 roku. Starej kapliczki cmentarnej już nie ma...

große Kirche zuführt, trifft man auf das Grab von Hochwürden Wiehnke, dem Pfarrer der Herz-Jesu-Kirche, der 1944 hier beerdigt wurde. Das alte Friedhofskapellchen gibt es nicht mehr.

„Nicht auf dem Friedhof Saspe, wie sie es sich manchmal gewünscht hatte, sondern auf dem kleinen ruhigen Friedhof Brenntau wurde meine Mama beerdigt. [...] Auf dem halbländlichen Friedhof Brenntau mit seinen zwei Feldern beiderseits der Ulmenallee, mit seinem Kapellchen, das aussah wie eine Klebearbeit für Krippenspiele, mit seinem Ziehbrunnen, mit quicklebendiger Vogelwelt, auf der sauber geharkten Friedhofsallee, gleich hinter Matzerath die Prozession anführend, gefiel mir zum ersten Mal die Form des Sarges." [B, 140/41]

Gleich nach der halben Brücke führt die Straße ziemlich steil hoch auf die sich parallel zur Danziger Bucht erstreckende Hügelkette, die Endmoräne des eiszeitlichen Gletschers. Sie ist bewaldet, und dieser große, zusammenhängende Laubwald ist ein beliebtes Ausflugsgebiet für die Bevölkerung der Dreistadt. In diesem Wald liegt übrigens linkerhand ein Mariensanktuarium, das einen Abstecher lohnt; leider ist die kleine Zufahrtsstraße nur sehr spärlich ausgeschildert. Seit dem 18. Jahrhundert wird hier in **Matemblewo** die schwangere Gottesmutter Maria angebetet, denn nach einer Legende soll sie an dieser Stelle einer gebärenden Frau beigestanden haben und gleichzeitig deren zu einem Arzt eilenden Ehemann erschienen sein. Heute gibt es dort eine Kapelle, zu der v.a. Frauen pilgern, die sich ein Kind wünschen, eine größere Kirche ist nebenan im Bau; außerdem entsteht dort ein Haus für alleinstehende Mütter, die von der Kirche bis zum dritten Monat nach der Geburt Hilfe erhalten.

Nachdem man die Umgehungsautobahn überquert hat, muß man direkt anschließend nach links Richtung Kartuzy abbiegen. Linkerhand befindet sich Mattern/Matarnia, ein kleiner Ort mit einer sehr sehenswerten Kirche und einem alten Friedhof daneben, auf dem wohl Anna Bronski und vielleicht auch Grass' eigene Großmutter begraben liegen. Kirche und Friedhof erreicht man über einen holprigen Feldweg, der hinter dem ersten Hügel dieser Straße nach links abgeht. Weiter am Flughafengelände vorbei geht es an der nächsten Kreuzung rechts Richtung Miszewo.

Wycieczki w okolicę

"Nie na Zaspie, jak sobie nieraz życzyła, lecz na małym, cichym cmentarzu w Brętowie z dwiema kwaterami po obu stronach wiązowej alei, z kapliczką, która wyglądała jak sklejona wycinanka z szopki, ze studnią na kołowrót, z rozćwierkanym ptactwem, na czysto wygrabionej alei cmentarnej, gdy szedłem zaraz za Matzerathem na czele procesji, po raz pierwszy spodobała mi się forma trumny". [Bb, s. 138–139]

Zaraz za resztką mostu szosa wiedzie dość stromo w górę na rozciągający się równolegle do Zatoki Gdańskiej łańcuch wzgórz morenowych. Porośnięty lasem liściastym obszar jest ulubionym celem wycieczek mieszkańców Trójmiasta. W lesie, po lewej stronie położone jest Sanktuarium Maryjne, warte krótkiego wypadu; niestety droga dojazdowa oznakowana jest bardzo skąpo. Tutaj, w **Matemblewie**, kult Matki Boskiej sięga XVIII wieku. Według legendy właśnie w tym miejscu Maryja pomogła rodzącej kobiecie i ukazała się jednocześnie jej mężowi spieszącemu po lekarza. Dzisiaj stoi tu kaplica, do której pielgrzymują przede wszystkim kobiety pragnące mieć potomstwo. Obok budowana jest większa świątynia oraz dom samotnej matki, w którym kobiety znajdują opiekę Kościoła przez okres trzech miesięcy po porodzie.

Po przejechaniu obwodnicy należy skręcić w lewo w kierunku Kartuz. Po stronie lewej jest Matarnia, niewielka miejscowość z wartym zwiedzenia kościołem i starym cmentarzem, na którym pochowano Annę Brońską i, prawdopodobnie, matkę Güntera Grassa. Do kościoła i cmentarza dojechać można wyboistą polną drogą, która skręca w lewo za pierwszym pagórkiem. Potem koło lotniska trzeba skręcić w kierunku Miszewa. Po prawej stronie widać pas startowy, po lewej kilka zakładów i domów – to tu jest **Bysewo**. Za małym jeziorkiem na pagórku stoi wiele domów z cegły, o których mowa w *Blaszanym bębenku*. Obszar, na którym mniej więcej leżało kartoflisko, został wchłonięty przez port lotniczy. Mimo to możemy sobie jeszcze dobrze wyobrazić unoszący się nad łagodnymi pagórkami dym pieczonych ziemniaków i rozciągający się stąd rozległy krajobraz okolicy.

"Było to w roku osiemset dziewięćdziesiątym dziewiątym, babka siedziała w sercu Kaszub, w pobliżu Bysewa, jeszcze

Rechts sieht man die Landebahn des Flughafens, links diverse Fabriken: Das ist, neben einigen wenigen Wohnhäusern, **Bissau/Bysewo**. Immerhin sind auf einem kleinen Hügel, hinter einem winzigen See, noch die Gebäude der Ziegelei, von der auch in der Blechtrommel die Rede ist, zu sehen.

Das Gebiet allerdings, auf dem ungefähr der Grass'sche Kartoffelacker lag, gehört nun zum Flughafen, trotzdem kann man sich immer noch gut vorstellen, wie über diesen sanften Hügeln der Rauch eines Kartoffelfeuers stand und man von dort aus einen weiten Blick in die Landschaft hatte.

„Man schrieb das Jahr neunundneunzig, sie saß im Herzen der Kaschubei, nahe bei Bissau, noch näher der Ziegelei, vor Ramkau saß sie, hinter Viereck, in Richtung der Straße nach Brenntau, zwischen Dirschau und Karthaus, den schwarzen Wald Goldkrug im Rücken saß sie und schob mit einem an der Spitze verkohlten Haselstock Kartoffeln unter die heiße Asche." [B, 10]

Die übrige Kaschubei taucht so unmittelbar nur noch in den *Unkenrufen* auf. Wir empfehlen Ihnen unbedingt, von Bysewo aus noch weiterzufahren bis in das kaschubische Seengebiet hinein, das auch „Kaschubische Schweiz" genannt wird – ähnlich der „Holsteinischen Schweiz" eine wald- und seenreiche, hügelige Moränenlandschaft von großer landschaftlicher Schönheit. Eine mögliche Route führt von Bysewo über Żukowo nach **Karthaus/Kartuzy**. Kartuzy ist erst im 19. Jahrhundert um ein altes Karthäuserkloster herum entstanden und heute der kulturelle Mittelpunkt der Region. Die Kirche des Klosters ebenso wie der dazugehörige Friedhof sind einen Besuch wert; besonders das barocke Walmdach der Kirche, das an einen Sargdeckel erinnert, ist sehenswert. Hier ergibt sich noch ein Bezug zur *Blechtrommel* – für den Film wurde die Begräbnisszene von Oskars Mutter nämlich hier, und nicht auf dem Friedhof in Brętowo, gedreht. Außerdem gibt es in Kartuzy ein kaschubisches Museum, das kaschubisches Brauchtum von der Landwirtschaft bis zum Kunstgewerbe zeigt und zudem Führungen eines alten Kaschuben anbietet, die sogar beinhalten, daß ein kaschubisches Volkslied vorgesungen wird.

Von Kartuzy aus kann man über eine landschaftlich ausgesprochen abwechslungsreiche und reizvolle Straße in einem Bogen

bliżej cegielni, siedziała mając przed sobą Rębiechowo, za sobą Firogę, zwrócona ku drodze na Brętowo, między Tczewem a Kartuzami, siedziała plecami do czarnego lasu wokół Złotej Karczmy i leszczynowym kijem nadpalonym u końca wsuwała ziemniaki w gorący popiół." [Bb, s. 12]

Kaszuby pojawiają się jeszcze raz tak namacalnie we *Wróżbach kumaka*. Proponujemy ruszyć dalej z Bysewa na Pojezierze Kaszubskie, które podobnie jak Szwajcaria Holsztyńska zwane jest Szwajcarią Kaszubską. To bogaty w lasy i jeziora, pagórkowaty obszar morenowy o dużych wartościach krajobrazowych. Jedna z możliwych tras wiedzie z Bysewa przez Żukowo do **Kartuz**. Miasto to powstało w XIX wieku wokół starego klasztoru kartuzów i stanowi obecnie centrum kulturalne regionu. Warto zwiedzić kościół klasztorny i pobliski cmentarz; szczególnie interesujący jest barokowy, czterospadzisty dach świątyni w kształcie trumny. To tutaj, a nie w Brętowie, nakręcono do filmu *Blaszany bębenek* scenę pogrzebu matki Oskara. W Kartuzach znajduje się także Muzeum Kaszubskie. Miejscową obyczajowość, począwszy od uprawy ziemi, a na rzemiośle artystycznym kończąc, ukazuje stary Kaszuba śpiewający nawet pieśń w rodzimym języku.

Z Kaszub wracamy do Gdańska czarującą, pełną zakrętów szosą. Dzięki temu poznajemy osobliwości kaszubskiego krajobrazu, ukształtowanego przez jeziora, lasy, pola i zaskakujące swą pagórkowatością widoki. Przez Chmielno (znane z garncarstwa), Ręboszewo, Brodnicę Dolną, Ostrzyce i Wieżycę (gdzie przytulony zajazd "Hubertówka" zaprasza na małą przerwę w podróży) docieramy do szosy Kościerzyna–Gdańsk.

Podobne wyprawy na Kaszuby podejmowali również Aleksandra i Aleksander:

"W następny weekend zrobili wycieczkę na Kaszuby. Co prawda pojechali z Wróblem przy kierownicy, ale nie jego polskim fiatem. Na kartce z notatnika jest napisane: »Nareszcie nowym wozem na zieloną trawkę«. To nie pogoda ich skusiła. Jeśli przed rokiem wszystko przyszło za wcześnie, o wiele za wcześnie – rzepak, kumaki – to tej wiosny wszystko było spóźnione, grubo spóźnione. Kwitnące drzewa owocowe ucierpiały od nocnego mrozu. Nie tylko chłopi narzekali, ogólny nastrój odpowiadał słotnemu i zimnemu majowi. Nasycone nieszczęściem doniesienia napierały wzajem na siebie,

zurück nach Gdańsk fahren. So gewinnen Sie einen guten Einblick in die Besonderheiten der kaschubischen Landschaft, die Seen, Wälder und Felder und die überraschenden Blicke, die sich aus der Hügeligkeit der Gegend ergeben. Über Chmielno (das wegen seiner Töpferwerkstätten bekannt ist), die Radauneseen, Ręboszewo, Brodnica Dolna, Ostrzyce und Wieżyca (wo ein gemütlicher Gasthof, „Hubertówka", zu einer kleinen Pause einlädt) gelangen Sie auf die Straße, die Kościerzyna mit Gdańsk verbindet.

Ganz ähnliche Ausflüge haben auch Alexandra und Alexander in die Kaschubei unternommen:

„Am folgenden Wochenende machten sie einen Ausflug in die Kaschubei. Zwar fuhren sie mit Wróbel am Steuer, doch sind sie nicht mit dessen Polski Fiat unterwegs gewesen. Auf einem Notizzettel steht: »Endlich mit neuem Wagen ins Grüne.«

Das Wetter wird sie nicht verlockt haben. Wenn im Vorjahr alles zu früh, viel zu früh gekommen war – der Raps, die Unken –, war in diesem Frühjahr alles spät, viel zu spät dran. Die Obstblüte hatte unter Nachtfrost gelitten. Nicht nur die Bauern klagten, die allgemeine Stimmung entsprach dem naßkalten Mai. Satt an Unheil, bedrängten Meldungen einander, und die Politiker retteten sich, weil zu Haus nichts klappte, in die Zimmerflucht des Europagedankens. Geeint waren die Deutschen uneiniger denn je; und das freie Polen überließ sich nunmehr den Zwangsverordnungen der Kirche. Nichts wollte unbeschwert anfangen. Selbst Mitte Mai war an Rapsblüte nicht zu denken.

Doch als sie zu dritt ins Grüne fuhren, muß das Wetter wechselhaft gewesen sein: ab und zu brach die Sonne durch. Sie fuhren zu den Radauneseen, Richtung Chmielno. Alexandra hatte ein Picknick vorbereitet: diesmal keine sauer eingelegten polnischen Pilze und hartgekochten Eier. Aus Dosen sollten grönländisches Krabbenfleisch und norwegischer Räucherlachs gegabelt werden, dazu Käse aus Frankreich, Mortadella und Salami in Scheiben, dänisches Bier und spanische Oliven. War ja alles zu haben, wenn auch teuer, zu teuer, sogar Früchte aus Neuseeland, Kiwi genannt.

a politycy, jako że we własnym domu nic nie wychodziło, szukali ratunku w amfiladzie europejskiego myślenia. Zjednoczeni Niemcy byli dalsi od jedności niż kiedykolwiek; a wolna Polska poddała się obecnie dyktatowi Kościoła. Nic nie chciało zacząć się swobodnie. Nawet w połowie maja nie było co myśleć o kwitnieniu rzepaku.
Ale kiedy pojechali w trójkę na zieloną trawkę, pogoda musiała być zmienna: od czasu do czasu przebijało słońce. Wybrali się nad Jezioro Raduńskie, w kierunku Chmielna. Aleksandra przygotowała piknik: tym razem bez marynowanych polskich grzybów i jajek na twardo. Mieli widelcami wyjadać z puszek grenlandzkie krewetki i norweskiego wędzonego łososia, do tego ser z Francji, mortadela i salami w plasterkach, duńskie piwo i hiszpańskie oliwki. Wszystko było przecież do kupienia, chociaż drogie, nawet owoce Nowej Zelandii o nazwie kiwi.
Nie doszło do pikniku. Przed i po zbyt krótkich przejaśnieniach przelotne ulewne deszcze nie dopuściły do ich późnego śniadania, jednakże oni gdzieś się zatrzymali. Przy schodzeniu z szosy na leżący w dole brzeg jeziora okazało się, że Aleksandra znów miała nieodpowiednie pantofle. W nadbrzeżnych zaroślach znaleźli pośród trzcin małą zatokę, która była już odwiedzana, o czym świadczyły zwęglone, połyskujące deszczową wilgocią resztki ogniska, do tego półkole z kamieniami, jakie często leżą na skraju pól. »Trafiają się tutaj tak duże jak owe głazy narzutowe, które, opatrzone prostą inskrypcją, znajdują zastosowanie na Cmentarzu Pojednania, ostatnio na grobach zbiorowych«.
Chyba z tuzin harcerzy przytoczyło polne kamienie do ogniska w porosłej trzciną zatoce. Teraz siedzieli na nich w trójkę oni. Piątkowska od razu zapaliła, chociaż komary nie dawały pretekstu. Koszyk piknikowy został w samochodzie. Wszyscy troje milczeli na swoich kamieniach. Z daleka doleciały głosy ponad jeziorem, ostre głosy. Potem z drugiej strony szosy, gdzie zaparkowali nowy wóz, zaryczały ochrypłe krowy, jakby na krótko przed zarżnięciem. I znów cisza, zwłaszcza że niebo nad jeziorem było pozbawione skowronków.
Reschke opisał mi krajobraz, jak gdyby chciał mi go namalować akwarelowym pędzlem: rzadki las mieszany po lewej, schodzące nad jezioro pola, drewnianą szopę z płaskim dachem na wysuniętym naprzód wzgórzu, ponownie las, potem znów

Es kam nicht zum Picknick. Vor und nach zu kurzen Aufheiterungen ließen Regenschauer ihr spätes Frühstück ins Wasser fallen, dennoch machten sie irgendwo halt. Beim Abstieg von der Chaussee zum tiefliegenden Seeufer zeigte sich, daß Alexandra wieder einmal untaugliche Schuhe trug. Im Ufergestrüpp fanden sie zwischen Schilf eine kleine Bucht, die Besuch kannte, denn verkohlte, regennaß glänzende Reste eines Lagerfeuers gaben Zeugnis, dazu im Halbkreis Steine, wie sie häufig an Feldrändern liegen. »Manche sind hier so groß wie jene Findlinge, die auf dem Versöhnungsfriedhof mit schlichter Inschrift Verwendung finden, neuerdings auf Sammelgräbern.« Ein Dutzend Pfadfinder mochten die Feldsteine in die schilfbestandene Bucht ans Lagerfeuer gerollt haben. Nun saßen sie zu dritt drauf. Die Piątkowska rauchte sofort, obgleich Mücken keinen Vorwand boten. Der Picknickkorb war im Wagen geblieben. Alle drei schwiegen auf ihren Steinen. Von fern kamen Stimmen über den See, rauh, wie im Streit, dann wieder Stille. Wróbel ließ einige Steine flach übers Wasser springen und setzte sich, als niemand mitmachen wollte. Abermals fern rauhe Stimmen. Dann brüllten von jenseits der Chaussee, wo sie den neuen Wagen abgestellt hatten, Kühe heiser, wie kurz vorm Abstechen. Und abermals Stille, zumal der Himmel überm See ohne Lerchen war.
Reschke hat mir die Landschaft beschrieben, als hätte er sie mit dem Aquarellpinsel ausmalen wollen: den nach links locker stehenden Mischwald, die zum See hin auslaufenden Felder, einen hölzernen Stall mit Flachdach auf vorgelagertem Hügel, abermals Wald, dann wieder Felder und inmitten der Felder Baumgruppen. Keinen Kahn, kein Segel, nur zwei schwimmende Enten erwähnt er, im Gegenverkehr. »Selten rillt Wind den See.«" [U, 275 - 278]

2. Oliva/Oliwa und Zoppot/Sopot
„Der Weg nach Zoppot führte über Oliva"

Ein schöner Ausflug führt nach Oliva und Sopot, vielleicht an einem Sonntag und vielleicht so, wie ihn Familie Matzerath im Sommer 1933 unternahm:

pola, a pośród pól kępy drzew. Żadnej łódki, żadnego żagla, wymienia tylko dwie płynące w przeciwnych kierunkach kaczki. »Wiatr rzadko marszczy jezioro«." [Wk, s. 183–184]

2. Oliwa/Oliva i Sopot/Zoppot
"Droga do Sopotu wiodła przez Oliwę"

Proponujemy wybrać się niedzielnym popołudniem, tak jak zrobiła to rodzina Matzerathów latem 1933 roku, na piękny spacer do Oliwy i Sopotu.

"Droga do Sopotu wiodła przez Oliwę. Przedpołudnie w Parku Opackim. Złote rybki, łabędzie, mama i Jan Broński w słynnej grocie szeptów. Potem znów złote rybki i łabędzie, które współpracowały ręka w rękę z fotografem. Matzerath, ustawiając się do zdjęcia, wziął mnie na barana. Oparłem mu bębenek na czubku głowy, co powszechnie, także później, gdy scenka była już wklejona do albumu, budziła śmiech. Pożegnanie ze złotymi rybkami, łabędziami, grotą szeptów. Nie tylko w Parku Opackim była niedziela, także poza żelaznymi kratami ogrodzenia, w tramwaju do Jelitkowa i w jelitkowskim Domu Zdrojowym, gdzie zjedliśmy obiad, podczas gdy Bałtyk niezmordowanie, jakby nic innego nie miał do roboty, zapraszał do kąpieli, wszędzie była niedziela. Gdy nadbrzeżna promenada poprowadziła nas do Sopotu, niedziela wyszła nam naprzeciw i Matzerath musiał za wszystkich zapłacić taksę klimatyczną."
[Bb, s. 92]

Oliwa, do której można dojechać kolejką podmiejską lub też tramwajami numer 6, 12, 15, przyciąga wielu turystów, przede wszystkim znajdującymi się tam: klasztorem cystersów, katedrą (z pięknymi rokokowymi organami Johannesa Wolfa i odbywającymi się tam regularnie latem koncertami) oraz to wszystko otaczającym Parkiem Oliwskim/Schloßpark. Park ten, będąc miejscem spacerów wielu gdańszczan, odgrywa także pewną rolę u Grassa. Jego dzisiejszy wygląd, z grotą szeptów, małym wodospadem, palmiarnią i ogrodem botanicznym odpowiada pierwotnej formie z XVIII wieku. Spacer do tego miejsca jest o każdej porze roku godny polecenia. Proponujemy go trochę

> *„Der Weg nach Zoppot führte über Oliva. Ein Vormittag im Schloßpark. Goldfische, Schwäne, Mama und Jan Bronski in der berühmten Flüstergrotte. Dann wieder Goldfische und Schwäne, die Hand in Hand mit einem Fotografen arbeiten. [...] Abschied von Goldfischen, Schwänen, von der Flüstergrotte. Nicht nur im Schloßpark war Sonntag, auch vor dem Eisengitter und in der Straßenbahn nach Glettkau und im Kurhaus Glettkau, wo wir zu Mittag aßen. [...] Als uns die Strandpromenade nach Zoppot führte, kam uns der Sonntag entgegen, und Matzerath mußte Kurtaxe zahlen."* [B, 127]

Zunächst also Oliwa – gut mit öffentlichen Verkehrsmitteln erreichbar (S-Bahn, Straßenbahnlinien 6, 12, 15): Oliwa ist vor allem wegen seines Zisterzienserklosters aus dem 12. Jahrhundert, seiner Kathedrale (die eine Rokokoorgel von Johannes Wulf beherbergt, auf der im Sommer regelmäßig Konzerte stattfinden) und dem sie umgebenden Park (Schloßpark/Park Oliwski) ein touristischer Anziehungspunkt. Besonders der Park spielt auch bei Grass eine Rolle – und im übrigen auch in den Kindheitserinnerungen vieler alter und junger Danziger Bürger/innen. Seine heutige Form entspricht mit der Flüstergrotte, einem kleinen Wasserfall, Palmenhaus und Botanischem Garten weitgehend seiner ursprünglichen Anlage im 18. Jahrhundert. Hier lohnt sich auf alle Fälle ein ausgedehnter Spaziergang; im Unterschied zum obigen Zitat empfehlen wir, ihn noch ein bißchen Richtung Wald auszudehnen: In der Rosengasse/Kwietna nämlich befand sich die Ballettschule, in der Jenny Brunies trainierte:

> *„Im Vorort Oliva gab es eine Rosengasse, die am Markt begann und winklig in den Olivaer Wald mündete. Dort stand eine schlichte Biedermeiervilla, auf deren sandgelbem Putz, vom Rotdorn halb verdeckt, das Emailleschild der Ballettschule klebte."* [H, 348/349]

Außerdem liegen an diesem holprigen Sträßchen gleich drei alte Mühlen, die vom Olivaer Bach angetrieben wurden, und an ihrem Ende die Alte Schmiede aus dem 16. Jahrhundert, ebenfalls wasserangetrieben und als Museum hergerichtet. In diesem Tal kann man schöne und weite Spaziergänge machen – etwa linkerhand ins Freudental/Dolina Radości, in dem auch die Familien Pokriefke und Liebenau aus den *Hundejahren* spazierengingen:

51. Dolina Radości niedaleko Oliwy *1893*
Freudental bei Oliva *1893*

przedłużyć i udać się również w kierunku Lasu Oliwskiego: na ulicy Kwietnej/Rosengasse znajdowała się szkoła baletowa, w której trenowała Jenny Brunies.

"Na przedmieściu Oliwy była ulica Różana, która zaczynała się przy rynku i wychodziła kręto na Las Oliwski. Stała tam prosta biedermeierowska willa, na której piaskowożółtym tynku widniała, w połowie zasłonięta przez czerwony głóg, emaliowana tabliczka szkoły baletowej." [Pl, s. 167]

Nieopodal tej wyboistej uliczki stoją trzy stare młyny, które były napędzane wodą z Potoku Oliwskiego, na jej końcu zaś stara Kuźnia Wodna z XVI wieku, będąca teraz muzeum. Ta okolica zwana Doliną Radości/Freundental jest wspaniałym miejscem na długie przepiękne spacery, podobnie jak te, które organizowały tu sobie rodziny Pokriefke i Liebenau z *Psich lat*:

*"Tulla i ja,
kiedy między Bożym Narodzeniem a Nowym Rokiem nasze rodziny wybrały się na spacer do Lasu Oliwskiego, rozglądaliśmy się za Eddim Amselem, ale on bawił gdzieś indziej, nie było go w Dolinie Radości. Piliśmy tam kawę z mlekiem i jedliśmy placki ziemniaczane pod jelenimi rogami. W zwierzyńcu niewiele się działo, gdyż przy mroźnej pogodzie małpy trzymano w ciepłej piwnicy leśniczówki. Nie powinniśmy byli zabierać Harrasa. Ale mój ojciec, stolarz, powiedział: – Pies musi się wybiegać.*

"Tulla und ich hielten, als unsere Familien zwischen Weihnacht und Neujahr einen Spaziergang durch den Olivaer Wald machten, Ausschau nach Eddi Amsel; aber er war woanders und nicht in Freudenthal. Dort tranken wir Milchkaffee und aßen Kartoffelflinsen unter Hirschgeweihen. Im Tiergehege war nicht viel los, weil die Affen bei scharfer Witterung im Keller der Försterei warmgehalten wurden. Wir hätten Harras nicht mitnehmen sollen. Aber mein Vater, der Tischlermeister, sagte: »Der Hund muß Auslauf haben.«
Freudenthal war ein beliebter Ausflugsort. Wir fuhren mit der Linie zwei bis Friedensschluß und liefen zwischen rotgezeichneten Bäumen quer durch den Wald, bis sich das Tal öffnete, und das Forsthaus mit dem Tiergehege vor uns lag. Mein Vater konnte als Tischlermeister keinen gut gewachsenen Baum, ob Buche oder Kiefer, betrachten, ohne den Nutzwert des Baumes nach Kubikmetern abzuschätzen. Deshalb hatte meine Mutter, die die Natur und also die Bäume mehr als Verzierung der Welt ansah, schlechte Laune, die erst mit den Kartoffelflinsen und dem Milchkaffee verging. Herr Kamin, der Pächter des Forsthauses mit Gaststättenbetrieb, setzte sich zwischen August Pokriefke und meine Mutter. Immer wenn Gäste kamen, erzählte er die Entstehungsgeschichte des Tiergeheges. So hörten Tulla und ich zum zehntenmal, daß ein Herr Pikuritz aus Zoppot den Bisonbullen geschenkt hatte. Angefangen aber hatte er nicht mit dem Bison sondern mit einem Rotwildpärchen, das vom Direktor der Waggonfabrik gestiftet worden war. Dann kamen die Wildschweine und die Damhirsche. Jener spendete einen Affen, ein anderer zwei. Der Oberforstrat Nikolai sorgte für die Füchse und die Biber. Ein kanadischer Konsul lieferte die beiden Waschbären. Und die Wölfe? Wer hat die Wölfe? Wölfe, die später ausbrachen, ein Kind beim Beerenlesen zerfleischten und abgeschossen in die Zeitung kamen? Wer hat die Wölfe?
Bevor Herr Kamin verraten kann, daß der Breslauer Zoo die bei-den Wölfe dem Tiergehege Freudenthal geschenkt hat, sind wir mit Harras draußen. Vorbei an Jack, dem Bisonbullen. Um den zugefrorenen Teich. Kastanien und Eicheln für Wildschweine. Kurzes Anbellen der Füchse. Der Wolfszwinger

Dolina Radości była ulubionym celem wycieczek. Dojechaliśmy dwójką do przystanku Pokojowa i poszliśmy przez las, między czerwono oznakowanymi drzewami, aż otworzyła się przed nami dolina ukazując leśniczówkę i zwierzyniec. Mój ojciec jako stolarz nie mógł spojrzeć na dorodne drzewo, czy to buk, czy sosnę, nie szacując jego użytkowej wartości w metrach sześciennych. Dlatego moja matka, uważająca przyrodę, a więc i drzewa, przede wszystkim za ozdobę świata, była w złym humorze, który przeszedł jej dopiero przy plackach ziemniaczanych i kawie z mlekiem. Pan Kamin, dzierżawca leśniczówki i gospody, usiadł między Augustem Pokriefke a moją matką. Zawsze ilekroć przychodzili goście, opowiadał historię powstania zwierzyńca. Toteż Tulla i ja usłyszeliśmy po raz dziesiąty, że niejaki pan Pikuritz z Sopotu podarował bizona. Zwierzyniec jednak zaczął się nie od bizona, lecz od parki saren, ufundowanej przez dyrektora fabryki wagonów. Potem przybyły dziki i daniele. Ten ofiarował małpę, tamten dwie. Nadleśniczy Nikolai postarał się o lisy i bobry. Konsul kanadyjski dostarczył obydwa szopy. A wilki? Kto podarował wilki? Wilki, które później uciekły, rozszarpały dziecko zbierające jagody i zastrzelone trafiły do gazet. Kto podarował wilki?
Zanim pan Kamin zdąży wyjawić, że to wrocławskie Zoo podarowało zwierzyńcowi w Dolinie Radości oba wilki, wychodzimy z Harrasem na dwór. Koło Jacka, bizona. Wokół zamarzniętego stawu. Kasztany i żołędzie dla dzików. Krótkie oszczekanie lisów. Wybieg dla wilków okratowany. Harras skamieniały. Wilki za żelaznymi prętami bez wytchnienia." [Pl, s. 193/194]

Leśniczówkę tę także wspomina Grass w książce *Butt*. Tutaj spotykają się z niektórymi poetami okresu romantyzmu Bracia Grimm.

W lesie na północ od doliny znajduje się duże, piękne Zoo oliwskie, które zostało założone w latach pięćdziesiątych. Przy odrobinie chęci można udać się z Oliwy, tak jak Matzerathowie, do Jelitkowa/Glettgau (tramwajami numer 6 lub 12), by tam coś zjeść i wyruszyć dalej plażą lub promenadą do Sopotu.

Sopot był, w odróżnieniu od Brzeźna, wytwornym, światowym kurortem, znajdującym się u bram dawnego Gdańska. Miasto to zachowało swoją szczególną atmosferę – jego promena-

52. Straßenbahnhaltestelle in Glettkau *1925*
Przystanek tramwajowy w Jelitkowie *1925*

vergittert. Harras versteinert. Die Wölfe ruhelos hinter Eisenstäben." [H, 382/83]

Diese Försterei ist auch im *Butt* erwähnt, dort treffen sich die Brüder Grimm mit einigen Dichtern der Romantik. Im Wald nördlich des Tals befindet sich ein großer und schöner Zoo, der in den 50er Jahren angelegt wurde.

Wenn Sie wollen, können Sie von Oliwa aus wie die Matzeraths mit der Straßenbahn (Linie 6 oder 12) nach Glettkau/Jelitkowo ans Meer fahren, dort etwas essen und dann zu Fuß am Strand oder auf der Promenade nach *Zoppot/Sopot laufen.* Zoppot war der mondäne Badeort vor den Toren Danzigs – im Unterschied zum eher bescheidenen Brösen/Brzeźno. Dieses Flair hat sich Sopot bis heute bewahrt – seine Uferpromenade ist von prunkvollen Villen gesäumt, das Kurhaus und der Leuchtturm aus dem 19. Jahrhundert sind erhalten, und sein Wahrzeichen, die mit 516 Metern längste Mole Europas, ist noch immer an Sonntagen die wichtigste Promenierstrecke der ganzen Bucht. Vor allem im Sommer herrscht auf der Mole und in der Fußgängerzone (Boh.

da z luksusowymi willami, dom zdrojowy i latarnia morska z XIX wieku stoją do dziś, a jego symbol, najdłuższe w Europie (516 metrów) molo bywa w niedziele najczęściej uczęszczanym w okolicy miejscem. Szczególnie latem na molo i na sopockim deptaku (ul. Bohaterów Monte Cassino) ruch jest bardzo ożywiony. Warto też wspomnieć o położonym nieco na zachód od mola Grand Hotelu, wybudowanym w 1926 roku i będącym od tego czasu jednym z piękniejszych hoteli Trójmiasta. W ciągu wielu lat swego istnienia przyjmował on wielu gości, m.in. Hitlera, jak to opisuje Grass w *Psich latach*:

53. Molo w Sopocie *1930*
Die Mole in Zoppot *1930*

Monte Cassino) reges Treiben. Besonders zu erwähnen ist das westlich der Mole gelegene Grand Hotel, 1926 gebaut und seitdem stets eines der schönsten Hotels der Dreistadt, hat es viele wichtige Staatsgäste von Danzig und Gdańsk beherbergt. Unter anderem wohnte hier 1939 Hitler – was Grass in den *Hundejahren* folgendermaßen beschreibt:

„*Wahrer Trost kam dem Tischlermeister erst am dritten September in Gestalt eines uniformierten Motorradfahrers. Der Brief des Kuriers sagte aus, der Führer und Reichskanzler weile in der befreiten Stadt Danzig und wünsche, verdiente Bürger der Stadt kennenzulernen, so auch den Tischlermeister Friedrich Liebenau, dessen Schäferhund Harras des Führers Schäferhund Prinz gezeugt habe. Der Hund Prinz weile auch in der Stadt. Der Tischlermeister Liebenau möge sich um die und die Zeit vor dem Kurhaus Zoppot einfinden und sich dort an den wachhabenden Adjutanten, SS-Sturmbannführer Soundso wenden. Nicht notwendig sei es, den Hund Harras mitzubringen, aber ein Familienangehöriger, am besten ein Kind, dürfe zur Begleitung gehören. Erforderlich: Personalausweis. Bekleidung: Uniform oder sauberer Straßenanzug.* [...]
Das Kurhaus und Grand Hotel Zoppot machte uns, als wir aus dem Dienstwagen kletterten, sehr klein. Der Kurgarten abgesperrt; dahinter standen sie – Bevölkerung! – und waren schon heiser. Auch die großzügige Auffahrt zum Hauptportal sperrten Doppelposten ab. Dreimal mußte der Fahrer stoppen und seitlich ein Papier herausschwenken. Ich vergaß, von den Fahnen in den Straßen zu sprechen: schon bei uns, in der Elsenstraße, hingen längere und kürzere Hakenkreuzfahnen. Arme oder sparsame Leute, die sich keine richtige Fahne leisten konnten oder wollten, hatten Papierfähnchen in die Blumenkästen gespickt. Ein Fahnenhalter war leer, stellte alle gefüllten Fahnenhalter in Frage und gehörte Studienrat Brunies. Aber in Zoppot, glaub ich, hatten alle geflaggt; jedenfalls sah es so aus. Das Rundfenster im Giebel des Grand Hotels ließ eine Fahnenstange im rechten Winkel zur Hotelfassade wachsen. An vier Stockwerken vorbei hing die Hakenkreuzfahne bis knapp übers Portal. Die Fahne sah sehr neu aus und bewegte sich kaum, da

"Prawdziwa pociecha nawiedziła stolarza trzeciego września w postaci umundurowanego motocyklisty. List kuriera oznajmił, że führer i kanclerz Rzeszy przebywa w wyzwolonym mieście Gdańsku i pragnie poznać zasłużonych obywateli miasta, w tym i majstra stolarskiego Friedricha Liebenaua, którego owczarek Harras spłodził fuhrerowskiego owczarka Prinza. Pies Prinz również przebywa w mieście. Prosi się majstra stolarskiego Liebenaua, żeby o tej i o tej godzinie stawił się przed sopockim Domem Zdrojowym i zwrócił się tam do dyżurnego adiutanta, sturmbahnführera SS takiego a takiego. Nie ma potrzeby przyprowadzać Harrasa, ale ktoś z członków rodziny, najlepiej dziecko, może towarzyszyć zaproszonemu. Wymagany: dowód osobisty. Strój: mundur lub schludny garnitur wyjściowy.
Sopocki Dom Zdrojowy i Grand Hotel, ledwie wygramoliliśmy się ze służbowego auta, uczynił nas bardzo małymi. Park zdrojowy był obstawiony; za kordonem stał tłum – ludność! – i już był ochrypły. Także szerokiego podjazdu pod główne wejście strzegły podwójne posterunki. Kierowca musiał trzy razy zatrzymywać się i machać przez okno jakimś papierem. Zapomniałem powiedzieć o flagach na ulicach: już u nas, na Elzy, wisiały dłuższe i krótsze flagi ze swastyką. Ludzie biedni albo oszczędni, którzy nie mogli lub nie chcieli sprawić sobie porządnej flagi, powtykali do skrzynek z kwiatami papierowe chorągiewki. Jeden uchwyt na flagę był pusty, stawiał pod znakiem zapytania wszystkie wypełnione uchwyty i należał do profesora Bruniesa. Ale w Sopocie, jak sądzę, wszyscy wywiesili flagi; w każdym razie tak to wyglądało. Z okrągłego okienka na szczycie Grand Hotelu pod kątem prostym do hotelowej fasady wyrastało drzewce. Przez cztery piętra aż po samo wejście spływała z niego flaga ze swastyką. Wyglądała na nowiusieńką i prawie się nie poruszała, gdyż fronton hotelu był osłonięty od wiatru. Gdybym miał małpkę na ramieniu, mogłaby ona wspiąć się po fladze, cztery piętra w górę, aż flaga by się skończyła.
W hotelowym holu przyjął nas olbrzym w mundurze i o wiele za małej, z boku wygniecionej czapeczce z daszkiem. Po dywanie, na którego widok kolana zrobiły mi się jak z waty, poprowadził nas ukosem przez hol. Wrzało jak w ulu: stale ktoś wchodził, wychodził, zmieniał się, składał meldunki, przekazywał, przyj-

die Portalseite des Hotels windgeschützt lag. Hätte ich einen Affen auf der Schulter getragen, der Affe hätte sich an der Fahne hochhangeln können, vier Stockwerke hoch, bis die Fahne aufhören mußte.
Ein Riese in Uniform unter viel zu kleiner schräg verdrückter Schirmmütze nahm uns in der Hotelhalle in Empfang. Über einen Teppich, der mir weiche Knie machte, führte er uns diagonal durch die Halle, den Taubenschlag: das kam, ging, löste sich ab, meldete einmal, übergab, nahm entgegen: lauter Siege und Gefangenenzahlen mit vielen Nullen. Eine Treppe führte in den Hotelkeller. Rechter Hand öffnete sich uns eine Eisentür: im Luftschutzraum das Grand Hotels warteten schon mehrere verdiente Bürger der Stadt. Wir wurden nach Waffen durchsucht. Ich durfte, nach telefononischer Rückfrage, mein Jungvolkfahrtenmesser behalten. Mein Vater mußte sein zierliches Federmesser, mit dem er seinen Fehlfarben die Kerbe schnitt, abgeben. Alle verdienten Bürger, darunter jener Herr Leeb aus Ohra, dem die inzwischen gleichfalls eingegangene Thekla von Schüddelkau gehört hatte – Thekla und Harras zeugten Prinz – also mein Vater, Herr Leeb, einige Herren mit goldenem Parteiabzeichen, vier fünf Jungens in Uniform aber älter als ich, wir alle standen stumm und präparierten uns. Mehrmals ging das Telefon: »Geht in Ordnung. Jawohl Sturmführer, wird gemacht!« Etwa zehn Minuten, nachdem mein Vater sein Federmesser abgegeben hatte, bekam er es wieder ausgehändigt. Mit einem »Alle mal herhören!« begann der Riese und diensthabende Adjutant seine Erklärung: »Der Führer kann zur Zeit niemanden empfangen. Große und entscheidende Aufgaben sind zu bewältigen. Da heißt es zurückstehen und schweigen, denn an allen Fronten sprechen die Waffen für uns alle, also auch für Sie und für Sie!«
Sogleich und auffallend routiniert begann er postkartengroße Fotos des Führers zu verteilen. Eigenhändige Unterschriften machten die Fotos wertvoll. Wir hatten ja schon solch eine signierte Postkarte; aber die zweite Postkarte, die wie die erste hinter Glas und in einen Rahmen kam, zeigte einen ernsteren Führer als die erste: Feldgrau trug er und keine oberbayrische Trachtenjacke.

mował: same zwycięstwa i liczby jeńców z wieloma zerami. Schody wiodły do hotelowej piwnicy. Po prawej otworzyły się przed nami żelazne drzwi: w schronie przeciwlotniczym Grand Hotelu czekało już kilku zasłużonych obywateli miasta. Obszukano nas dla sprawdzenia, czy nie mamy broni. Mnie, po telefonicznym zapytaniu, wolno było zatrzymać nóż Jungvolku. Ojciec musiał oddać zgrabniutki scyzoryk, którym przycinał swoje cygara. Wszyscy zasłużeni obywatele, wśród nich ów pan Leeb z Oruni, który był właścicielem również już zdechłej Tekli z Szadółek – Tekla i Harras spłodzili Prinza – a więc mój ojciec, pan Leeb, paru panów ze złotą odznaką partyjną, czterech, pięciu chłopaków w mundurach, ale starszych ode mnie, wszyscy staliśmy milcząco i szykowaliśmy się. Kilkakrotnie dzwonił telefon: – Tak w porządku. Tak jest, sturmführer, zrobi się! W jakieś dziesięć minut po oddaniu scyzoryka ojciec dostał go z powrotem. Okrzykiem: – Wszyscy uwaga! – olbrzym a zarazem dyżurny adiutant rozpoczął swoje oświadczenie: – Führer nie może obecnie nikogo przyjąć. Zaprzątają go wielkie i rozstrzygające zadania. W takiej chwili trzeba się z tym pogodzić w milczeniu, bo na wszystkich frontach oręż przemawia w imieniu nas wszystkich, a zatem również w imieniu pana i pana, i pana!
Natychmiast z uderzającą wprawą zaczął rozdawać pocztówkowe fotografie führera. Jego własnoręczny podpis stanowił o ich wartości. My mieliśmy już jedną taką pocztówkę z autografem; ale druga pocztówka, która podobnie jak pierwsza trafiła pod szkło i w ramki, ukazywała poważniejszego führera niż pierwsza: miał na sobie polowy mundur, nie strój ludowy z Górnej Bawarii.
Wszyscy już tłoczyli się przy wyjściu ze schronu, po części odczuwając ulgę, po części rozczarowani, gdy mój ojciec zagadnął dyżurnego adiutanta. Podziwiałem jego odwagę; ale był z niej znany: w cechu stolarzy i w izbie handlowej. Pokazał list gauleitera z dawnych czasów, kiedy to Harras okazywał jeszcze gotowość kopulacyjną, i wygłosił adiutantowi krótki, rzeczowy wykład o tym, co poprzedziło list i co po nim nastąpiło, przedstwiając dzieje rodu Harrasa: Perkun, Senta, Pluto, Harras, Prinz. Adiutant okazał zainteresowanie. Ojciec zakończył: – Ponieważ owczarek Prinz przebywa teraz w Sopo-

Schon drängelten alle aus dem Luftschutzraum, waren teils erleichtert, teils enttäuscht, da sprach mein Vater den diensttuenden Adjutanten an. Ich bewunderte seinen Mut; aber dafür war er bekannt: in der Tischlerinnung und bei der Handelskammer. Den verjährten Brief der Gauleitung, als Harras noch deckfreudig gewesen war, zeigte er vor und hielt dem Adjutanten einen kurzen und sachlichen Vortrag über die Vor- und Nachgeschichte des Briefes, Harras Stammbaum – Perkun, Senta, Pluto, Harras, Prinz – wurde abgespult. Der Adjutant zeigte sich interessiert. Mein Vater schloß: »Da nun der Schäferhund Prinz zur Zeit in Zoppot weilt, bitte ich darum, den Hund sehen zu dürfen.« Wir durften; und auch Herr Leeb, der schüchtern abseits gestanden hatte, durfte wie wir. In der Hotelhalle winkte der Diensthabende einen anderen, gleichfalls großgewachsenen Uniformierten herbei und gab ihm Anweisungen. Der zweite Riese hatte ein Bergsteigergesicht und sagte zu uns: »Folgen Sie mir.« Wir folgten. Herr Leeb ging über Teppiche auf Halbschuhspitzen. Wir durchquerten einen Saal, in dem zwölf Schreibmaschinen klapperten und noch mehr Telefone bedient wurden. Ein Gang wollte nicht aufhören: Türen gingen. Entgegenkommen. Akten unterm Arm. Ausweichen. Herr Leeb grüßte jeden. In einem Vestibül umstanden sechs Medaillonsessel einen schweren Eichentisch. Der Blick des Tischlermeisters klopfte die Möbel ab. Furniere und Intarsien. Drei Wände voller schwergerahmter Fruchtstücke, Jagdstilleben, Bauernszenen – und die vierte Wand ist verglast und himmelhell. Wir sehen den Wintergarten des Grand Hotels: verrückte unglaubliche verbotene Pflanzen: die mögen duften, aber wir riechen nichts durch das Glas.
Und mitten im Wintergarten, womöglich vom Duft der Pflanzen ermüdet, sitzt ein Mann in Uniform, der, verglichen mit unserem Riesen, klein ist. Zu seinen Füßen spielt ein ausgewachsener Schäferhund mit einem mittelgroßen Blumentopf. Die Pflanze, etwas blaßgrün Fasriges, liegt mit Wurzeln und kompaktem Erdreich daneben. Der Schäferhund rollt den leeren Blumentopf. Wir meinen das Rollen zu hören. Der Riese neben uns klopft mit Knöcheln an die Glaswand. Sofort steht der Hund. Der Wächter dreht den Kopf, ohne den Oberkörper zu bewegen, grinst wie ein alter Bekannter, erhebt sich, will

cie, proszę o pozwolenie zobaczenia go. – Dostaliśmy pozwolenie; dostał je także pan Leeb, który nieśmiało stał z boku. W hotelowym holu dyżurny przywołał innego, również rosłego mężczyznę w mundurze i udzielił mu wskazówek. Drugi olbrzym miał twarz alpinisty i powiedział: – Proszę ze mną. – Podążyliśmy za nim. Pan Leeb szedł po dywanach na czubkach półbutów. Przecięliśmy salę, w której klekotało dwanaście maszyn do pisania i obsługiwano jeszcze więcej telefonów. Nie kończący się korytarz. Otwierane i zamykane drzwi. Ludzie zdążający w przeciwnym kierunku. Akta pod pachą. Ustępowanie z drogi. Pan Leeb pozdrawiał każdego. W westybulu sześć krzeseł z owalnymi oparciami otaczało ciężki dębowy stół. Spojrzenie stolarza opukiwało meble. Forniry i intarsje. Trzy ściany obwieszone malowidłami w ciężkich ramach przedstwiającymi owoce, martwe natury myśliwskie, sceny wiejskie – a czwarta ściana jest oszklona i jasna jak niebo. Widzimy oranżerię Grand Hotelu: szalone niewiarygodne zakazane niebezpieczne rośliny; pewnie pachną, ale my przez szkło nic nie czujemy.
A w środku oranżerii, być może odurzony wonią roślin, siedzi mężczyzna w mundurze, który w porównaniu z naszym olbrzymem jest mały. U jego stóp dorodny owczarek bawi się średniej wielkości doniczką. Roślina, coś bladozielonego i włóknistego, z korzeniami i zbitą ziemią leży obok. Owczarek turla pustą doniczkę. Zdaje się nam, że słyszymy to turlanie. Olbrzym obok nas stuka kłykciem w szklaną ścianę. Pies natychmiast staje. Wartownik obraca głowę nie poruszając tułowiem, uśmiecha się jak stary znajomy, wstaje, chce pewnie podejść do nas, potem siada z powrotem. Frontowa szklana ściana oranżerii ukazuje drogocenny widok: taras parku zdrojowego, wyłączoną dużą fontannę, szerokie u nasady, biegnące potem wąsko, przy końcu grubiejące molo: wiele flag tego samego rodzaju, ale ani żywej duszy, prócz podwójnych posterunków. Bałtyk nie może się zdecydować: raz jest zielony, to znów szary, daremnie usiłuje lśnić niebiesko. Ale pies jest czarny. Stoi na czterech łapach i przechyla głowę na bok. Wypisz wymaluj nasz Harras, kiedy jeszcze był młody." [Pl, s. 241–244]

Każdego lata odbywają się w Sopocie Międzynarodowe Zawody Jeździeckie (CSIO), jak również regaty żeglarskie i fes-

wohl zu uns, setzt sich dann wieder. Die äußere Glasfront des Wintergartens bietet eine teure Aussicht: die Kurgartenterrasse, den abgestellten großen Springbrunnen, den breit ansetzenden, schmal zulaufenden, am Ende dicker werdenden Seesteg: viele Fahnen von derselben Sorte aber keine Menschen, außer den Doppelposten. Die Ostsee kann sich nicht entscheiden: mal ist sie grün, mal grau, vergeblich versucht sie, blau zu glänzen. Aber der Hund ist schwarz. Auf vier Beinen steht er und hält den Kopf schräg. Das ist genau unser Harras, als er noch jung war."
[H, 444 - 448]

In Sopot finden außerdem im Sommer ein in ganz Polen bekanntes Pferderennen statt sowie Segelregatten und ein Sängerfestival, dessen Austragungsort die Waldoper/Opera Leśna ist. Sie ist am Stadtrand von Sopot im Wald gelegen und war zu Zeiten Oskar Matzeraths durch Aufführungen von Wagner-Opern bekannt.

3. Das Werder und Stutthof
„Und die Weichsel fließt immerzu..."

So wie Anna Bronski/Koljaiczek von Westen nicht mehr mit der Kleinbahn nach Gdańsk - Wrzeszcz hineinfahren könnte, so könnten Walter Matern und Eduard Amsel ebenfalls nicht mehr nach Osten mit der Kleinbahn hinausfahren, um in ihre Heimatdörfer an der Weichsel zu gelangen:

„Die Freunde hatten es eilig mit dem Rückweg. Die Kleinbahn auf dem Bahnhof Niederstadt wartete nie länger als zehn Minuten. [...] Die Katergasse hinunter, die Lastadie hinauf. Sie folgen der Ankerschmiedegasse. Hinter dem Postscheckamt liegt das neue Bootshaus der Schülerrudervereine: Boote werden aufgebockt. Sie warten, bis die aufgezogene Kuhbrücke wieder geschlossen wird und spucken im Gehen mehrmals von der Brücke in die Mottlau. Möwengeschrei. Pferdefuhrwerke auf Holzbohlen. Bierfässer werden gerollt, ein betrunkener Stauer hängt an einem nüchternen Stauer, will einen Salzhering ganz und gar... »Wätten wä. Wätten wä!« Quer durch die Speicherinsel: Erich Karkutsch – Mehl, Saaten,

tiwal piosenki w Operze Leśnej. Amfiteatr ten leży na peryferiach miasta, w lesie, i za czasów Oskara Matzeratha był znany dzięki wystawianym tam operom Wagnera.

3. Żuławy i Sztutowo
"Wisła płynie bezustannie"

Tak jak Anna Brońska/Koljaiczek nie mogłaby już dziś więcej wjechać kolejką wąskotorową od zachodniej strony do Gdańska–Wrzeszcza, tak samo Walter i Eduard Amsel nie mogliby już z niej skorzystać by wyjechać na wschód i dotrzeć do swoich rodzinnych wiosek leżących nad Wisłą:

"Przyjaciołom spieszyło się do powrotu. Kolejka na dworcu Dolne Miasto nigdy nie czekała dłużej niż dziesięć minut. [...] najpierw Kocurkami, potem Lastadią. Podążają ulicą Kotwiczników. Za urzędem pocztowym znajduje się nowa przystań szkolnych klubów wioślarskich: łodzie ustawia się na podpórkach. Czekają, aż otwierany Most Krowi zostanie z powrotem zamknięty, i przechodząc spluwają kilkakrotnie z mostu do Motławy. Krzyk mew. Furmanki na drewnianych dylach. Przetaczają beczki z piwem, pijany sztauer uwiesił się trzeźwego sztauera, chce solonego śledzia całkiem... – Zakład? Zakład! – Na przełaj przez Wyspę Spichrzów: Erich Karkutsch – Mąka, nasiona, owoce strączkowe; Fischer & Nickel – Pasy transmisyjne, wyroby azbestowe; przez tory kolejowe, resztki kapusty, kłaki kapoku. Zatrzymują się przy artykułach pierwszej potrzeby dla siodlarzy i tapicerów Eugena Flakowskiego: bele trawy morskiej, włókno indyjskie, zwoje juty, końskie włosie, rolki ozdobnych sznurów, kółka porcelanowe, frędzle, pasamony pasamony! Skosem przez kałuże końskich szczyn Mniszej, przez Nową Motławę. Idą Szopami, wsiadają do wozu doczepnego tramwaju zdążającego na Stogi, ale dojeżdżają tylko do Bramy Żuławskiej i w porę docierają na dworzec owej kolejki, która pachnie masłem i serwatką, powoli biorąc zakręt szybko dzwoni i jedzie na Żuławy." [Pl, s. 79–80]

"Kolejka jechała z Dworca Żuławskiego, nazywanego przez mieszkańców Dworcem Dolne Miasto, przez Przejazdowo,

Hülsenfrüchte; Fischer Nickel – Treibriemen, Asbestfabrikate; über Eisenbahngleise, Grünkohlreste, Kapokflocken. Bei Eugen Flakowski, Bedarfsartikel für Sattler und Tapezierer, bleiben sie stehen: Ballen Seegras, Indiafasern, Jutefließ, Roßhaar, Rollen Markisenschnur, Porzellanringe und Quasten, Posamenten Posamenten! Schräg durch die Pferdepisse der Münchengasse, über die Neue Mottlau. Mattenbuden gehen sie hoch, steigen in den Anhänger der Straßenbahn, Richtung Heubude, fahren aber nur bis zum Langgarter Tor und erreichen rechtzeitig den Bahnhof jener Kleinbahn, die nach Butter und Molke riecht, die langsam in der Kurve schnell läutet und ins Werder fährt." [H, 235/236]

„Die Kleinbahn fuhr vom Werderbahnhof, den die Städter »Bahnhof Niederstadt« nannten, über Knüppelkrug, Gottswalde und wurde bei Schusterkrug mit Fährbetrieb über die Tote Weichsel, bei Schiewenhorst, mit Hilfe der Dampffähre, über den sogenannten Durchstich nach Nickelswalde geführt. Sobald die Kleinbahnlokomotive jeden der vier Kleinbahnwagen einzeln den Weichseldeich hochgezogen hatte, fuhr sie, nachdem Eduard Amsel in Schiewenhorst, Walter Matern in Nickelswalde ausgestiegen waren, über Pasewark, Junkerakker, Steegen zur Endstation der Kleinbahnlinie, nach Stutthof. [...]
Der Schulweg von der Weichselmündung zum Realgymnasium Sankt Johann machte die Freunde zu Fahrschülern. Fahrschüler erleben und lügen viel. Fahrschüler können im Sitzen schlafen. Fahrschüler sind Schüler, die ihre Schularbeiten in der Eisenbahn machen und sich dadurch eine zittrige Handschrift angewöhnen. Auch in späteren Jahren, wenn keine Schularbeiten mehr gemacht werden müssen, lockert sich ihr Schriftbild kaum, allenfalls verliert sich das Zittrige." [H, 224]

Mit einem der Busse (111, 112, v. a. 186) oder mit dem Auto diesen Weg wirklich nachvollziehen zu wollen, ist auch deswegen unmöglich, weil hier am Rande der Stadt inzwischen große Industrieanlagen entstanden sind. Mit dem Auto fahren Sie die E 77 Richtung Elbląg/Warszawa über die Speicherinsel/Spichlerze aus der Stadt heraus. Linkerhand können Sie auch einen Abstecher in

Koszwały i pod Szewcami korzystała z przeprawy promowej przez Martwą Wisłę, koło Świbna zaś, z pomocą promu parowego, przemierzała tak zwany Przekop do Mikoszewa. Wciągnąwszy na wał wiślany każdy z osobna z czterech wagoników lokomotywa kolejki — tymczasem Eduard Amsel wysiadł już w Świbnie, Walter Matern w Mikoszewie — podążała zaraz przez Jantar, Junoszyno, Stegnę do końcowej linii wąskotorowej, do Sztutowa." [Pl, s. 71]

"Droga znad ujścia Wisły do gimnazjum Świętego Jana zrobiła z przyjaciół uczniów dojeżdżających. Uczniowie dojeżdżający dużo przeżywają i dużo kłamią. Uczniowie dojeżdżający to tacy, co odrabiają lekcje w pociągu i przez to nawykają do drżącego charakteru pisma. Także w latach późniejszych, kiedy nie muszą już odrabiać lekcji, ich pismo prawie się nie rozluźnia, co najwyżej wyzbywa się drżączki." [Pl, s. 70]

Również próba dokładnego prześledzenia tej trasy jednym z autobusów (111, 112, a przede wszystkim 186) lub samochodem, jest niemożliwa, ze względu na powstałe po wojnie na skraju miasta zakłady przemysłowe. Z miasta należy wyjechać przez Wyspę Spichrzów drogą E 77 w kierunku Elbląga–Warszawy. Po drodze można też zjechać nieco w lewą stronę. Tam znajduje się, wcześniej bardzo popularne i lubiane – również często wspominane u Grassa, kąpielisko – Stogi, które dziś jednak otoczone jest zabudowaniami rafinerii.

Około trzy kilometry za miastem należy skręcić w lewo w kierunku Krynicy Morskiej, by potem jadąc przez Żuławy Wiślane dotrzeć do Sobieszewa, gdzie zaczyna się to słynne Bursztynowe Wybrzeże. Po przekroczeniu staroświeckiego mostu pontonowego na Martwej Wiśle należy skręcić w prawo, by móc dalej podążać śladem naszych bohaterów z *Psich lat*.

Niezwykle pociągająca jest także możliwość pojechania za mostem w lewo, by odwiedzić tam miejscowość Górki Wschodnie. W 1840 roku, Wisła, która dotychczas uchodziła do Morza Bałtyckiego niedaleko twierdzy Wisłoujście i Westerplatte, stworzyła sobie w pobliżu tej małej wioski rybackiej nowe odgałęzienie: Wisłę Śmiałą. Po jej drugiej stronie leżą Górki Zachodnie, do których można dojść wybierając się na piękny spacer na przykład ze Stogów; cóż za wspaniały widok rozciąga się z tutejszej wysokiej wydmy!

den früher beliebten – und bei Grass auch häufiger erwähnten – Badeort Heubude/Stogi machen, der heute allerdings von Raffinerien umzingelt ist.

Etwa 3 km außerhalb der Stadt biegen Sie nach links Richtung Krynica Morska ab und fahren durch die Weichselmarschen bis nach Sobieszewo, wo die berühmte Bernsteinküste beginnt. Nach einer altertümlichen Pontonbrücke über die Tote Weichsel/Martwa Wisła verfolgen wir unsere Helden aus den *Hundejahren* rechterhand weiter.

Reizvoll ist es aber auch, hinter der Pontonbrücke nach links zu fahren und die Ortschaft Östlich-Neufähr/Górki-Wschodnie aufzusuchen. Bei diesem kleinen Fischerdorf hat sich 1840 die Weichsel, die bis dahin in der Nähe der Festung Weichselmünde/Wisłoujście und der Westerplatte in die Ostsee mündete, einen neuen Durchbruch zum Meer verschafft: die „Kühne Weichsel"/Śmiała Wisła. Gegenüber liegt Westlich-Neufähr/Górki-Zachodnie, das man z. B. von Stogi mit einem schönen Spaziergang erreicht; herrlicher Blick von hoher Düne! Im Frühling sind an dieser Stelle riesige Kolonien brütender Vögel, das sog. „Vogelparadies"/Ptasi Raj.

> *„Doch wer Bernstein sucht,*
> *auf die Distel tritt*
> *in die Weide springt*
> *und die Maus ausgräbt,*
> *wird im Deich ein totes vertrocknetes Mädchen finden:*
> *das ist des Herzog Swantopolk Töchterchen,*
> *das immer im Sand nach Mäusen schaufelte,*
> *mit zwei Schneidezähnen zubiß,*
> *nie Strümpfe, nie Schuhe trug...*
> *Barfuß barfuß laufen die Kinder,*
> *und die Weiden schütteln sich,*
> *und die Weichsel fließt immerzu,*
> *und die Sonne mal weg mal da,*
> *und die Fähre kommt oder geht*
> *oder liegt fest und knirscht,[...]."*
> [H, 754]

Wiosną można tu spotkać olbrzymie kolonie wysiadujących jaja ptaków; jest to tzw. Ptasi Raj.

> *„Lecz kto szuka bursztynu,*
> *po oście stąpa,*
> *na wierzby wskakuje*
> *i myszy wykopuje,*
> *znajdzie w wale martwą, zasuszoną dziewczynkę:*
> *to córeczka księcia Świętopełka,*
> *która stale przekopywała piasek szukając myszy,*
> *gryzła dwoma siekaczami,*
> *nigdy nie nosiła pończoch, nigdy butów...*
> *Boso boso biegają dzieci,*
> *a wierzby trzęsą się,*
> *a Wisła płynie bez ustanku,*
> *a słońce raz kryje się, raz wychodzi,*
> *a prom zbliża się albo oddala,*
> *albo skrzypi przycumowany,"*
> [Pl. s. 478/479, tł. S. Błaut]

Naszym głównym punktem zainteresowania są jednak wioski rodzinne Waltera Materna i Eduarda Amsela, które znajdują się pięć kilometrów dalej na wschód, po obu stronach trzeciego, w latach 1889-1895 sztucznie utworzonego dopływu Wisły: W Świbnie, twórca strachów na wróble – Amsel, był u siebie w domu, na drugim zaś brzegu, na którym możemy w lecie za darmo przeprawić się promem, znajduje się Mikoszewo, gdzie w cieniu skrzydeł wiatraka dorastał Walter Matern.

> *"Katolicyzm rodziny Maternów był, jak przystało na rodzinę młyńską, zależny od wiatru, a że na Żuławach zawsze wiał zdatny wiaterek, Maternowy młyn chodził przez cały rok i powstrzymywał od nadmiernego, drażniącego menonitów chodzenia do kościoła. Jedynie chrzty i pogrzeby, śluby i wielkie święta ściągały część rodziny do Stegny; raz w roku też, z okazji stegneńskiej procesji polnej w dzień Bożego Ciała, na młyn, kozioł ze wszystkimi zastrzałami, mlewnik i skrzynię na mąkę, wielki stąber i trzpień, a w szczególności na śmigi spływało błogosławieństwo i święcona woda; luksus, na jaki Maternowie nigdy by sobie nie mogli pozwolić w takich surowo–menonickich wsiach, jak Junoszyno i Jantar. Wszelako*

Unser Hauptinteresse gilt den Heimatdörfern von Walter Matern und Eduard Amsel 5 km weiter östlich, die diesseits und jenseits des dritten Weichselarmes liegen, der 1889-1895 künstlich angelegt wurde: In Schiewenhorst/Świbno ist der Vogelscheuchen-Künstler Amsel zu Hause; auf der anderen Seite in Nickelswalde/Mikoszewo, wohin man im Sommer kostenlos mit der im obigen Gedicht besungenen Fähre übersetzen kann, wächst Walter Matern im Schatten einer Bockwindmühle auf.

„Der Katholizismus der Maternschen Familie war, wie es sich bei einer Müllerfamilie gehört, vom Winde abhängig, und da im Werder immer ein brauchbares Lüftchen ging, ging auch das ganze Jahr über die Maternsche Mühle und hielt vom übermäßigen, die Mennoniten verärgernden Kirchgang ab. Allein Kindstaufen wie Begräbnisse, Hochzeiten und die hohen Feiertage trieben einen Teil der Familie nach Steegen; auch wurde einmal im Jahr, anläßlich der Steegener Feldprozession am Fronleichnamstag, der Mühle, dem Bock mit allen Dübeln, dem Mehlbalken wie dem Mahlkasten, dem großen Hausbaum wie dem Stert, besonders aber dem Rutenzeug Segen und Weihwasser zuteil; ein Luxus, den sich die Materns nie in grobmennonitischen Dörfern wie Junkeracker und Pasewark hätten leisten können. Die Mennoniten des Dorfes Nickelswalde jedoch, die alle auf fettem Werderboden Weizen anbauten und auf die katholische Mühle angewiesen waren, zeigten sich als Mennoniten feinerer Art, hatten also Knöpfe, Knopflöcher und richtige Taschen, in die man etwas hineinstecken konnte. Einzig der Fischer und Kleinbauer Simon Beister war ein echter Haken-und Ösen-Mennonit, grob und taschenlos; [...]" [H, 158]

Am Ende des ersten Buches der *Hundejahre*, das hauptsächlich im Danziger Werder spielt, heißt es:

„Nachdem Amsel links und rechts der Weichsel eine milde Kindheit gehabt hatte, begannen, fern der Weichsel, Amsels Leiden. Die werden so bald nicht aufhören..." [H, 256]

Links und rechts der Weichsel kann man hier noch etwas verweilen, z.B. von der Anlegestelle bei Świbno am linken Ufer bis zur Mündung wandern; dann fahren wir weiter Richtung Frisches

menonici ze wsi Mikoszewo, którzy na żyznej żuławskiej ziemi jak jeden mąż uprawiali pszenicę i zdani byli na katolicki młyn, okazali się menonitami łagodniejszego rodzaju, mieli zatem guziki, dziurki od guzików i normalne kieszenie, do których można było coś włożyć. Tylko rybak i drobny gospodarz Simon Beister był prawdziwym menonitą zapinanym na haftki, surowym i bezkieszeniowym;... [Pl, s. 19–20]

Pod koniec pierwszej księgi *Psich lat*, której akcja rozgrywa się głównie na Żuławach Gdańskich, Grass pisze: *"Już wtedy zmienna kolej rzeczy: po obu stronach Wisły Amsel miał łagodne dzieciństwo, za to z dala od Wisły zaczęły się Amselowe cierpienia. Nie skończą się tak prędko.'*[Pl, s. 94] Po lewej i prawej stronie Wisły można zatrzymać się jeszcze trochę i na przykład powędrować wzdłuż jej lewego brzegu od przystani w Świbnie, aż do ujścia, a potem pojechać dalej w kierunku Zalewu Wiślanego. Jeżeli prom jest akurat nieczynny, musimy wrócić do najbliższego mostu na Wiśle (na drodze E 77). Ta trasa w żadnym wypadku nie przypomina uciążliwej drogi okrężnej – mała, osłonięta po obu stronach drzewami, uliczka na tyłach wiślanej grobli kierująca się na południe, która przygodnie przekracza odgałęziające się ramię Martwej Wisły, prowadzi przez kilka małych wiosek, by koło Kiezmarku połączyć się z trasą E 77.

Bezpośrednio za mostem na Wiśle można by skręcić w lewo i pojechać w kierunku Mikoszewa, gdzie w połowie drogi – w Drewnicy stoi jeszcze jeden wiatrak. Dzięki temu wypadowi zyskaliście Państwo wspaniałe wrażenia z Żuław Wiślanych.

Okolica ta stanowi też idealne miejsce dla osiedlania się bocianów – niemal na każdym domu można zobaczyć gniazdo, przy czym na wiosnę i w lecie nie są one puste!

Dalej jedziemy przez Jantar w kierunku Zalewu Wiślanego. Warto wiedzieć, że znajdująca się tu część kolejki wąskotorowej w lecie jest w użyciu i prowadzi przez Jantar i Stegnę do Sztutowa. Ten nadmorski pas jest pełen lasów, wysokich wydm w Polsce. Do Krynicy Morskiej, głównej miejscowości urlopowej, jest stąd około 15 kilometrów, stamtąd można podjechać jeszcze dalej, niemal pod samą granicę rosyjską.

Szczególnie niemieccy turyści nie zignorują zapewne, leżącego w pobliżu Stegny miejsca pamięci narodowej, dawnego obozu koncentracyjnego w Sztutowie/Stutthof. Jest on w tragiczny sposób związany z Gdańskiem.

Haff/Zalew Wiślany. Wenn die Fähre nicht in Betrieb ist, müssen wir zur nächsten Weichselbrücke (an der E 77) zurück. Dieser Weg ist alles andere als ein lästiger Umweg: ein winziges baumbestandenes Sträßchen direkt hinterm Weichseldeich führt nach Süden, überbrückt abenteuerlich den abzweigenden Arm der Toten Weichsel und führt durch etliche kleine Dörfchen hindurch bei Käsemark/Kieźmark zur E 77.

Direkt hinter der Weichselbrücke geht es nach links ab und wieder Richtung Küste/Mikoszewo. In Drewnica, etwa auf halbem Wege, steht noch eine Windmühle. Mit diesem Abstecher haben Sie einen schönen Eindruck von den Weichselmarschen, die natürlich ein ideales Siedlungsgebiet für Störche sind: fast auf jedem Haus ist ein Nest, und die Nester stehen im Frühjahr und Sommer nicht leer!

Über Jantar geht es weiter Richtung Frisches Haff. Im Sommer ist übrigens dieser Teil der alten Kleinbahn noch in Betrieb und führt über Jantar und Stegna nach Sztutowo. Dieser waldreiche Küstenstreifen mit hohen Dünen und weitem Strand gehört zu den beliebtesten Erholungsgebieten in Polen, bis zum Haupturlaubsort Krynica Morska sind es 15 km, danach kann man weiter fast bis zur russischen Grenze fahren.

Besonders deutsche Touristen werden sicher die Gedenkstätte des ehemaligen Konzentrationslagers Stutthof, kurz hinter Stegna, nicht ignorieren. Es ist auf grauenvolle Weise mit der Stadt Danzig verbunden (s. Kapitel 2).

V. Teksty uzupełniające

Opinie czytelników

Blaszany bębenek

Już nieraz próbowałam czytać *Blaszany bębenek*. Początkowo wydawał mi się jednak bardzo obcy. Dopiero przy ostatnim podejściu odkryłam, że jego akcja rozgrywa się w dzielnicy, w której wcześniej niejednokrotnie chodziłam na basen. Teraz było mi dużo łatwiej wyobrazić sobie jak bohaterowie Grassa w tej okolicy, pośród małych uliczek, wiedli swoje życie: Tu przyszedł na świat Oskar Matzerath, który już przy narodzeniu był istotą w pełni świadomą i który własnym postanowieniem wstrzymał w wieku trzech lat proces wzrostu. Być może była to ucieczka albo też protest przeciwko światu dorosłych. To, że wszyscy traktowali go jak naiwne dziecko, dawało mu możliwość bezkarnego obserwowania swojego otoczenia. Niejednokrotnie demaskuje on tym sposobem głupotę i nieuczciwość dorosłych. Przeżycia, obserwacje i przemyślenia wystukuje on na swoim blaszanym bębenku, który jest jego powiernikiem i pamięcią. To właśnie blaszany bębenek pozwala trzydziestoletniemu Oskarowi Matzerathowi, pacjentowi domu wariatów, przywołać do życia minione wydarzenia.

Oskar wiedzie nas ścieżkami swego życia. Interesujące było to, że podczas tego bębnienia komentował on swoje otoczenie, przy czym jego myśli były bardzo krytyczne wobec dorosłych.

Książka ta jest podzielona na trzy części:

W pierwszej narrator prowadzi nas na początek na Kaszuby, ponieważ stamtąd pochodzi jego babka, Anna Brońska; następnie przeskakuje do głównego miejsca akcji, którym jest Wrzeszcz/Langfuhr, gdzie w roku 1924 Oskar przychodzi na świat. Oskar dorastał w czasie, kiedy to na atmosferę panującą w mieście coraz większy wpływ mieli naziści.

Druga część rozpoczyna się wybuchem wojny i walką na terenie Poczty Polskiej. Tutaj umiera jego domniemany ojciec – Jan Broński. Oskar jest współwinny jego śmierci, podobnie jak śmierci swojej matki i swojego drugiego – rzekomego ojca. Ze

V. Anhang

Leseeindrücke von jungen Leuten aus Gdańsk

Die Blechtrommel

Ein paar Mal habe ich versucht, die *Blechtrommel* zu lesen. Zunächst war sie für mich aber sehr fremd. Erst beim letzten Mal habe ich entdeckt, daß sich die Handlung in dem Wohnviertel abspielt, wo ich zuvor schon oft ins Schwimmbad ging. Jetzt konnte ich mir viel besser vorstellen, wie in dieser Gegend voller kleiner Straßen die Grass'schen Figuren ihr Leben führten:

Hier kommt Oskar Matzerath zur Welt, der schon bei seiner Geburt ein vollkommen bewußtes Wesen ist und im Alter von drei Jahren aus eigenem Entschluß das Wachsen einstellt. Es war vielleicht eine Flucht oder auch ein Protest gegen die Erwachsenenwelt. Gerade, weil alle ihn als ein naives Kind betrachten, hat er die Gelegenheit, seine Umgebung ungestraft zu beobachten. Mehrmals entlarvt er auf diese Weise die Dummheit und Unehrlichkeit der Erwachsenen. Die Erlebnisse, Beobachtungen und Überlegungen trommelt er auf seiner Blechtrommel. Sie ist für ihn eine Vertraute und sein Gedächtnis. Es ist ja die Blechtrommel, die den 30jährigen Oskar Matzerath, Insasse eines Irrenhauses, das längst Geschehene wieder ins Leben rufen läßt.

Oskar führt uns durch die Wege seines Lebens. Für mich war sehr interessant, daß er beim Trommeln auch seine Umgebung interpretiert, wobei seine Gedanken sehr kritisch gegenüber den Erwachsenen sind.

Das Buch ist in drei Phasen geteilt:
Im ersten Teil führt uns der Erzähler zunächst in die Kaschubei, weil seine Großmutter, Anna Bronski, von dort stammt; von da aus springt er zum Hauptschauplatz Langfuhr/Wrzeszcz, wo Oskar im Jahr 1924 zur Welt kommt. Oskar wächst in der Zeit auf, in der die Stimmung zunehmend von den Nazis bestimmt wird.

Der zweite Teil beginnt mit dem Kriegsausbruch an der Polnischen Post. Hier stirbt sein wahrscheinlicher Vater Jan

swoją późniejszą macochą – Marią, płodzi Oskar syna, a po zakończeniu wojny wyjeżdża z obojgiem do Niemiec.

I tak oto w trzeciej części zmienia się rzeczywistość otaczająca naszych bohaterów: W ciężkim powojennym okresie Oskar szukając pracy staje się kamieniarzem, modelem w Akademii Sztuk Pięknych, "perkusitą" w trio jazzowym, a na koniec pacjentem domu wariatów.

Dla mnie jako gdańszczanki szczególnie interesujące są części pierwsza i druga, rozgrywające się w moim rodzinnym mieście. Zaskakuje mnie w nich dokładność opisów dotyczących samego miasta. Niejednokrotnie mobilizuje i prowokuje mnie ona do porównywania Gdańska z przeszłości z dzisiejszą rzeczywistością. W tej książce znajduję ogromną liczbę sfabularyzowanych historii o Gdańsku. Odbieram ją jako doskonełe zharmonizowanie encyklopedii (ponieważ mogę całkowicie polegać na danych przedstawionych przez Grassa) z ową nieprawdopodobną opowieścią, która jest w stanie ożywić te zwyczajne ulice. Ilekroć przejeżdżam tramwajem koło Opery, przypomina mi się, Oskar siedzący pod trybuną i bębniący swego walca.

Izabela Darecka

Kot i mysz

Dopóki nie przeczytaliśmy noweli Güntera Grassa pt. *Kot i mysz*, znaliśmy właściwie Gdańsk jedynie z perspektywy dnia dzisiejszego. Wszystko, co wiedzieliśmy o dawnym Gdańsku, szczególnie z czasów przed i podczas drugiej wojny światowej, pochodziło z historycznych, można by rzec, martwych źródeł.

Znaliśmy daty, fakty... Nagle nasze miasto ukazało się nam w zupełnie inny sposób. Można chyba powiedzieć, że dzięki książce zbliżyliśmy się do Gdańska, czy też on do nas.

Główny bohater opowiadania to "Wielki Mahlke", chłopiec, który zawsze odróżniał się od innych, jest zarówno dla czytelników, jak i swojego otoczenia postacią nieprzeciętną, wręcz tajemniczą. Wszystko, co Mahlke robi, ma związek z jego grdyką. Nienaturalnie duża krtań jest przyczyną wielu kompleksów. Chłopiec na wszystkie możliwe sposoby stara się ukryć owe jabłko Adama. Od momentu, kiedy opanowuje sztukę pływania, zmienia

Bronski, an dessen Tod, genauso wie am Tod seiner Mutter und seines zweiten mutmaßlichen Vaters Matzerath, Oskar mitschuldig ist. Er zeugt mit seiner späteren Stiefmutter Maria einen Sohn und flieht nach Kriegsende mit ihnen nach Deutschland.

So ändert sich im dritten Teil die unsere Figuren umgebende Wirklichkeit: In der schweren Nachkriegszeit sucht er Arbeit und wird z.B. Steinmetz, Modell der Kunstakademie, Trommelkünstler eines Jazztrios und am Ende Insasse eines Irrenhauses.

Für mich als Danzigerin sind der erste und der zweite Teil, die sich in meiner Heimatstadt abspielen, besonders interessant. Die Genauigkeit der Beschreibungen, die die Stadt selbst betreffen, überrascht mich. Mehrmals mobilisiert und provoziert sie mich, das Danzig von füher mit der heutigen Wirklichkeit zu vergleichen. Ich finde in diesem Buch eine Fülle von fabulierten Geschichten über Gdańsk. Ich empfinde es als eine gut harmonisierende Kombination eines Lexikons (weil ich mich völlig auf die lokalen Angaben von Grass verlassen kann) und unglaublichen Geschichten, die die tatsächlichen Straßen so lebendig machen. Wenn ich jetzt mit der Straßenbahn an der Oper vorbeifahre, fällt mir gleich ein, wie Oskar unter der Tribüne seinen Walzer trommelte.

Izabela Darecka

Katz und Maus

Bis zu dem Zeitpunkt, als uns die Novelle *Katz und Maus* von Günter Grass in die Hände gefallen ist, haben wir eigentlich unsere Stadt nur von heute gekannt. Alles, was wir über das Gdańsk „von früher", vor dem 2. Weltkrieg und während dieses Krieges, wußten, kam aus den geschichtlichen, sozusagen unpersönlichen, Quellen. Wir wußten Daten, Fakten... Und plötzlich erfuhren wir Gdańsk auf ganz andere Art und Weise. Durch das Buch *Katz und Maus* kam uns die Stadt von damals viel näher.

Die Hauptfigur der Erzählung, „der Große Mahlke", der sich von den anderen immer ein bißchen unterscheidet, bleibt die Geschichte hindurch häufig mysteriös, für seine Umgebung und den Leser manchmal sogar unheimlich. Alles, was er tut, ist mit

się diametralnie jego życie. Odnosi sukcesy w nurkowaniu, czym imponuje grupie przyjaciół.
Każde lato chłopcy spędzają nad Zatoką Gdańską, na zatopionym w pierwszych dniach wojny wraku. Wszystko, co ma miejsce we Wrzeszczu, w szkole i w kościele ma związek z dorastaniem. Mahlke podchodzi do życia z dystansem, izoluje się od otoczenia. Podczas zajęć wychowania fizycznego kradnie krzyż kawalerski, za co zostaje wyrzucony ze szkoły. Zaciąga się dobrowolnie do wojska, gdzie także odnosi sukcesy. Jednak, gdy chce opowiedzieć o nich w swojej dawnej szkole, dyrektor odmawia mu. Mahlke czuje się rozczarowany i zniechęcony. Dezerteruje, ucieka na wrak i znika...

To nic, że może nigdy nie istniał Joachim Mahlke, ani zatopiony wrak. Z pewnością jednak byli mieszkańcy Gdańska jeździli na plażę do Brzeźna, tramwajem numer pięć, a uczniowie Conradinum wiedli swoje młodzieńcze życie. Po przeczytaniu książki Gdańsk stał się dla nas także zagadką. Nagle chcieliśmy dokładnie wiedzieć, gdzie się to wszystko działo; dom na dzisiejszej ulicy Stanisława Dubois, w którym mieszkał Mahlke ze swoją mamą i ciocią, jego dwie szkoły i kościół, gdzie wyrażał swą głęboką wiarę w Maryję.

To wszystko chcieliśmy poznać i zobaczyć. Ulice miasta zyskały na znaczeniu, wiedzieliśmy bowiem, że i one tworzyły historię Gdańska, że spacerowali po nich ludzie w naszym wieku, których życie toczyło się we Wrzeszczu, Oliwie, czy Jelitkowie.

Ewa Dąbrowska, Wojciech Ananiew, Ewa Wasilewska

Psie lata

Język, jakim posługuje się Grass w *Psich latach*, jest niełatwy, także perspektywy narracji są skomplikowane. Przeczytałem jednak tę powieść z tym większym zainteresowaniem, iż sam jestem gdańszczaninem. Nie chodzi tu o narodowość czytelnika, lecz o to, że ten, kto urodził się i wychował w rodzinnym mieście pisarza i sam dobrze zna te uliczki, place, budynki może dzięki temu lepiej rozumieć uczucia Grassa wobec swego miejsca urodzenia.

seinem Adamsapfel verbunden. Der übergroße Kehlkopf erzeugt Komplexe, die ihn ständig beschäftigen; er versucht ihn mit allen möglichen Dingen zu kaschieren. Seitdem er schwimmen kann, verändert sich sein Leben. Er kann mit seinen Taucherfolgen seinen Freunden imponieren. Jeden Sommer verbringt die Clique auf dem Wrack, das zu Beginn des Krieges in der Danziger Bucht untergegangen ist. Alles, was sich auf dem Wrack, im Stadtteil Langfuhr, in Schule, Kirche und anderswo abspielt, hat zu tun mit dem Erwachsenwerden. Mahlke bleibt bei allem aber distanziert, isoliert sich selbst.

Im Turnunterricht stiehlt Mahlke das Ritterkreuz, fliegt von der Schule, wird später freiwillig Panzersoldat, kann sich auch dort auszeichnen, darf aber in seiner ehemaligen Schule nicht als Held auftreten, was ihn deprimiert. Er desertiert, flüchtet auf sein Wrack und verschwindet...

Obwohl es vielleicht keinen Mahlke und kein Wrack gegeben hat, sind jedoch bestimmt die damaligen Bewohner der Stadt mit der Fünf an den Strand nach Brösen/Brzeźno zum Baden gefahren, die Schüler des Conradinums haben ihr alltägliches, jugendliches Leben geführt. Aber nachdem wir dieses Buch gelesen hatten, wurde uns Gdańsk zu einem Rätsel.

Wir wollten auf einmal genau wissen, wo was passiert ist. Das Haus in der Osterzeile, in dem Mahlke mit seiner Mutter und der Tante wohnte, seine zwei Schulen und die Kirche, wo er seinen großen Glauben an die Jungfrau Maria zum Ausdruck brachte.

Das alles wollten wir kennenlernen und uns anschauen. Die Straßen der Stadt hörten auf, unbedeutend zu sein, weil uns bewußt wurde, daß sie auch die Geschichte von Gdańsk schildern, daß durch sie normale Leute, auch in unserem Alter, spazierten, deren Leben eben in Langfuhr, Oliva oder Glettkau ablief.

Ewa Dąbrowska, Ewa Wasilewska, Wojciech Ananiew
vom V. Liceum, Gdańsk-Oliwa

Hundejahre

Grass' Sprache der *Hundejahre* ist nicht besonders leicht, und auch die Perspektiven des Erzählens sind kompliziert. Dafür habe ich diesen Roman mit Interesse gelesen, desto größerem, weil ich

Psie lata to książka o przyjaźni między dwoma chłopcami – pół-Żydem Eduardem Amselem i Niemcem Walterem Maternem. Przyjaźń ich trwa od lat dwudziestych aż do lat pięćdziesiątych naszego stulecia. Odzwierciedlają się w niej zarówno dzieje Gdańska, jak i historia Niemiec hitlerowskich i republikańskich.

W części pierwszej (Ranne szychty) chłopcy mieszkają na Żuławach, później zostają gimnazjalistami gdańskiego Conradinum. Wtedy to wymyślają niezrozumiały sposób porozumiewania się – wypowiadają całe zdania słowo po słowie wstecz.

W części drugiej (Listy miłosne) chłopcy są już dorośli. W ich życie miesza się polityka. Amsel drwi z SA robiąc strachy na wróble imitujące SA-manów. Natomiast Matern wstępuje do SA i zdradza swego przyjaciela: napada na niego, wybija mu wszystkie zęby i zostawia go leżącego w śniegu. Wszystko to dzieje się we Wrzeszczu, gdzie mieszka też mnóstwo innych dzieci, wśród nich znana już z *Kota i myszy* Tulla Pokriefke i adoptowane dziecko cygańskie Jenny Brunies. W czasie wojny Amsel i Jenny są w Berlinie i zajmują się baletem; dzieci stają się nastolatkami, udzielają się także w służbach pomocniczych lotnictwa. Matern rozpija się, wstydząc się tego, co zrobił swojemu dawnemu przyjacielowi. Wkrótce potem zostaje powołany do wojska.

W części trzeciej (Materniady) Matern jeździ po Niemczech i szuka swoich starych znajomych, którzy skompromitowali się w czasach hitlerowskich. Chce się zemścić. W Berlinie spotyka się trójka: Amsel, Matern i Jenny w lokalu prowadzonym przez tą ostatnią. Amsel zmienił nazwisko na Brauxel i w starej kopalni prowadzi firmę produkującą strachy na wróble. Tam właśnie spotykają się Matern i Amsel po raz ostatni; jest to wstrząsająca scena, w której jeszcze raz ożywa przeszłość. *Psie lata* to również książka o psie i jego przodkach: ojciec Harrassa żył we Wrzeszczu i pozostawiał wszędzie swoje ślady. Jego potomka Prinza podarowano w 1935 roku Hitlerowi. Po jego samobójstwie pies uciekł, by towarzyszyć Maternowi w jego wędrówce przez Niemcy.

Gdańsk pozostaje miastem silnie związanym z Günterem Grassem, chociaż bohaterowie jego książek już tu nie mieszkają, chociaż sam autor gdańskiej trylogii już tu nie mieszka. Pozostały jednak ulice Wrzeszcza, plaża w Brzeźnie, port w Gdańsku.

selbst Danziger bin. Und es geht mir hier nicht um die Nationalität des Lesenden, sondern darum, daß derjenige, der in der Heimatstadt des Autors geboren und aufgewachsen ist, selbst die Danziger Straßen und Gassen, Plätze und Gebäude kennt und auf diese Weise Grass' Gefühle seiner Geburtsstadt gegenüber besser verstehen kann.

Hundejahre ist ein Buch über die Freundschaft zwischen zwei Jungen, nämlich dem Halbjuden Eduard Amsel und dem Deutschen Walter Matern. Die Freundschaft reicht von den 20er bis in der 50er Jahre, und in ihr spiegelt sich die Danziger, hilterdeutsche und bundesrepublikanische Geschichte.

Im ersten Teil *(Frühschichten)* leben die Jungen erst im Werder und werden später Gymnasiasten des Danziger Conradinums. Da erfinden sie sich z. B. eine Geheimsprache – sie sprechen ganze Sätze Wort für Wort rückwärts aus.

Im zweiten Teil *(Liebesbriefe)* sind die Jungen schon erwachsen. In ihr Leben mischt sich die Politik ein. Amsel verspottet die SA, indem er Vogelscheuchen-Figuren von SA-Männern baut. Matern ist in die SA eingetreten und verrät ihre Freundschaft: Er überfällt Amsel, schlägt ihm alle Zähne aus und läßt ihn im Schnee liegen. Das alles spielt in Langfuhr/Wrzeszcz, wo auch noch eine Menge anderer Kinder leben, darunter die schon aus *Katz und Maus* bekannte Tulla Pokriefke und das adoptierte Zigeunerkind Jenny Brunies. Im Krieg sind Amsel und Jenny in Berlin beim Ballett; die Kinder werden Teenager und z.B. Luftwaffenhelfer; Matern fängt an zu saufen (weil er sich für seine Tat schämt) und wird eingezogen.

Im dritten Teil *(Materniaden)* reist Matern in Deutschland herum und sucht seine ehemaligen Bekannten auf, die durch die NS-Zeit kompromittiert waren – er will sich rächen. In Berlin treffen sich alle drei, Amsel, Matern und Jenny noch einmal in Jennys Kneipe. Amsel heißt jetzt Brauxel und hat eine Vogelscheuchen-Firma in einem ehemaligen Bergwerk. Dort trifft er sich mit Matern ein letztes Mal, eine gruselige Szene, in der die Vergangenheit noch einmal lebendig wird.

Hundejahre ist auch ein Buch über einen Hund und seine Vorfahren: Vater Harras lebte in Langfuhr und hinterließ überall seine Duftmarken, Sohn Prinz wurde 1935 Hitler geschenkt und floh nach dessen Selbstmord, um Matern durch Deutschland zu

Chociaż Grass mieszka dziś daleko stąd, jest on dla mnie gdańszczaninem z prawdziwego zdarzenia, w którym miasto to zakorzenione jest równie mocno, jak on w nim.

Marcin Milancej

Wróżby kumaka

Najnowszą, wydaną w maju 1992 roku książkę Güntera Grassa, tę trzysta stron liczącą opowieść z nieszczęście zwiastującym tytułem *Wróżby kumaka* przeczytałam od razu. Jej akcja nie toczy się już w mieście młodości autora, jak wcześniejsze jego dzieła, lecz w dzisiejszym, polskim Gdańsku.

Pisarz ponownie czyni Gdańsk miejscem zdarzeń swojej książki, której tematem jest idea pojednania Polski i Niemiec. Główni bohaterowie: Polka, Aleksandra Piątkowska, i Niemiec, Alexander Reschke, oboje owdowiali, ona restauratorka, on historyk sztuki z Bochum, spotykają się w Gdańsku w 1989 roku w dzień Wszystkich Świętych. Podczas wspólnego spaceru powstaje pomysł przyczynienia się do pojednania obu narodów. Zostaje założone Niemiecko–Polskie Towarzystwo Cmentarne i otwarty pierwszy cmentarz. Mają być tutaj chowani Niemcy, którzy niegdyś zmuszeni byli opuścić to miasto lub okolicę. Projekt przeradza się w rzeczywistość i wydaje się być sukcesem. Nie wszystko jednak toczy się po myśli założycieli Towarzystwa.

Jak i główny temat książki, taka jest też jej atmosfera. Są tutaj grabarze, niezliczone zwłoki, trumny i urny, nagrobki, epitafia, pogrzeby, żałobnicy. Szczęśliwym trafem udało się Grassowi, obok tego pasma pogrzebów, wpleść trochę optymizmu w wydarzenia swej książki i opowiedzieć nam nawet historię miłości. Oboje bohaterowie najpierw znajomi i przyjaciele, później kochankowie, na końcu pobierają się. Ich miłość (jak i historia wynalazcy riksz) przedstawiona jest więc zaraz obok idei cmentarzy pojednania.

Jako Polka, mieszkająca do tej pory prawie wyłącznie w Gdańsku, muszę wyznać, że lektura ta sprawiła, że zaczęłam wątpić. Dlaczego właściwie obecne parki miałyby zostać przekształcone w niemieckie cmentarze? Poruszyło mnie to tak bardzo,

begleiten.

Danzig bleibt für mich mit Günter Grass verbunden, obwohl die Helden seiner Werke hier nicht mehr wohnen, obwohl der Autor der *Danziger Trilogie* selbst hier nicht mehr wohnt. Es waren und sind die Straßen von Langfuhr, der Strand in Brösen, der Danziger Hafen und, last not least, die Schulen, die Pestalozzi-Schule und das Conradinum. Weil ich alle Orte kenne, die Grass beschreibt, ist er für mich ein echter Danziger, der nun zwar woanders lebt, der aber in Danzig stark verwurzelt ist, und in dem Danzig verwurzelt bleibt.

Marcin Milancej

Unkenrufe

Das neueste, im Mai 1992 erschienene Buch von Günter Grass, die dreihundert Seiten umfassende Erzählung mit dem finsteren, Unheil verheißenden Titel *Unkenrufe* habe ich sofort gelesen. Es spielt nicht mehr in der Stadt seiner Jugend wie die früheren Werke, sondern im heutigen, im polnischen Gdańsk.

Der Schriftsteller macht also noch einmal diese Stadt zum Schauplatz eines epischen Werkes, das die Idee der Versöhnung zwischen Polen und Deutschland zum Hauptthema hat. Die beiden Helden: eine Polin, Alexandra Piątkowska, und ein Deutscher, Alexander Reschke, beide verwitwet, sie Restauratorin und Vergolderin, er Kunsthistoriker aus Bochum, begegnen sich am Allerseelentag 1989 in Gdańsk. Es ist eben die Zeit der großen Umwälzungen in Osteuropa und auch in Polen. Beim gemeinsamen Friedhofsbesuch entsteht eine Idee: sie wollen einen Beitrag zur Versöhnung der benachbarten Völker leisten. Es wird eine deutsch-polnische Friedhofsgesellschaft gegründet und auch der erste Versöhnungsfriedhof eröffnet. Die einst aus Danzig geflohenen und vertriebenen Deutschen sollen in ihrer ehemaligen Heimat ihre letzte Ruhestätte finden. Das Projekt wird Wirklichkeit und scheint ein großer Erfolg zu werden. Mit der Zeit kommen aber viele Interessen, viel Geld ins Spiel, und die Versöhnungsidee verwandelt sich in ein Geschäft.

Wie das Hauptthema ist auch die Atmosphäre des Buches. Es gibt hier viele Leichen, Totengräber, Friedhofsgärtner, Särge und

że fikcja literacka zaczęła mi się wydawać rzeczywistością. Oczami wyobraźni widziałam już jak piękne parki otaczające "moją" Operę i "mój" szpital, stają się cmentarzami i pytanie: "Czy Gdańsk jest jeszcze polski?" nasuwało się samo.

Mimo wszystko wydało mi się interesujące, czytając tę książkę napotkać na miejsca i zabytki Gdańska, obok których mam okazję przechodzić od czasu do czasu.

Książka ta jest, jak wiadomo, kontrowersyjna; wydaje się więc być najlepszym rozwiązaniem przeczytanie jej i przekonanie się osobiście, czy wywoła ona podobne odczucia.

Danuta Schmidt

Urnen, Grabsteine, Epitaphe, Bestattungen, Trauergäste. Glücklicherweise ist es Grass gelungen, neben der Beerdigungssträhne des Buches ein bißchen Heiterkeit im Hintergrund zu malen und eine Liebesgeschichte zu erzählen. Denn aus der Bekanntschaft der beiden wird Freundschaft und dann auch Liebe. Am Ende heiraten sie sogar.

Diese Liebe (und die Geschichte des Erfinders von Fahrradrikschas) in Gdańsk wird also den Versöhnungsfriedhöfen an die Seite gestellt.

Als Polin, die bis heute fast nur in Gdańsk gelebt hat, muß ich gestehen, daß mich die Lektüre dieses Buches dem Autor und dem Friedhofsplan gegenüber mißtrauisch gemacht hat. Warum sollten die heutigen Parkanlagen mitten in der Stadt, einst schon eingeebnet, wieder zu deutschen Friedhöfen werden? Das hat mich so sehr bewegt, daß ich die literarische Fiktion mit der Wirklichkeit zu verwechseln anfing. Ich saß in der Straßenbahn und stellte mir vor, die schönen Parkanlagen wären plötzlich weg, um „meine" Philharmonie und „mein" Krankenhaus herum würden sich lauter Friedhöfe erstrecken – und die Frage „Ist Gdańsk dann noch polnisch?" kam von selbst und machte mich ein bißchen ärgerlich. Trotzdem fand ich das Buch interessant, besonders die Bezüge zu Sehenswürdigkeiten und Gebäuden in Gdańsk, an denen ich ab und zu vorbeigehe. Das Buch ist, wie bekannt, auch in der Literaturkritik umstritten; so mag jeder selbst überprüfen, ob die Lektüre ähnliche Gefühle auslöst wie bei mir.

Danuta Schmidt

Spis ulic

W spisie podano dzisiejsze oraz dawne polskie nazwy ulic; dawne, używane przeważnie w polskich tłumaczeniach książek Güntera Grassa wyróżniono kursywą.

Akademicki Park i XXV-lecia PRL	Park Vereinigte Friedhöfe
Aksamitna	Samtgasse
Aldony/*Luizy*	Luisenstraße
Baszta "Jacek"	Kiek in de Köck
Batorego Stefana	Steffensweg
Biała	Weißer Weg
Błędnik	Am Olivaer Tor
Bogusławskiego Wojciecha	An der Reitbahn
Brunshöfera/Waryńskiego Ludwika	Brunshöferweg
Brzeźnieńska/Chrobrego Bolesława	Brösener Weg
Chlebnicka	Brotbänkengasse
Chrobrego Bolesława/*Brzeźnieńska*	Brösener Weg
Cicha	Kurze Straße
Danusi/*Möllera Antona*	Anton-Möller-Weg
Długa	Langgasse
Długi Targ	Langer Markt
Długie Pobrzeże	Lange Brücke
Dmowskiego Romana/*Dworcowa*	Bahnhofsstraße
Do Studzienki	Heiligenbrunnerweg
Doki	Werftgasse
Dubois Stanisława	Osterzeile
Dworcowa/Dmowskiego Romana	Bahnhofstraße
Elzy/Grażyny	Elsenstraße
Garncarska	Töpfergasse
Garbary	Große Gerbergasse
Gazownicza	Am Jakobswall
Gdańska	Danziger Straße
Gnilna	Faulgraben
Gołębia/*Łąka Fröbela*	Fröbelstraße
Grażyny/*Elzy*	Elsenstraße

Straßenverzeichnis

Adolf-Hitler-Straße (Hauptstraße)	Aleja Grunwaldzka
Ahornweg	Klonowa
Altstädtischer Graben	Podwale Staromiejskie
Am Jakobstor und Wallgasse	Wałowa
Am Jakobswall	Gazownicza
Am Kleinhammerteich	Nad Stawem
Am Olivaer Tor	Błędnik
Am Spendhaus	Sieroca
An der Reitbahn	Bogusławskiego Wojciecha
An der Schneidemühl	Tartaczna
Ankerschmiedegasse	Kotwiczników
Anton-Möller-Weg	Danusi/*Möllera Antona*
Auguststraße	Korzeniowskiego Konrada
Bärenweg	Mickiewicza Adama
Bahnhofsstraße	Dmowskiego Romana
Baumbachallee	Konopnickiej Marii
Baumgärtsche Gasse	Heweliusza Jana
Breite Gasse	Szeroka
Brösener Weg	Chrobrego Bolesława/*Brzeźnieńska*
Brotbänkengasse	Chlebnicka
Brunshöferweg	Waryńskiego Ludwika/*Brunshöfera*
Bürgerwiesen	Rudniki
Burgstraße	Grodzka
Cäcilienstraße	Mazurska
Conzestraße	Pułaskiego Kazimierza
Danziger Straße	Gdańska
Dorotheenstraße	Plater Emilii
Elisabethwall	Wały Jagiellońskie
Elsenstraße	Grażyny/*Elzy*
Falkweg	Topolowa
Faulgraben	Gnilna
Fischmarkt	Targ Rybny
Fleischergasse	Rzeźnicka
Frauengasse	Mariacka
Fröbelstraße	Gołębia/*Łąka Fröbela*

Grodzka
Grunwaldzka al./*Hitlera Adolfa al.*
Halbego M. pl./Komorowskiego Br. ks. pl.
Hallera J. gen. al.
Herty/Wallenroda Konrada
Heweliusza Jana
Heweliusza pl./Obr. Poczty Polskiej pl.
Hindenburga al./Zwycięstwa al.
Hitlera Adolfa/Grunwaldzka al.
Hucisko
Igielnicka
Jana z Kolna
Jaśkowa Dolina
Kasprzaka M. Park/*Steffena Park*
Kilińskiego Jana/*Kuźniczki*
Kliniczna
Klonowa
Kochanowskiego Jana/ /*Posadowskiego*
Kocurki
Kołodziejska
Komorowskiego Br. ks. pl./ /*Halbego M. pl.*
Konopnickiej Marii
Korzeniowskiego Konrada
Korzenna
Kościuszki Tadeusza/*Magdeburska*
Kotwicznikow
Kuźniczki/Kilińskiego Jana
Kwietna
Labesa/Lelewela Joachima
Lawendowa
Legionów al./*Poligonowa*
Lelewela/*Labesa*
Lendziona
Lilli Wenedy
Luizy/Aldony
Łagiewniki
Łąka Fröbela/Gołębia
Łąkowa
Łamana
Magdeburska/Kościuszki Tadeusza

Burgstraße
Adolf–Hitler–Str./Hauptstraße
Max–Halbe–Platz

Ostseestraße
Hertastraße
Baumgärtsche Gasse

Heveliusplatz
Hindenburgallee/Große Allee
Hauptstraße/Adolf–Hitler–Str.
Silberhütte
Naethlergasse
Schichaugasse
Jäschkentaler Weg
Steffenspark
Kleinhammerweg
Schellmühler Weg
Ahornweg

Posadowskiweg
Katergasse
Große Scharmachergasse

Max–Halbe–Platz
Baumbachallee
Auguststraße
Pfefferstadt
Magdeburger Straße
Ankerschmiedegasse
Kleinhammerweg
Rosengasse (Oliva)
Labesweg
Lawendelgasse
Heeresanger
Labesweg
Kastanienweg
Wolfsweg
Luisenstraße
Schüsseldamm
Fröbelstraße
Weidengasse
Glettkauer Str.
Magdeburger Straße

Glettkauer Straße	Łamana
Große Allee (Hindenburgallee)	Zwycięstwa/*Hindenburga, al.*
Große Gerbergasse	Garbary
Große Scharmachergasse	Kołodziejska
Haeckergasse	Stragarniarska
Hakelwerk	Osiek
Hansaplatz	Wały Jagiellońskie
Hauptstraße (Adolf-Hitler-Straße)	Grunwaldzka/*Hitlera Adolfa, al*
Heeresanger	Legionów/*Poligonowa*
Heilig-Geist-Gasse	Św. Ducha
Heiligenbrunner Weg	Do Studzienki
Helaer Straße	Oksywska
Hertastraße	Wallenroda Konrada/*Herty*
Heumarkt	Targ Sienny
Heveliusplatz	Obrońców Poczty Polskiej/ *Heweliusza pl.*
Hindenburgallee (Große Allee)	Zwycięstwa/*Hindenburga, al.*
Holzmarkt	Targ Drzewny
Hosennähergasse(klein)	Pończoszników
Hundegasse	Ogarna
Jäschkentaler Weg	Jaśkowa Dolina
Johannisgasse	Świętojańska
Jopengasse	Piwna
Jungstraße	Młodzieży Polskiej
Junkergasse	Pańska
Kastanienweg	Lendziona Antoniego
Katergasse	Kocurki
Kiek in de Köck	Baszta „Jacek"
Kleinhammerpark	Park na Kuźniczkach
Kleinhammerweg	Kilińskiego Jana/*Kuźniczki*
Kohlengasse	Węglarska
Kohlenmarkt/Theaterplatz	Targ Węglowy
Konradshammerstraße	Wczasy
Krebsmarkt	Targ Rakowy
Krusestraße	Piramowicza Grzegorza
Kullingstraße	Sternicza
Kurstraße	Zdrojowa
Kurze Straße	Cicha
Labesweg	Lelewela Joachima/*Labesa*
Lange Brücke	Długie Pobrzeże

Spis ulic

Mariacka	˙Frauengasse
Marii/Wajdeloty	Marienstraße
Matki Polki	Seifertweg i Mirchauer Promenade
Mazurska	Cäcilienstraße
Mickiewicza Adama	Bärenweg
Miła	Pistoriusstraße
Mireckiego Montwiłła J.	Schwarzer Weg
Młodzieży Polskiej	Jungstraße
Möllera Antona/Danusi	Anton–Möller–Weg
Nad Stawem	Am Kleinhammerteich
Nowe Szkoty/Wyspiańskiego St.	Neuschottland
Nowy Targ/Wybickiego Józefa pl.	Neuer Markt
Obr. Poczty Polskiej pl./ *Heweliusza pl.*	Heveliusplatz
Ogarna	Hundegasse
Okopowa	Wiebenwall
Oksywska	Helaer Straße
Osiek	Hakelwerk
Pańska	Junkergasse
Park na Kuźniczkach	Kleinhammerpark
Partyzantów	Mirchauer Weg
Pestalozziego Johanna	Pestalozzistraße
Piramowicza Grzegorza	Krusestraße
Piwna	Jopengasse
Plater Emilii	Dorotheenstraße
Podwale Grodzkie	Stadtgraben
Podwale Przedmiejskie	Vorstädtischer Graben
Podwale Staromiejskie	Altstädtischer Graben
Polanki	Pelonkenweg
Poligonowa/Legionów al.	Heeresanger
Północna	Nordstraße
Południowa	Südstraße
Pończoszników	Hosennähergasse (klein)
Posadowskiego/Kochanowskiego Jana	Posadowskiweg
Przedbramie ul. Długiej	Langgasser Tor
Pułaskiego Kazimierza	Conzestraße
Rajska	Paradiesgasse
Reja	Leegstrieß
Rudniki	Bürgerwiesen
Rycerska	Rittergasse
Rzeźnicka	Fleischergasse
Sienna Grobla	Strohdeich

Langer Markt	Długi Targ
Langgasse	Długa
Langgasser Tor	Przedbramie ulicy Długiej
Lawendelgasse	Lawendowa
Leegstrieß	Reja Mikołaja
Luisenstraße	Aldony/*Luizy*
Magdeburger Straße	Al. Tadeusza Kościuszki/ *Magdeburska*
Marienstraße	Wajdeloty/*Marii*
Mattenbuden	Szopy
Max-Halbe-Platz	Plac Ks. Komorowskiego/ *Halbego M. pl.*
Michaelisweg	Traugutta Romualda/ *Św. Michała*
Milchkannengasse	Stągniewa
Mirchauer Promenadenweg und Seifertweg	Matki Polki
Mirchauer Weg	Partyzantów
Münchengasse	Żytnia
Naethlergasse	Igielnicka
Neuer Markt	Plac Wybickiego/*Nowy Targ*
Neuschottland	Wyspiańskiego Stanisława/*Nowe Szkoty*
Nordstraße	Północna
Osterzeile	Dubois Stanisława
Ostseestraße	Al. Gen. Hallera (d. al. K. Marksa)
Paradiesgasse	Rajska
Pelonkenweg	Polanki
Pestalozzistraße	Pestalozziego
Pfefferstadt	Korzenna
Pistoriusstraße	Miła
„Platz der Solidarność"	Solidarności Robotniczej pl.
Posadowskiweg	Kochanowskiego Jana/ *Posadowskiego*
Rahmwebergasse	Sukiennicza
Rittergasse	Rycerska
Rosengasse (Oliva)	Kwietna
Samtgasse	Aksamitna
Schellmühler Weg	Kliniczna
Schichaugasse	Jana z Kolna
Schichauwerft (Leninwerft)	Stocznia Gdańska (Stocznia im. Lenina)

Spis ulic

Sieroca	Am Spendhaus
Solidarności Robotniczej pl.	„Platz der Solidarność"
Stągiewna	Milchkannengasse
Steffensa Park/Kasprzaka M. Park	Steffenspark
Sternicza	Kullingstraße
Stocznia Gdańska (Lenina)	Schichauwerft
Stolarska	Tischlergasse
Straganiarska	Haeckergasse
Sukiennicza	Rahmwebergasse
Św. Ducha	Heilig-Geist-Gasse
Świętojańska	Johannisgasse
Św. *Michała*/Traugutta Romualda	Michaelisweg
Szeroka	Breite Gasse
Szopy	Mattenbuden
Targ Drzewny	Holzmarkt
Targ Rakowy	Krebsmarkt
Targ Rybny	Fischmarkt
Targ Sienny	Heumarkt
Targ Węglowy	Kohlenmarkt, Theaterplatz
Tartaczna	An der Schneidemühl
Tkacka	Wollwebergasse (groß)
Tobiasza	Tobiasgasse
Topolowa	Falkweg
Traugutta Romualda/*Św. Michała*	Michaelisweg
Uphagena	Uphagenweg
Wajdeloty/*Marii*	Marienstraße
Walecznych	Victoriastraße
Wallenroda Konrada/*Herty*	Hertastraße
Wałowa	Am Jakobstor i Wallgasse
Wały Jagiellońskie	Elisabethwall i Hansaplatz
Waryńskiego Ludwika/*Brunshöfera*	Brunshöferweg
Wczasy	Konradshammerstraße
Węglarska	Kohlengasse
Wełniarska	Wollwebergasse (klein)
Wybickiego Józefa pl./*Nowy Targ*	Neuer Markt
Wyspiańskiego Stanisława/ /*Nowe Szkoty*	Neuschottland
XXV–lecia PRL park i Akademicki park	Vereinigte Friedhöfe
Zbyszka z Bogdańca	Westerzeile
Zdrojowa	Kurstraße
Zwycięstwa al./*Hindenburga al.*	Hindenburgallee/Große Allee
Żytnia	Münchengasse

Schüsseldamm	Łagniewniki
Schwarzer Weg	Mireckiego Montwiłła J.
Seifertweg und Mirchauer Promenadenweg	Matki Polki
Silberhütte	Hucisko
Stadtgraben	Podwale Grodzkie
Steffenspark	Park im. Kasprzaka/ *Park Steffensa*
Steffensweg	Batorego Stefana
Strohdeich	Sienna Grobla
Südstraße	Południowa
Theaterplatz	Targ Węglowy
Tischlergasse	Stolarska
Tobiasgasse	Tobiasza
Töpfergasse	Garncarska
Uphagenweg	Uphagena
Vereinigte Friedhöfe	Akademicki Park i XXV-Lecia PRL Park
Viktoriastraße	Walecznych
Vorstädtischer Graben	Podwale Przedmiejskie
Wallgasse und Am Jakobstor	Wałowa
Weidengasse	Łąkowa
Weißer Weg	Biała Doki
Werftgasse	Doki
Westerzeile	Zbyszka z Bogdańca
Wiebenwall	Okopowa
Wolfsweg	Lilli Wenedy
Wollwebergasse (groß)	Tkacka
Wollwebergasse (klein)	Wełniarska

(Die kursiv gedruckten Straßennamen entsprechen den Übertragungen ins Polnische, wenn nicht die deutschen Straßennamen verwendet wurden.)

Orts- und Flurnamenverzeichnis

Altstadt	Stare Miasto
Bärwalde	Niedźwiedziówka
Bissau (Kaschubei)	Bysewo
Bodenwinkel	Krynica Morska
Bohnsack	Sobieszewo
Brenntau	Brętowo
Brösen	Brzeźno
Bütow	Bytów

Nazwy topograficzne

BKS Lechia	Albrecht–Forster–Stadion/Heinrich–Ehlers–Sportplatz
Bogatka	Gottswalde
Brętowo	Brenntau
Brzeźno	Brösen
Bysewo	Bissau (Kaschubei)
Bytów	Bütow
Cyganki	Zigankenberg
Czatkowy	Czattkau
Dolina Radości	Freudental (Olivaer Wald)
Dolne Miasto	Niederstadt
Emaus	Emmaus
Firoga	Viereck
Gdańsk	Danzig
Gdynia	Gdingen
Główne Miasto	Rechtsstadt
Górki Wschodnie	Östlich–Neufähr
Górki Zachodnie	Westlich–Neufähr
Hel	Hela
Jaśkowa Dolina	Jäschkentaler Wald
Jelitkowo	Glettkau
Junoszyno	Junkeracker
Kartuzy	Karthaus
Kaszuby	Kaschubei
Kiezmark	Käsemark
Kokoszki	Kokoschken
Kopa Grochowa	Erbsberg
Krynica Morska	Bodenwinkel
Kurkowa	Schießstange
Łąka koło Opery	Maiwiese
Lubieszewo	Ladekopp
Malbork	Marienburg
Matarnia	Mattern
Mikoszewo	Nickelswalde
Motława	Mottlau
Niedzwiedziówka	Bärwalde
Nogat	Nogat
Stare Miasto	Altstadt
Nowe Szkoty	Neuschottland
Nowy Dwór Gdański	Tiegenhof

Czattkau	Czatkowy
Danzig	Gdańsk
Dirschau	Tczew
Einlage	Wybudowanie
Emmaus	Emaus
Erbsberg	Kopa Grochowa
Freudental (Olivaer Wald)	Dolina Radości
Frisches Haff	Zalew Wiślany
Gdingen	Gdynia
Glettkau	Jelitkowo
Goldkrug	Złota Karczma
Gottswalde	Bogatka
Hela	Hel
Heinrich-Ehlers-Sportplatz = Albrecht-Forster-Stadion	BKS Lechia
Heubude	Stogi
Hochstrieß	Strzyża Góra
Holm	Ołowianka
Jäschkentaler Wald	Jaśkowy Las
Junkeracker	Junoszyno
Käsemark	Kiezmark
Karthaus	Kartuzy
Kaschubei	Kaszuby
Kokoschken	Kokoszki
Ladekopp	Lubieszewo
Langfuhr	Wrzeszcz
Maiwiese	Łąka koło Opery
Marienburg	Malbork
Mattern	Matarnia
Mottlau	Motława
Neufahrwasser	Nowy Port
Neuschottland	Nowy Szkoty
Neuteich	Nowy Staw
Nogat	Nogat
Nickelswalde	Mikoszewo
Niederstadt	Dolne Miasto
Ohra	Orunia
Oliva	Oliwa
Östlich-Neufähr	Górki Wschodnie
Ottomin	Otomino
Pasewark	Przejazdowo
Pieckel	Piekło
Pietzgendorf	Piecki

Nowy Port	Neufahrwasser
Nowy Staw	Neuteich
Oliwa	Oliva
Ołowianka	Holm
Orunia	Ohra
Otomino	Ottomin
Piecki	Pietzgendorf
Piekło	Pieckel
Polski Hak	Polnischer Haken
Pruszcz Gdański	Praust
Przejazdowo	Pasewark
Przeróbka	Troyl
Puck	Putzig
Radunia	Radaune
Rębiechowo	Ramkau
Siedlce	Schidlitz
Sobieszewo	Bohnsack
Sopot	Zoppot
Spichlerze	Speicherinsel
Stare Przedmieście	Vorstadt
Stegna	Steegen
Stogi	Heubude
Strzyża Górna	Hochstrieß
Strzyża	Strießbach
Świbno	Schiewenhorst
Sztutowo	Stutthof
Tczew	Dirschau
Toruń	Thorn
Westerplatte	Westerplatte
Wisła	Weichsel
Wisłoujście	Weichselmünde
Wrzeszcz	Langfuhr
Wybudowanie	Einlage
Zalew Wiślany	Frisches Haff
Zaskoczyn	Saskoschin
Zaspa	Saspe
Złota Karczma	Goldkrug
Żukowo	Zuckau

Polnischer Haken	Polski Hak
Praust	Pruszcz Gdański
Putzig	Puck
Radaune	Radunia
Ramkau	Rębiechowo
Rechtsstadt	Główne Miasto
Saskoschin	Zaskoczyn
Saspe	Zaspa
Schidlitz	Siedlce
Schießstange	Kurkowa
Schiewenhorst	Świbno
Speicherinsel	Spichlerze
Steegen	Stegna
Strießbach	Strzyża
Stutthof	Sztutowo
Thorn	Toruń
Tiegenhof	Nowy Dwór Gdański
Troyl	Przeróbka
Viereck	Firoga
Vorstadt	Stare Przedmieście
Weichsel	Wisła
Weichselmünde	Wisłoujście
Westerplatte	Westerplatte
Westlich-Neufähr	Górki Zachodnie
Zigankenberg	Cyganki
Zoppot	Sopot
Zuckau	Żukowo

Autorzy fotografii/Fotonachweis:
Stare zdjęcia udostępnione przez Bibliotekę Gdańską PAN – (reprodukcje wykonała Bogna Garczewska / von der PAN-Bibliothek zur Verfügung gestellte alte Fotos – von den Originalen abfotografiert von Bogna Garczewska: 2, 3, 4, 5, 6, 7, 8, 12, 18, 25, 26, 30, 33, 34, 36, 39, 45, 48, 49, 51, 52, 53,
Gerhard Steidl: 1, 14, 51, Titelbild; © Gerhard Steidl
Krzysztof Mejer, Marcin Maniecki: 9, 10, 11, 13, 15, 16, 17, 20, 21, 23, 28, 31, 32, 37, 40, 41, 42, 43, 44
Szymon Jacek Gregor: 19, 22, 24, 27, 29, 35, 38, 46, 47

© Copyright by Wydawnictwo „Marpress" Gdańsk 1993
ISBN 83-85349-18-9
Wydanie I/1. Auflage

Wydawnictwo „Marpress" Gdańsk 1993

Skład/Satz: COMP TEKST – Rumia
Druk/Druck: Wydawnictwo Diecezjalne w Pelplinie